高等职业技术院校汽车类专业教材

汽车机械基础

（第二版）

主　编　吴定春

主　审　谭洪海

中国劳动社会保障出版社

简介

本书主要内容包括链传动与带传动、齿轮传动、轮系、平面连杆机构、凸轮机构、理论力学基础、材料力学基础、轴系零件、连接、液压与气压传动等。

本书由吴定春主编，唐监怀、周立勇、王新明、夏智勇、刘广、孙瑶参编，谭洪海主审。

图书在版编目(CIP)数据

汽车机械基础/吴定春主编. —2版. —北京：中国劳动社会保障出版社，2014

高等职业技术院校汽车类专业教材

ISBN 978－7－5167－1409－6

Ⅰ.汽…　Ⅱ.吴…　Ⅲ.①汽车－机械学－高等职业教育－教材　Ⅳ.①U463

中国版本图书馆CIP数据核字(2014)第228571号

中国劳动社会保障出版社出版发行

(北京市惠新东街1号　邮政编码：100029)

*

河北鹏盛贤印刷有限公司印刷装订　新华书店经销

787毫米×1092毫米　16开本　17.5印张　332千字

2014年10月第2版　2025年6月第17次印刷

定价：34.00元

营销中心电话：400-606-6496

出版社网址：http://www.class.com.cn

http://jg.class.com.cn

前言

为了更好地适应全国高等职业技术院校汽车类专业的教学要求，全面提升教学质量，人力资源和社会保障部教材办公室组织有关学校的骨干教师和行业、企业专家，在充分调研企业生产和学校教学情况、广泛听取教师对现有教材反馈意见的基础上，吸收和借鉴各地高等职业技术院校教学改革的成功经验，对现有全国高等职业技术院校汽车类专业教材进行了修订（新编）。

本次教材修订（新编）工作的重点主要体现在以下几个方面：

第一，合理更新教材内容。

根据企业岗位和教学实践的需求变化，确定学生应具备的能力与知识结构，调整部分教材内容，使知识技能点的深度、难度、广度与实际需求相匹配；根据相关专业领域的最新发展，淘汰陈旧过时的内容，补充新知识、新技术、新设备、新材料等方面的内容；根据最新的国家技术标准编写教材内容，保证教材的科学性和规范性。

第二，加强实践技能的培养。

根据就业岗位对技能型人才所需能力的要求，进一步加强实践性教学内容，采用了理论知识与技能训练一体化的编写模式，以体现“做中学”“学中做”的教学理念。

第三，衔接职业技能鉴定要求。

教材编写以国家职业标准为依据，涵盖相关国家职业标准（高级）的知识和技能要求，并在配套习题册中增加了相关职业技能考试的练习题。

第四，精心设计教材形式。

在教材的呈现形式上，尽可能使用图片、实物照片和表格等将知识点生动地展示出来，力求让学生更直观地理解和掌握所学内容。

第五，提供全方位教学服务。

本套教材配有习题册、教学参考书、电子课件和习题册答案，电子课件等教学资源可通过中国人力资源和社会保障出版集团网站（http：//www. class. com. cn）或职业教育教学资源和数字学习中心（http：//zyjy. class. com. cn）下载。

本次教材的修订（新编）工作得到了辽宁、吉林、江苏、山东、河南、广东等省人力资源和社会保障厅及有关学校的大力支持，在此我们表示诚挚的谢意。

人力资源和社会保障部教材办公室

2014 年 8 月

目　录
Contents

绪论

学习目标

◆ 了解本课程的性质、任务和内容。

◆ 掌握机器、机构、构件、机械和零件的基本概念。

◆ 熟悉运动副的概念、形式及特点。

汽车是人类重要的交通工具，汽车机械是机械工业的重要组成部分，自从1782年瓦特发明了蒸汽机后，机械有了日新月异的发展。现今，人们在日常生活和生产过程中广泛使用着各种各样的机械，以减轻劳动强度和提高工作效率，特别是在某些场合，只能借助机械来代替人类进行工作。随着科学技术的进步，机械制造的面貌在不断发生变化，新工艺和新材料的出现对机械制造、汽车制造的发展起着巨大的推动作用。现代汽车工业的发展带动着汽车运输业和汽车维修业的同步发展。技工学校汽车检测与维修专业的学生是未来包括汽车在内的各种机械设备的直接使用者和维护者，因此必须努力学好《汽车机械基础》这门课，掌握各种机械的基础知识，以便走上生产岗位后能正确使用、维护和改进各种机械设备，更好地为我国汽车工业、交通运输业的发展贡献力量。

一、本课程的性质、任务和内容

1. 本课程的性质与任务

本课程是汽车检测与维修专业的一门专业技术基础课。

要求学生能掌握汽车上的机械传动、常用机构、轴系零件，力学的有关基础知识，以及液压与气压传动的基本知识、工作原理和应用特点；懂得分析各种机械工作原理的基本方法，并且初步具备分析和判别常用机械、机械传动的能力；具有运用标准、规范、手册等有关技术资料的能力。使学生从本课程的学习中接受必要的基本技能训练，为学习专业课和今后工作提供必要的基本知识与能力。

2. 本课程的内容

本课程主要讲授机械传动，常用机构及轴系零件，理论力学、材料力学基础知识，液压和气压传动的基础知识等内容，是一门实践性很强的技术基础课。学习中要善于观察、勤于思考和勇于实践，同学们在学习中还要注意联系日常生活的具体实例，将感性认识提高到理论上进行分析。注重培养自己的观察能力及分析问题与解决问题的能力，注意抓住各部分内容的特点及它们之间的共性进行学习，从而收到举一反三的效果。

二、机械基础的有关术语

1．机器

机器的种类很多，如汽车、起重机、机床等，其构造、作用、工作原理和性能也各不相同。但从机器的组成部分、运动特性及功能关系来看，机器都具有以下三个共同的特征：

（1）机器是由许多构件组合而成的。如图 0—1 所示为四冲程单缸内燃机，它由气缸、活塞、连杆、曲轴等构件组合而成。

（2）机器中各个构件之间具有确定的相对运动。如图 0—1 所示，活塞相对于气缸做往复运动，曲轴则相对于两端轴承做连续运动。

（3）机器能代替或减轻人类的劳动，完成有用的机械功或转换机械能。例如，汽车发动机将热能转换为机械能，发电机将机械能转换为电能等。

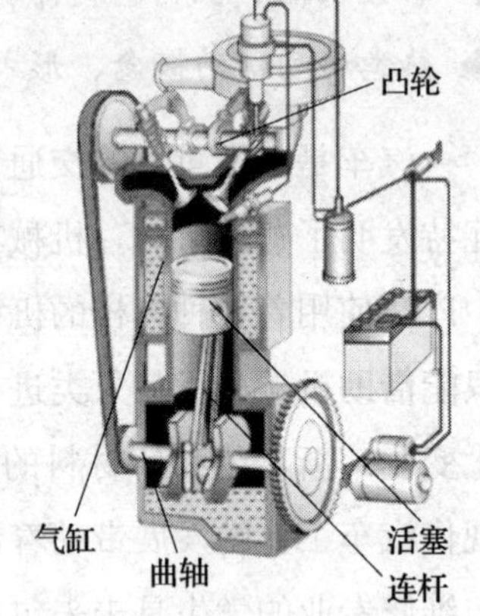

图 0—1　四冲程单缸内燃机

综上所述，机器是具有确定的相对运动，并且能进行能量转换或做机械功的一种实体组合。

2．机构

机构是具有确定相对运动构件的一种实体组合。它具有机器的前两个特征。

机构的主要功用在于传递或转变运动的形式，而机器的主要功用则是为了利用机械能做功或进行能量转换。这就是两者的本质区别。例如，四冲程单缸内燃机的配气机构就是通过机构的功用将凸轮的连续旋转运动转变为气门顶杆的往复运动（移动），从而控制节气门的开启和关闭时间。

3．机械

机械是机器与机构的总称。

教学互动

1. 下列选项中属于机器的有（　　）。

A. 汽车　　B. 火车　　C. 车床　　D. 自行车　　E. 转向器

2. 下列选项中属于机构的有（　　）。

A. 发动机　　B. 电动车　　C. 举升机　　D. 活扳手　　E. 手动变速器

4. 构件

构件是指相互之间能做相对运动的物体。如图0—1所示的气缸、活塞、连杆和曲轴等都是构件。构件可以是单一的零件，也可以是由若干零件连接而成的刚性结构。如曲轴这个构件通常是单一的零件；而连杆（见图0—2）则是由连杆体、连杆盖、螺栓和螺母、连杆轴瓦等零件组合而成的，它也是一个构件。所以构件是由一个或两个以上零件组成的，构件是运动的最小单元。

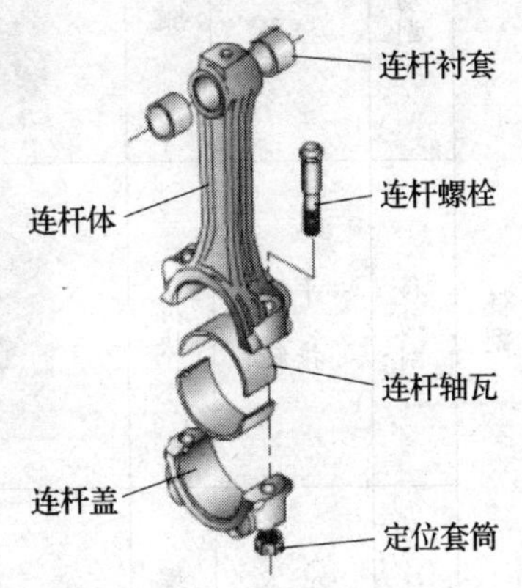

图 0—2　连杆组

5. 零件

零件是指组成构件中相互之间没有相对运动的物体。如连杆（见图0—2）中的连杆体、连杆盖、螺栓和螺母、连杆轴瓦等均为零件。因此，零件是制造的最小单元。

教学互动

1. 下列选项中属于构件的有（　　）。

A. 单缸内燃机　　B. 活塞　　C. 连杆组　　D. 曲轴　　E. 连杆盖

2. 下列选项中属于零件的有（　　）。

A. 曲轴　　B. 连杆盖　　C. 活塞环　　D. 连杆螺栓　E. 连杆组

6. 运动副

所谓运动副，是指组成机构的各构件之间具有一定的运动关系，因此，人们把两个构件直接接触而又能产生一定相对运动的连接称为运动副。

工程上，人们把运动副按其运动范围分为空间运动副和平面运动副两大类。一般机器中，特别是在汽车、常用汽车维修设备中经常遇到的是平面运动副，具体应用特点见表0—1。

平面运动副根据组成运动副的两构件的接触形式不同，可划分为低副和高副。

（1）低副

低副是指两构件间呈面接触的运动副。常见的低副有转动副、移动副、螺旋副三种形式，见表0—1。

表 0—1　　汽车中用到的运动副及其应用特点

运动副分类		接触形式	应用举例		运动副形式	应用特点
低副	转动副	圆柱面接触	铰链			运动副的接触表面是平面或圆柱面，承受载荷时，单位面积压力较小，承载能力大，易于制造与维修，但效率低且摩擦损失大，故在工作中要保证有良好的润滑条件
	移动副	平面接触	滑块			
	螺旋副	螺旋面接触	螺杆与螺母			
高副		点接触	凸轮与推杆			运动副的接触表面是点接触或线接触，能传递复杂的运动，但接触处的单位压力较高，易磨损，制造与维修困难
		线接触	火车轮与铁轨			
		线接触	齿轮			

（2）高副

高副是指两构件呈点接触或线接触的运动副。表 0—1 所列为几种常见的高副接触形式。

7. 机器的组成

机器的种类繁多，构造和功能各异。根据其功能不同，机器主要由以下四个部分组成：

（1）动力部分

动力部分是机器的动力源。现代机器的动力源多为电动机和热力机（如内燃机、汽轮机、燃气轮机等），其中电动机的使用最为广泛。

（2）工作部分

工作部分是机器特定功能的执行部分，如汽车车轮、机床的刀架、轮船的螺旋桨等。

（3）传动部分

传动部分是传递原动机动力及转变其运动形式以适应工作部分需要的一种传递和转换装置。它由各种传动元件或装置，轴及轴系零件，离合、制动、换向和蓄能（如飞轮）等元件组成，如汽车的变速器、机床的主轴箱等。

（4）控制部分

控制部分是指通过人工操作或自动控制来改变动力机或传动系统的工作状态和参数，使执行机构保持或改变其运动力的装置，如机床控制按钮，汽车的点火开关、变速器操纵杆、离合器踏板等。

教学互动

汽车的动力部分、工作部分、传动部分、控制部分分别是什么？

思考与练习

1. 机器和机构有什么区别？
2. 构件和零件有什么区别？
3. 高副和低副有什么区别？
4. 机器由哪几部分组成？

模块一 链传动与带传动

课题一 链 传 动

学习目标

◆ 熟悉链传动的组成及传动比。

◆ 了解链传动的特点及应用。

◆ 熟悉链轮和链条的结构、类型及材料等。

◆ 掌握链传动的张紧与润滑方法。

想一想

如图 1—1—1 所示为天津夏利 376 汽油发动机机油泵的传动机构，它通过链条、链轮将平衡轴的动力传递给机油泵，从而驱动机油泵工作，这是链传动的一种表现形式。链传动在生活中也随处可见，如自行车、摩托车等。那么，链传动是通过什么来传递动力的呢？不同类型的链传动机构传递动力的大小有什么区别？选择链传动机构的材料有什么不同呢？

图 1—1—1 发动机机油泵的传动机构

一、链传动的组成及传动比

1. 链传动的组成

链传动机构（见图 1—1—2）是一种具有中间挠性件（链条）的啮合传动机构，它由主动链轮、链条（见图 1—1—3）和从动链轮组成。链轮（见图 1—1—4）上制有特殊齿形的齿，通过链轮轮齿与链条的啮合来传递运动和动力。

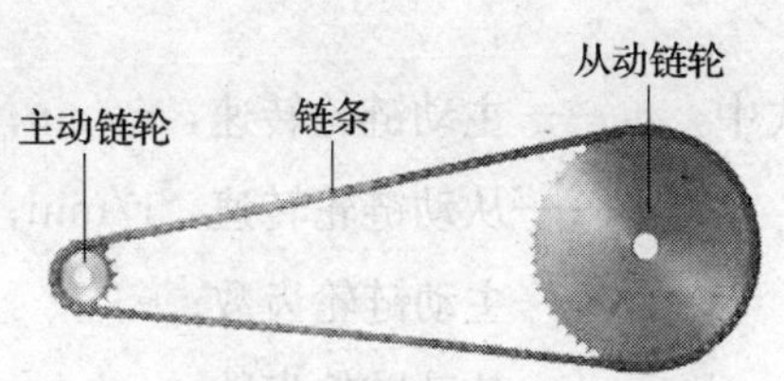

图 1—1—2　链传动机构

图 1—1—3　链条

图 1—1—4　链轮

如图 1—1—5 所示，主、从动链轮直径大小不一，试想两轮在单位时间内转过的圈数相等吗？哪个轮转的圈数更多？分布在链轮上的齿距相等，在单位时间内两轮转过的齿数相等吗？

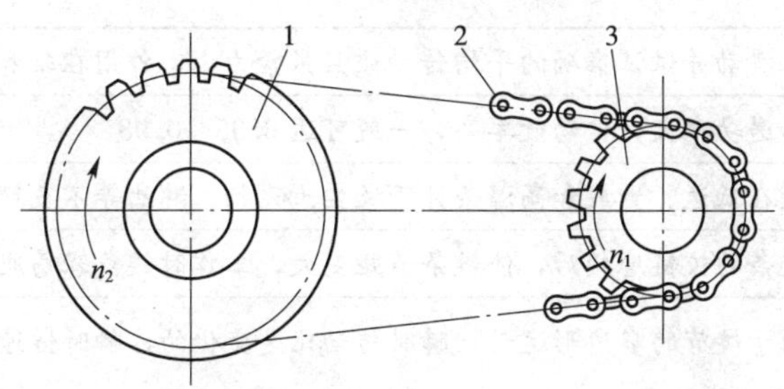

图 1—1—5　链传动

1—从动链轮　2—链条　3—主动链轮

2. 传动比

主、从动链轮的齿数不同，转速也不同，但在单位时间内主动链轮转过的齿数

z_1n_1 与从动链轮转过的齿数 z_2n_2 是相等的，即 $z_1n_1=z_2n_2$。链传动的传动比 i 为：

$$i=\frac{n_1}{n_2}=\frac{z_2}{z_1}$$

式中 n_1——主动链轮转速，r/min；

n_2——从动链轮转速，r/min；

z_1——主动链轮齿数；

z_2——从动链轮齿数。

即链传动的传动比就是主动链轮与从动链轮的转速之比，也等于其齿数的反比。

一般链传动的传动比 $i\leqslant 6$，低速传动时可达 10；两轴中心距 $a\leqslant 6$ m，最大中心距可达 15 m。传动功率 $p<100$ kW；链条速度 $v\leqslant 15$ m/s，高速时可达 20～40 m/s。

【例】 已知某摩托车前链轮（主动链轮）、后链轮（从动链轮）的齿数分别为 $z_1=20$、$z_2=40$，试求其传动比 i。

解： 由 $i=\frac{n_1}{n_2}=\frac{z_2}{z_1}$ 得：

$$i=\frac{n_1}{n_2}=\frac{z_2}{z_1}=\frac{40}{20}=2$$

与同属挠性类（具有中间挠性件的）传动的带传动相比，链传动有哪些应用特点？

二、链传动的特点及应用

与同属挠性类传动的带传动相比，链传动的特点及应用见表 1—1—1。

表 1—1—1　　链传动的特点及应用

特点	优点	1. 无滑动并保证准确的平均传动比且张紧力小，作用在轴和轴承上的力小
		2. 传递功率大，传动效率高，一般可达 0.95～0.98
		3. 能在低速、重载和高温条件下及尘土飞扬、淋油等不良环境中工作
	缺点	1. 链条的铰链磨损后，使链条节距变大，工作时链条容易脱落
		2. 由于链节的多边形运动，瞬时传动比是变化的，瞬时链速不是常数，传动中会产生动载荷和冲击，因此不宜用于要求精密传动的机械上
		3. 安装和维护要求较高，无过载保护作用
应用	链传动用于两轴平行、中心距较远、传递功率较大且平均传动比要求准确、不宜采用带传动或齿轮传动的场合	

三、链轮

1. 链轮的结构

常用链轮的结构形式见表 1—1—2。

表 1—1—2　　常用链轮的结构形式

结构形式		图　示
按链条数分类	单排链轮	
	双排链轮	
按用途分类	整体式	
	孔板式	
	组合式	
	轮辐式	

2. 链轮的材料

链轮的材料应满足强度和耐磨性的要求。通常根据尺寸大小和工作条件选择合金钢、碳钢、铸铁等。链轮常用材料及齿面硬度见表 1—1—3。

表 1—1—3　　链轮常用材料及齿面硬度

材料	热处理	齿面硬度	应用范围
15、20	渗碳、淬火、回火	50～60HRC	$z \leqslant 25$ 的有冲击载荷的链轮
35	正火	160～200HBW	$z > 25$ 的主、从动链轮
45、50、ZG310—570	淬火、回火	40～45HRC	无剧烈冲击、振动和要求耐磨的主、从动链轮
15Cr、20Cr	渗碳、淬火、回火	50～60HRC	$z < 25$ 且传递较大功率的重要链轮
40 Cr、35SiMn、35CrMo	淬火、回火	40～50HRC	要求强度较高和耐磨损的重要链轮
A3、A5	焊接后退火	≈140HBW	中低速、功率不大的较大链轮
硬度不低于 HT200 的灰铸铁	淬火、回火	260～280HBW	$z < 50$ 且外形复杂或强度要求一般的从动链轮
夹布胶木	—	—	$p < 6$ kW、速度较高、要求传动平稳和噪声小的链轮

四、链条

1. 链条的类型

链条按用途可分为传动链、输送链和起重链，链条的类型、特点和应用见表 1—1—4。

表 1—1—4　　链条的类型、特点和应用

类型	图示		特点	应用
传动链	滚子链		结构简单，磨损较轻	适用于一般机械的链传动
	齿形链		传动平稳性好，传动速度高，噪声较小，承受冲击性能较好，但结构复杂，质量较大，易磨损，成本高	适用于高速、低噪声、运动精度要求较高的传动装置

续表

类型	图示	特点	应用
输送链		形式多样，布置灵活，工作速度一般不大于 2 m/s	用于输送工件、物品和材料，可直接用于各种机械上
起重链		结构简单，承载能力大，工作速度低	主要用于传递力，起牵引、悬挂物品的作用，兼做缓慢运动

上述分类中，本课题仅介绍传动链。传动链应用广泛，种类繁多，其中最常用的是滚子链和齿形链。

想一想

图 1—1—6 所示为汽车发动机配气机构，机构中的链传动属于哪种类型？链传动的结构又是怎样的？

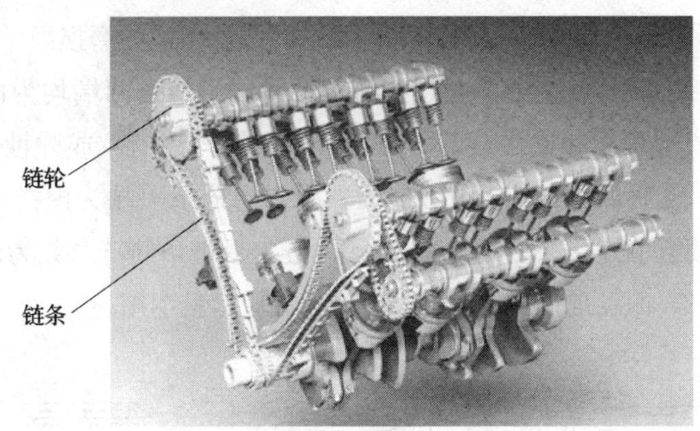

图 1—1—6　汽车发动机配气机构

2．传动链的类型和结构

按结构形式不同，传动链可分为滚子链和齿形链。

（1）滚子链（套筒滚子链）

链节是组成链条的基本结构单元。每个链节在链条的纵向（链条的长度方向）含有一个节距。

节距是指两相邻链节铰链副理论中心间的距离。设计给定的节距称为基本节距（公称节距），用符号 p 表示，它是链条的主要参数之一（见图 1—1—7）。

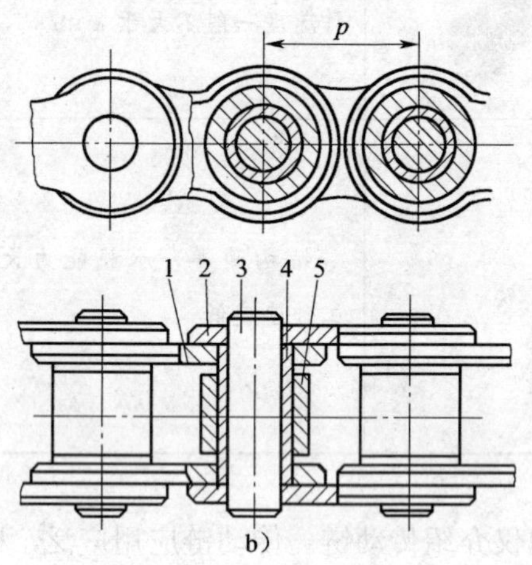

图 1—1—7　套筒滚子链

1—内链板　2—外链板　3—销轴　4—套筒　5—滚子

如图 1—1—7 所示，套筒滚子链由内链板 1、外链板 2、销轴 3、套筒 4 和滚子 5 组成。销轴与外链板、套筒与内链板分别采用过盈配合连接组成外链节；销轴与套筒之间以及滚子与套筒之间采用间隙配合构成内链节，当链条屈伸时，内、外链节之间就能相对转动。因滚子在套筒上可以自由转动，所以当链条与链轮啮合时，滚子与链轮齿相对滚动，形成滚动摩擦，从而减小了链条和链轮轮齿的磨损。

滚子链的连接方法有连接链节和过渡链节两种。当链条两端均为内链节时使用由外链板和销轴组成的可拆卸连接链节，用开口销（钢丝锁销）或弹性锁片（见图 1—1—8a、b）锁止，连接后链条的链节数应为偶数。当链条一端为内链节而另一端为外链节时，使用过渡链节连接（见图 1—1—8c），连接后链条的链节数为奇数。由于过渡链节不仅制造复杂，而且抗拉强度较低，一般情况应尽量不用。

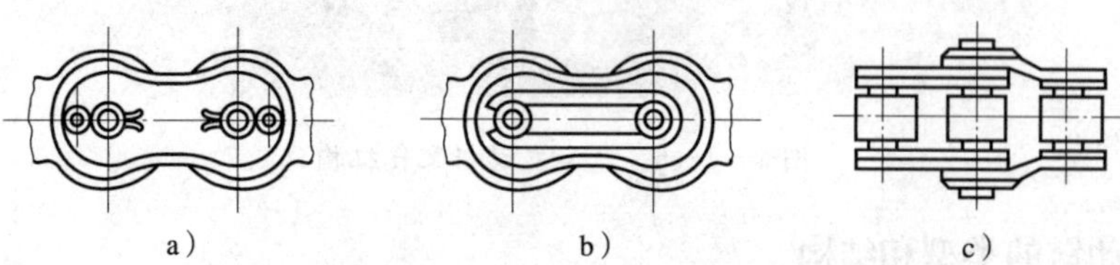

图 1—1—8　滚子链的连接形式

a）开口销　b）弹性锁片　c）过渡链节

(2) 齿形链

如图 1—1—9 所示为齿形链，多用于少数高档车的曲轴与凸轮轴之间的传动。齿形链与滚子链相比，具有工作平稳、噪声小、耐冲击、允许较高的链速等优点，但结构复杂、质量大、价格高，通常用于高速传动。

图 1—1—9　齿形链

教学互动

1. 自行车上的链条属于哪种类型？

2. 在汽车中，哪些机械零部件上用到了链传动？试举例说明。

五、链传动的张紧与润滑

链传动在使用过程中，会因为链节铰链的磨损而使节距增大，从而使链条松弛、垂度变大，影响正常传动。为保证链传动的正常使用，提高链传动的质量，并延长其使用寿命，链传动需进行适当的张紧与润滑。

1. 链传动的张紧

链传动张紧的目的主要是避免在链条的垂度过大时产生啮合不良和链条的振动现象；同时也为了增大链条与链轮的啮合包角。

当链传动的中心距可调整时，可通过调整中心距张紧；当中心距不可调时，可通过设置张紧轮张紧。链传动的张紧方式见表 1—1—5。

表 1—1—5　　链传动的张紧方式

用弹簧力张紧	用砝码张紧	定期调整张紧
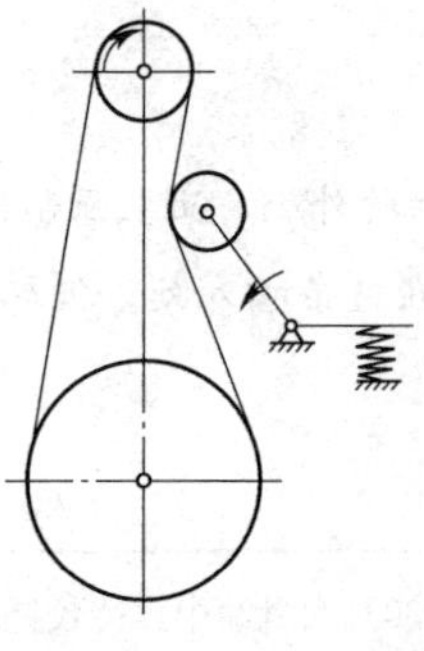	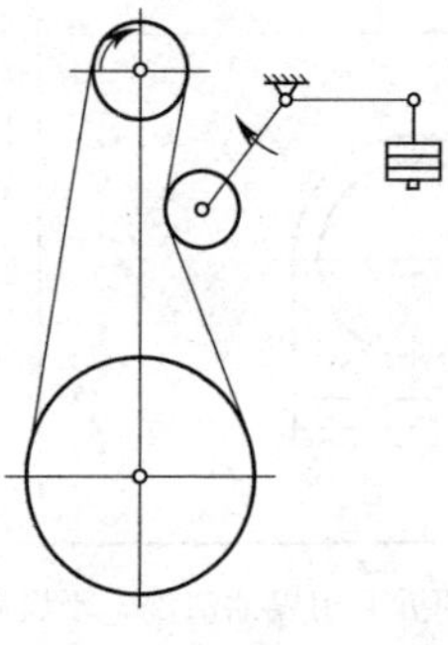	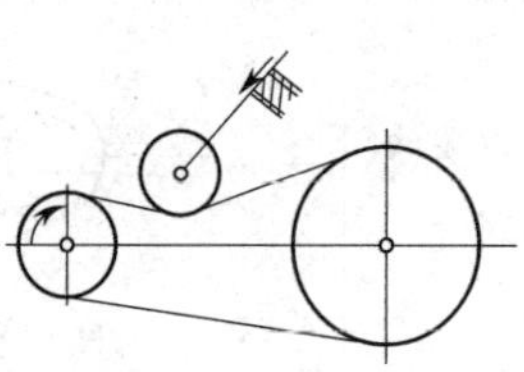

2．链传动的润滑

链传动的润滑十分重要，对高速重载的链传动更重要。良好的润滑可缓和冲击、减轻磨损、延长链条的使用寿命。链传动的润滑方式见表 1—1—6。

表 1—1—6　　链传动的润滑方式

方式	图示	润滑方式
人工润滑		用刷子或油壶定期在链条松边内、外链板的间隙注油
滴油润滑	油杯 油管	装有简单外壳，用油杯滴油
油浴润滑		采用不漏油的外壳，使链条从油槽中通过
飞溅润滑		采用不漏油的外壳，在链轮侧边安装甩油盘，飞溅润滑。甩油盘圆周速度 $v>3$ m/s。当链条宽度大于 125 mm 时，链轮两侧各装一个甩油盘
压力喷油润滑		采用不漏油的外壳，油泵强制供油，喷油管口设在链条啮入处，循环油可起冷却作用

注：开式传动和不易润滑的链传动可定期拆下用煤油清洗，干燥后，浸入 70～80℃润滑油中，待铰链间隙中充满油后再安装使用。

思考与练习

一、填空题

1. 链传动就是由________和具有特殊齿形的________组成的传递________和(或）动力的传动。

2. 链传动的常用类型有____________、____________、____________。

3. 按结构方式不同，传动链分为____________和____________。

4. 套筒滚子链由____________、____________、____________、____________和____________组成。

二、判断题

1. 链传动不能在重载和高温条件下及尘土飞扬、淋油等不良环境中工作。（　）

2. 链传动能保证准确的平均传动比，且传递功率大，传动效率高。（　）

3. 齿形链与滚子链相比，具有工作平稳、噪声小、耐冲击、允许较高的链速等优点，但结构复杂、质量大、价格高，主要用于高速传动。（　）

三、简答题

1. 传动链、输送链、起重链分别适用于哪些场合？

2. 链传动具有哪些传动特点？

课题二　带　传　动

学习目标

◆ 熟悉带传动的类型、工作原理及特点。

◆ 掌握V带的结构、型号及主要参数。

◆ 能够正确安装、使用V带，并能处理V带打滑问题。

◆ 掌握带传动的特点及应用。

◆ 能够调整带传动的张紧度。

想一想

图 1—2—1 所示为千里马轿车 1.32 L 发动机带传动机构，它通过传动带将曲轴输出的动力传递给发电机和水泵，从而驱动发电机和水泵工作，这是带传动的一种表现形式。可见带传动机构由传动带和带轮组成。那么带传动的工作原理是什么？带传动有哪些结构和类型？它们都应用在什么场合？

图 1—2—1　发动机带传动机构

一、带传动的类型

带传动主要由主动带轮 1、从动带轮 2 和传动带 3 等组成，如图 1—2—2 所示，常用于减速传动。

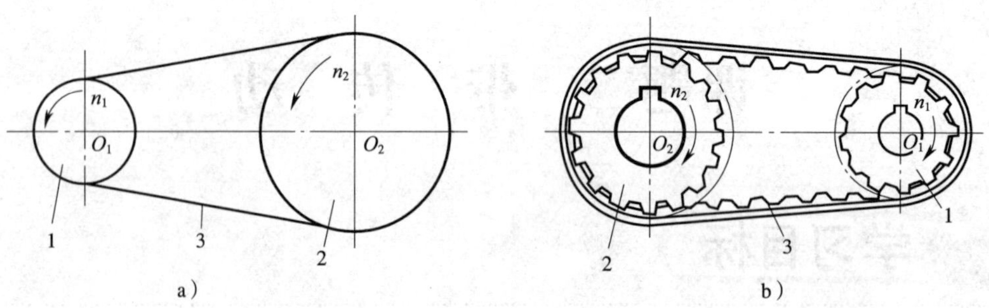

图 1—2—2　带传动

a）摩擦型　b）啮合型

1—主动带轮　2—从动带轮　3—传动带

1. 根据工作原理分类

带传动分为摩擦型和啮合型两大类。图 1—2—2a 所示为摩擦型带传动。传动带套紧在两个带轮上，使带与带轮的接触面间产生正压力，当主动带轮回转时，依靠摩擦力使传动带运行，并驱动从动带轮转动，从而将主动轴 O_1 的运动和动力传递给从动轴 O_2。图 1—2—2b 所示为啮合型带传动，它具有啮合传动和摩擦传动的优点（如顶置凸轮轴式发动机正时传动机构常用此同步齿形带）。

2．根据传动带的截面形状分类

汽车中的带传动形式有平带传动、V 带传动及同步带传动，相应的传动带也有三种类型，分别是平带、V 带和同步带。带的类型、特点及应用见表 1—2—1。

表 1—2—1　　带的类型、特点及应用

类型	实物图	特点及应用
平带		截面形状为矩形，内表面为工作面。抗拉强度较大，中心距大，价格便宜。传动比 $i\leqslant 5$，平带在汽车中应用较少
V 带		截面形状为梯形，两侧面为工作表面。传递功率大，传动能力强，结构紧凑。传动比 $i\leqslant 10$。在汽车上被广泛应用，如汽车中发电机、空调压缩机等都是通过 V 带传动的方式由曲轴带动旋转的
同步带		传动比准确，传动平稳，传动精度高，结构较复杂。常用于数控机床、纺织机械等传动精度要求较高的场合

二、V 带传动

带传动中，以 V 带传动使用最为广泛，下面重点讲解 V 带传动的相关知识。

1．普通 V 带的结构和类型

普通 V 带为无接头环形带，带两侧工作面的夹角 α 称为带的楔角（通常 $\alpha=40°$）。V 带由包布、顶胶、抗拉体和底胶四部分组成，其结构如图 1—2—3a、b 所示。包布用胶帆布，顶胶和底胶材料为橡胶。抗拉体是 V 带工作时的主要承载部分，其结构有绳芯和帘布芯两种。绳芯结构的 V 带柔韧性好，抗弯强度高，适用于转速较高、带轮直径较小的场合；帘布芯结构的 V 带抗拉强度较高，制造方便。现在生产中越来越多地采用绳芯结构的 V 带。

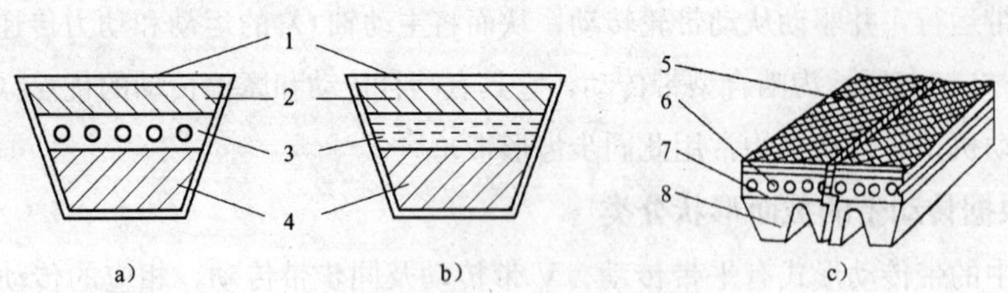

图 1—2—3 V 带的结构

a）绳芯结构 b）帘布芯结构 c）多楔带结构

1—包布 2—顶胶 3—抗拉体 4—底胶 5—顶布 6—芯线 7—黏合胶 8—楔胶

V 带还有多楔带结构（见图 1—2—3c），捷达 1.6 L 5 气门发动机的发电机、空调压缩机和动力转向泵均采用多楔带驱动。

2. 普通 V 带传动的主要参数

（1）普通 V 带的截面尺寸

普通 V 带的尺寸已标准化，按截面尺寸自小至大分为 Y、Z、A、B、C、D、E 七种型号，其截面形状和尺寸见表 1—2—2。

表 1—2—2　　普通 V 带的截面形状和尺寸

截面	Y	Z	A	B	C	D	E
顶宽 b（mm）	6.0	10.0	13.0	17.0	22.0	32.0	38.0
节宽 b_p（mm）	5.3	8.5	11.0	14.0	19.0	27.0	32.0
高度 h（mm）	4.0	6.0	8.0	11.0	14.0	19.0	23.0
楔角 α（°）	40°						

V 带绕在带轮上产生弯曲，外层受拉伸长，内层受压缩短，必有一长度不变的中性层。中性层面称为节面，节面的宽度称为节宽 b_p。在 V 带轮上，与配用 V 带节面处于同一位置的槽形轮廓宽度称为基准宽度 b_d。

（2）V 带的标记

普通 V 带和窄 V 带的标记由带型、基准长度和标准编号组成，一般都压印在胶带的外表面上，以供识别，例如，A1400 GB/T 11544—1997 表示 A 型 V 带，基准长度为 1 400 mm。

汽车 V 带的标记由带型、有效长度公称值及标准编号组成，如：

AV13×1 000 GB/T 13352　表示 AV13 型汽车 V 带，有效带长为 1 000 mm。

（3）V 带轮的轮槽截面

V 带轮的轮槽截面形状如图 1—2—4 所示。

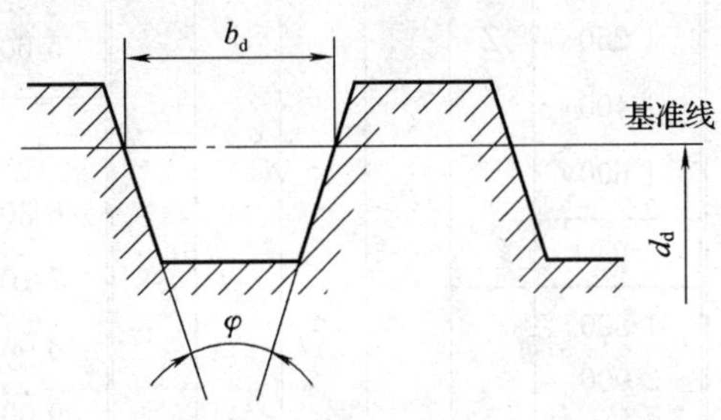

图 1—2—4　V 带轮的轮槽截面形状

其主要参数如下：

1）基准宽度 b_d。通常基准宽度与所配用 V 带的节面处于同一位置，也就是基准宽度等于 V 带的节宽，$b_d=b_p$。

2）基准直径 d_d。是指轮槽基准宽度处带轮的直径。带轮的基准直径不能太小，基准直径越小，传动时带在带轮上弯曲变形越严重，弯曲应力越大。

3）槽角 φ。轮槽截面两侧边的夹角。

由于安装前 V 带两侧面夹角为 40°，安装后 V 带在带轮上弯曲，截面形状发生了变化，外周受拉而变窄，内周受压而变宽，因而使带两侧面夹角变小，且带轮基准直径越小，这种变化越显著，所以，为了保证带的两侧面与轮槽接触良好，带轮轮槽槽角应小于 40°，常取 38°、36°、34°。

V 带轮的材料主要采用铸铁，常用的牌号为 HT150 或 HT200；转速较高时宜采用铸钢；当传递功率较小时可采用铸造铝合金或工程塑料等。

（4）带的基准长度 L_d

在规定的张紧力下，V 带位于带轮基准直径上的周线长度作为带的基准长度 L_d，又称公称长度，主要用于带传动几何尺寸的计算。普通 V 带的基准长度系列见表 1—2—3。

V 带的计算基准长度 L_{d0} 按设计中心距 a_0 进行计算，其公式为：

$$L_{d0}=2a_0+\frac{\pi}{2}(d_{d1}+d_{d2})+\frac{(d_{d2}-d_{d1})^2}{4a_0}$$

计算基准长度 L_{d0} 确定后，按表 1—2—3 的规定值确定普通 V 带的基准长度 L_{d0}。

表 1—2—3　　普通 V 带的基准长度系列　　mm

L_d	型号	L_d	型号	L_d	型号
200		900		4 000	
224		1 000		4 500	B
250		1 120		5 000	
280		1 250	Z	5 600	
315	Y	1 400		6 300	C
355		1 600	A	7 100	
400		1 800		8 000	D
450		2 000		9 000	
500		2 240	B　C	10 000	E
560		2 500		11 200	
630		2 800		12 500	
710	Z	3 150		14 000	
800		3 550		16 000	
	A		D	18 000	
				20 000	

（5）小带轮的包角

包角是指带与带轮接触弧所对的圆心角，如图 1—2—5 所示。

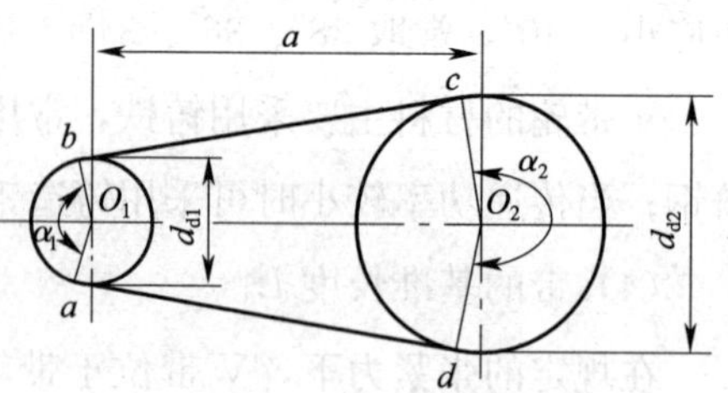

图 1—2—5　V 带传动的计算

包角的大小反映带与带轮轮缘表面间接触弧的长短。包角越大，带与带轮的接触弧越长，能传递的功率就越大；反之，所能传递的功率就越小。为了使带传动可靠，一般要求小带轮上的包角 α_1 不得小于 120°。

包角的大小可按下式计算：

$$\alpha_1 \approx 180° - \frac{d_{d2} - d_{d1}}{a} \times 57.3°$$

式中　a——带传动的中心距，mm；

d_{d1}——主动带轮的基准直径，mm；

d_{d2}——从动带轮的基准直径，mm。

（6）传动比

传动比就是主动带轮转速 n_1 与从动带轮转速 n_2 之比。如果不计带与带轮间打滑因素的影响，则：

$$i=\frac{n_1}{n_2}=\frac{d_{d2}}{d_{d1}}$$

3. V带的正确安装与使用

（1）保证V带的截面在轮槽中的正确位置

如图1—2—6a所示，V带顶面与带轮轮槽顶面平齐，这样V带与轮槽的工作面之间可充分接触；如V带的顶面高出轮槽顶面太多（见图1—2—6b），则工作面的实际接触面积减小，使传动能力降低；如V带的顶面低于轮槽顶面过多（见图1—2—6c），会使V带底面与轮槽底面接触，从而导致V带传动因两侧工作面接触不良而使摩擦力锐减甚至丧失。图1—2—6b、c所示为不正确的位置。

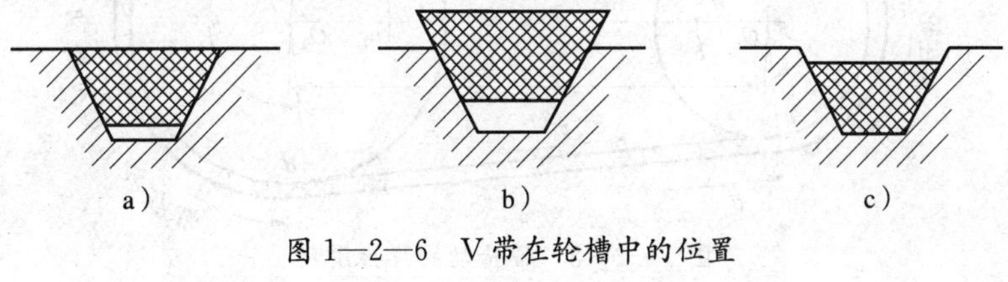

图1—2—6　V带在轮槽中的位置

a）正确　b）、c）不正确

（2）V带轮轴的中心线保持平行

应使V带轮轴的中心线保持平行（误差不超过20′），如图1—2—7a所示；否则，会使V带传动时扭曲和早期磨损，如图1—2—7b所示。

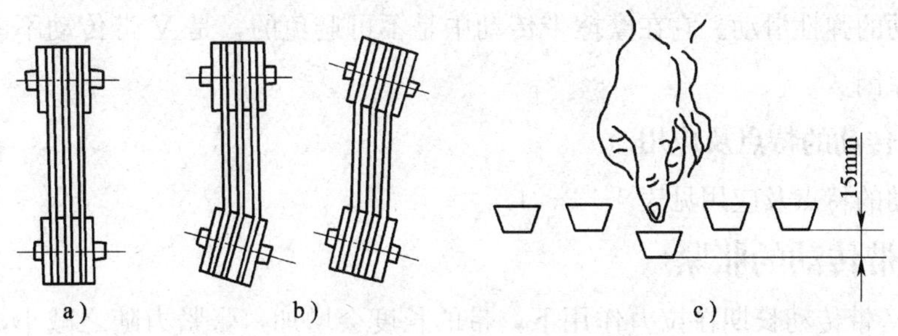

图1—2—7　V带的正确安装

a）V带轮轴中心线保持平行　b）V带轮轴中心线不平行　c）合适的V带张紧度

（3）V带张紧度要合适

安装V带时应使其达到合适的张紧度，一般在中等中心距的情况下，以拇指能压下 15 mm 左右即为合适，如图 1—2—7c 所示。

(4) 要定期检查及调整 V 带传动

使用中应定期检查及调整 V 带传动，必要时更换 V 带，新、旧带不能混合使用。各根 V 带长度应一致，使传动时受力均匀。

4．带传动的打滑

带是弹性体，受力后将会产生弹性变形。由于紧边拉力 F_1 大于松边拉力 F_2，因此紧边的伸长量大于松边的伸长量，如图 1—2—8 所示。当传动带的紧边在 a 点进入主动轮 1 时，带的速度和主动轮 1 的圆周速度 v 相等，但在传动带随主动轮 1 由 a 点旋转至 b 点的过程中，带所受的拉力由 F_1 逐渐降到 F_2，其弹性伸长量也将逐渐减小，这时带在带轮上必向后产生微小滑动，造成带的速度小于主动轮 1 的圆周速度，至 b 点处带速已由 v_1 降为 v_2 了。

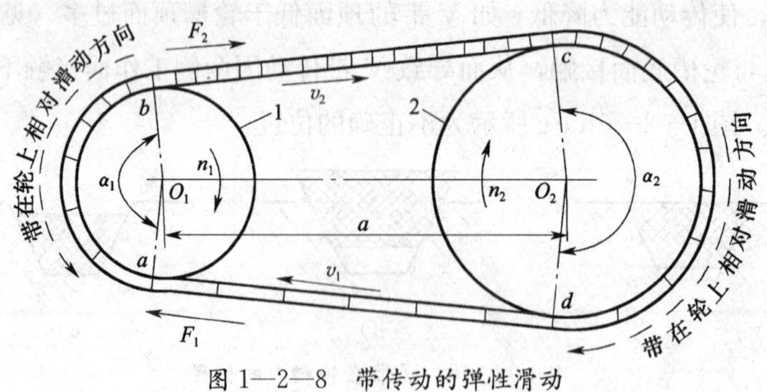

图 1—2—8 带传动的弹性滑动

同理，传动带在从动轮 2 上由 c 点旋转至 d 点的过程中，由于拉力逐渐增大，其弹性伸长量也将逐渐增大，这时带在带轮上必向前产生滑动，致使带的速度领先于从动轮 2 的圆周速度，至 d 点处带的速度又增加到 v_1。

由于带两边拉力不相等致使两边弹性变形不相同，由此引起的带与带轮间的滑动称为带传动的弹性滑动。它在摩擦带传动中是不可避免的，是 V 带传动不能保证准确传动比的原因。

5．带传动的特点及应用

带传动的特点及应用见表 1—2—4。

三、带传动的张紧

由于 V 带传动长期在拉力作用下，带的长度会增加，张紧力随之减小，传动能力降低，影响瞬时传动比。所以，为了保证带传动的正常工作能力，必须调整带的张紧度。带传动的张紧采用调整中心距和使用张紧轮的方法。

1．调整中心距的方法

用于允许改变中心距的场合，如图 1—2—9 所示。

表 1—2—4　　带传动的特点及应用

特点	优点	1. 由于带是挠性体，所以在传动中能缓和冲击和振动，具有吸振能力 2. 带传动靠摩擦力传递运动，在过载时，传动带会在带轮上打滑，具有安全保护作用，可以避免其他零件的损坏 3. 工作平稳，噪声小 4. 可以用在两轴中心距较大的场合 5. 结构简单，维护方便，制造容易，成本低
	缺点	1. 由于带具有弹性，工作中存在弹性滑移，所以传动时不能保证准确的传动比 2. 外廓尺寸较大 3. 传动效率低 4. 不宜用在高温、易燃、易爆的场合
应用	带传动适用于要求传动平稳、传动比不要求准确、中小功率的远距离传动。一般传递功率 $P \leqslant 100$ kW，带速 $v=5 \sim 25$ m/s，传动比 $i<7$	

2. 安装张紧轮的方法

安装张紧轮的方法用于中心距不能调的场合，如顶置凸轮轴的正时齿形带传动（见图 1—2—10，其中 3 就是张紧轮）。

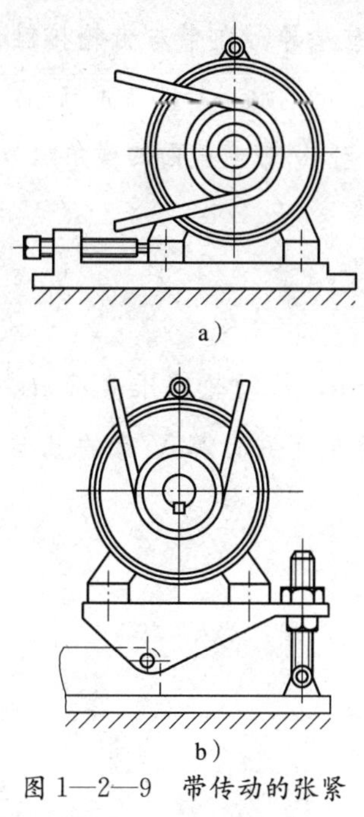

图 1—2—9　带传动的张紧

a）水平位置　b）垂直位置

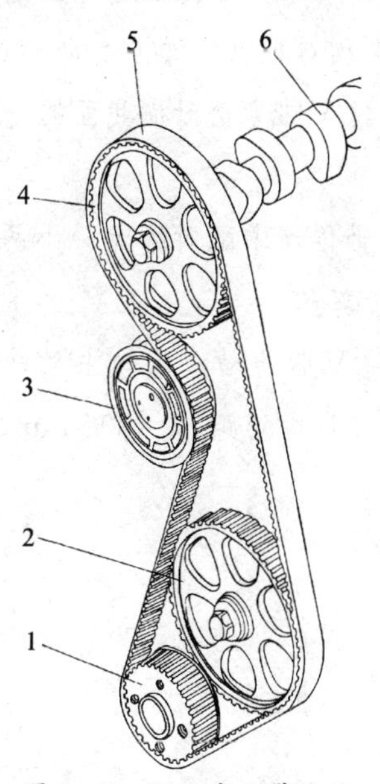

图 1—2—10　齿形带传动

1—曲轴齿形带轮　2—中间轴齿形带轮　3—张紧轮
4—凸轮轴齿形带轮　5—正时齿形带　6—凸轮轴

思考与练习

一、填空题

1. 包角是指带与带轮接触弧所对的________。对于V带传动，一般要求包角$\alpha \geqslant$________。

2. 带传动的张紧通常采用________和________两种方法。

3. V带传动中，带的线速度v将影响传动能力和带的使用寿命，所以v不宜太大或太小，一般应限制在___________的范围内。

二、判断题

1. V带传动属于摩擦传动。（　）

2. 普通V带有7种型号，其传递功率的能力以A型V带最小，Z型V带最大。（　）

3. V带传动使用张紧轮的目的是增大小带轮上的包角，从而增大张紧力。（　）

4. V带传动不能用于两轴线空间交错的传动场合。（　）

5. V带传动装置必须安装防护罩。（　）

6. 带传动中，带的松边与紧边拉力不同，弹性变形有差异，在带与带轮接触区内会引起带相对带轮的弹性滑动，这种现象叫作“打滑”。（　）

7. 考虑V带弯曲时横截面的变形，带轮的槽角φ应小于V带横截面的楔角α。（　）

8. V带传动中配对的大、小两带轮的槽角φ必须相等。（　）

三、计算题

某普通V带传动，已知主动轮基准直径$d_{d1}=120$ mm，从动轮基准直径$d_{d2}=300$ mm，设计中心距$a_0=800$ mm。试计算传动比、验算包角并计算V带的基准长度。

课题一　齿轮传动的类型和特点

◆ 熟悉齿轮传动的工作原理、特点、类型及应用。

◆ 了解渐开线齿廓的形成及性质。

◆ 掌握齿轮传动的传动比的计算方法。

图 2—1—1 所示为千里马轿车手动变速器换挡齿轮传动机构，通过不同挡位齿轮的啮合，产生不同传动比的齿轮传动，从而改变驱动轮的转速和转矩。

齿轮机构与其他传动机构相比，传递运动准确可靠，传递的速度范围大，从时针缓慢转动的钟表到高速旋转的汽车变速器上都采用了齿轮传动，是汽车上大量采用的一种传动装置。那么齿轮传动的类型有哪些？其应用特点及基本要求又是什么？

图 2—1—1　手动变速器换挡齿轮传动机构

一、齿轮传动的工作原理

如图 2—1—2 所示，当一对齿轮相互啮合工作时，主动轮的轮齿 1、2、3 … 依次推动从动轮的轮齿 1′、2′、3′…使从动轮转动，从而将主动轮的动力和运动传递给从动轮。

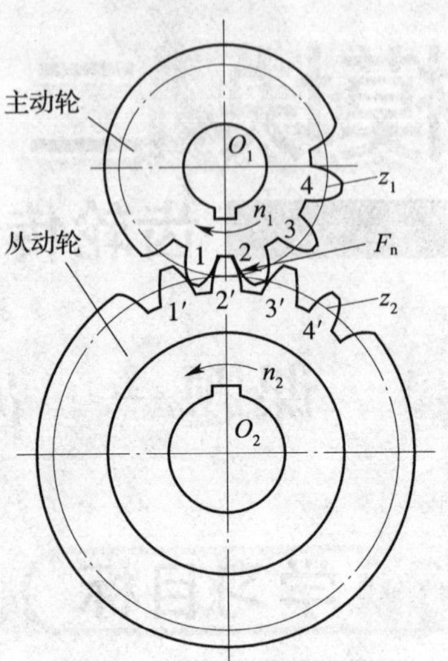

图 2—1—2　齿轮传动简图

二、齿轮传动的特点

1．优点

（1）能保证瞬时传动比恒定，传动平稳性好，传递运动准确可靠。

（2）传递的功率和速度范围大。传递功率可高达 5×10^4 kW，圆周速度可以达到 300 m/s。

（3）传动效率高，维护简便，使用寿命长。

（4）结构紧凑，可实现较大的传动比。

2．缺点

（1）制造和安装精度要求高，工作时有噪声。

（2）不能实现无级变速。

（3）整体传动机构结构庞大、笨重，因此，不适宜用在中心距较大的场合。

三、传动比

在图 2—1—2 所示的齿轮传动机构中，设主动轮的齿数为 z_1，从动轮的齿数为 z_2。若主动轮转速为 n_1，则单位时间内转过的齿数为 z_1n_1。同时，从动轮在主动轮的推动下转速为 n_2，转过的齿数为 z_2n_2。由于齿轮传动是主、从动轮一齿对一齿的啮合传动，所以在同一时间内有：

$$z_1n_1=z_2n_2$$

$$\frac{n_1}{n_2}=\frac{z_2}{z_1}$$

则一对齿轮的传动比为：

$$i=\frac{\omega_1}{\omega_2}=\frac{n_1}{n_2}=\frac{z_2}{z_1}$$

式中　ω_1——主动轮角速度，rad/s；

ω_2——从动轮角速度，rad/s；

n_1——主动轮转速，r/min；

n_2——从动轮转速，r/min；

z_1——主动轮齿数；

z_2——从动轮齿数。

因此，齿轮传动的传动比是主动轮与从动轮转速（或角速度）之比，也等于两齿轮齿数的反比。

【例】某汽车变速器齿轮传动机构的主动轮齿数 $z_1=17$，从动轮齿数 $z_2=47$。当主动轮转速 $n_1=1\ 380$ r/min 时，试计算传动比和从动轮转速 n_2。

解：

$$i=\frac{n_1}{n_2}=\frac{z_2}{z_1}=\frac{47}{17}\approx 2.76$$

则从动轮转速 n_2 为：

$$n_2=\frac{n_1}{i}=\frac{1\ 380}{2.76}=500\ (\text{r/min})$$

注：齿轮副的传动比不宜过大，否则会使结构尺寸过大，不利于制造和安装。通常，圆柱齿轮副的传动比 $i\leqslant 8$，锥齿轮副的传动比 $i\leqslant 5$。

教学互动

1. 在生活中，齿轮传动常出现在哪些零部件上？

2. 以手动挡汽车为例，变速器挡位从一挡到五挡，齿轮传动的传动比是逐渐变大还是变小？

四、齿轮传动的类型及应用

齿轮传动的类型及应用见表 2—1—1。

表 2—1—1　　齿轮传动的类型及应用

分类方法		类型	图例	应用
两轴平行	按轮齿方向分	直齿圆柱齿轮传动		适用于圆周速度较低的传动，尤其适用于变速器的换挡齿轮
		斜齿圆柱齿轮传动		适用于圆周速度较高、载荷较大且要求结构紧凑的场合

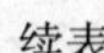
续表

分类方法		类型	图例	应用
两轴平行	按轮齿方向分	人字齿圆柱齿轮传动		适用于载荷大且要求传动平稳的场合
	按啮合类型分	外啮合齿轮传动		适用于圆周速度较低的传动，尤其适用于变速器的换挡齿轮
		内啮合齿轮传动		适用于结构要求紧凑且效率较高的场合
		齿轮齿条传动		适用于将连续转动变换为往复移动的场合
两轴不平行	相交轴齿轮传动	锥齿轮传动		直齿锥齿轮适用于圆周速度较低、载荷小而稳定的场合
				曲齿锥齿轮适用于承载能力大、传动平稳、噪声小的场合
	交错轴齿轮传动	交错轴斜齿轮传动		适用于圆周速度较低、载荷小的场合
		蜗轮蜗杆传动		适用于传动比较大且要求结构紧凑的场合

五、渐开线齿廓

1. 渐开线的形成

在平面上，一条动直线（发生线）沿着一个固定的圆（基圆）做纯滚动时，此动直线上一点的轨迹称为圆的渐开线。

如图 2—1—3a 所示，直线 AB 与一半径为 r_b 的圆相切，并沿此圆做无滑动的纯滚动，则直线 AB 上任意一点 K 的轨迹 CKD 称为该圆的渐开线，r_b 为基圆半径，直线 AB 称为发生线。

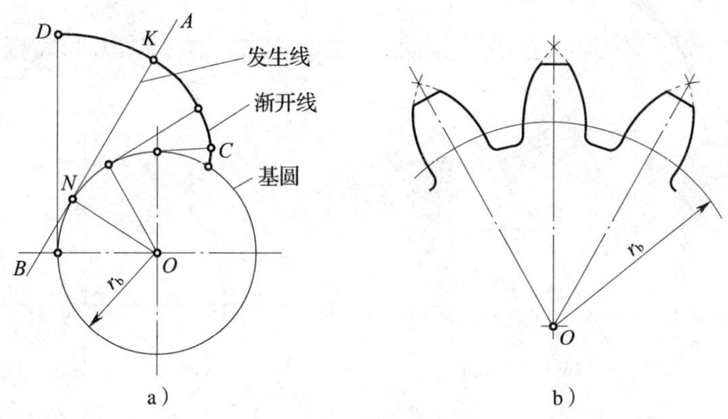

图 2—1—3 渐开线齿廓的形成

以渐开线作为齿廓曲线的齿轮称为渐开线齿轮。图 2—1—3b 所示齿轮轮齿的可用齿廓是由同一基圆的两条相反（对称）的渐开线组成的，称为渐开线齿轮。

2. 渐开线的性质

从渐开线的形成可以看出，它具有下列性质：

(1) 发生线在基圆上滚过的线段长度 $\overline{NK}$ 等于基圆上被滚过的一段弧长 $\widehat{NC}$，即 $\overline{NK}=\widehat{NC}$（见图 2—1—3）。

(2) 渐开线上任意一点的法线必定与基圆相切。如图 2—1—3 所示，渐开线上任意一点 K 的法线 $\overline{KN}$ 与基圆相切于点 N，法线 $\overline{KN}$ 与发生线 AB 重合。切点 N 是渐开线上 K 点的曲率中心，线段 $\overline{NK}$ 为 K 点的曲率半径。

(3) 渐开线上各点的曲率半径不相等。K 点离基圆越远，其曲率半径 $\overline{NK}$ 越大，渐开线越趋于平直；K 点离基圆越近，曲率半径越小，渐开线越弯曲；当 K 点与基圆上的点 C 重合时，曲率半径等于零。

(4) 渐开线的形状取决于基圆的大小。基圆相同，渐开线形状完全相同。基圆越小，渐开线越弯曲；基圆越大，渐开线越趋平直。当基圆半径趋于无穷大时，渐开线成直线，这种直线型的渐开线就是齿条的齿廓曲线（见图 2—1—4）。

(5) 基圆内无渐开线。

（6）渐开线上各点处的压力角不相等。当渐开线齿廓在任意一点 K 与另一齿轮的渐开线齿廓相接触时，所受作用力 F_K 的方向（即渐开线在 K 点的法线方向）与该点绕基圆圆心 O 回转时的速度 v_K 方向所夹的锐角称为渐开线齿廓上任意一点 K 处的压力角 α，也就是过齿廓上任意一点 K 处的径向直线与齿廓在该点处的切线所夹的锐角（见图 2—1—5）。显然，α 角越小，渐开线齿轮传动越省力。

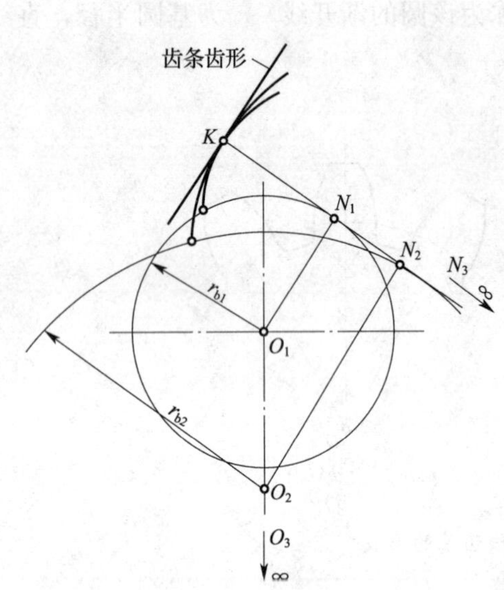

图 2—1—4　不同基圆的渐开线

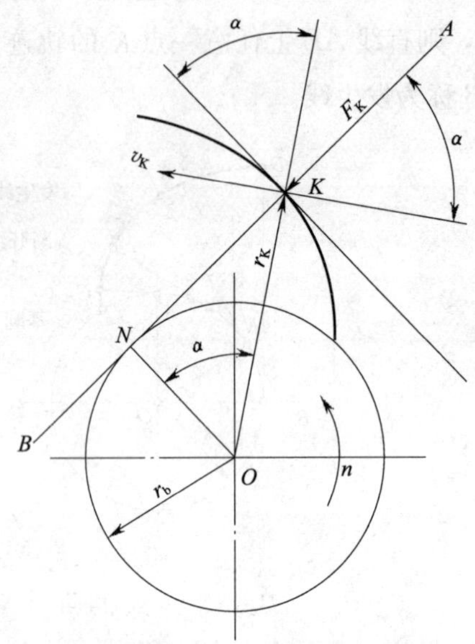

图 2—1—5　渐开线齿廓上的压力角

对于同一基圆的渐开线，基圆半径 r_b 是常量（定值），压力角 α 的大小随 K 点的向径 r_K 变化。K 点离基圆越远，r_K 越大，压力角 α 越大；反之，K 点离基圆越近，r_K 越小，压力角越小。在渐开线的起点（即 K 点在基圆上）即基圆上的压力角等于零。

压力角越小，齿轮传动越省力，因此，通常采用基圆附近的一段渐开线作为齿轮的齿廓曲线。

思考与练习

一、问答题

1. 什么是齿轮传动？齿轮传动有哪些优缺点？

2. 按轮齿方向分类，齿轮传动可分为哪几种类型？

二、计算题

有一齿轮传动，主动轮齿数 $z_1=20$，从动轮齿数 $z_2=50$，试计算传动比 i_{12}；若主动轮转速 $n_1=800$ r/min，求从动轮转速 n_2？

课题二　直齿圆柱齿轮传动

◆ 掌握直齿圆柱齿轮的基本参数及几何尺寸计算。

◆ 了解直齿圆柱齿轮的正确啮合条件。

渐开线直齿圆柱齿轮（见图 2—2—1）是最常用的齿轮之一，它各部分的名称是什么？几何尺寸如何计算？在啮合传动中有什么特点和条件？

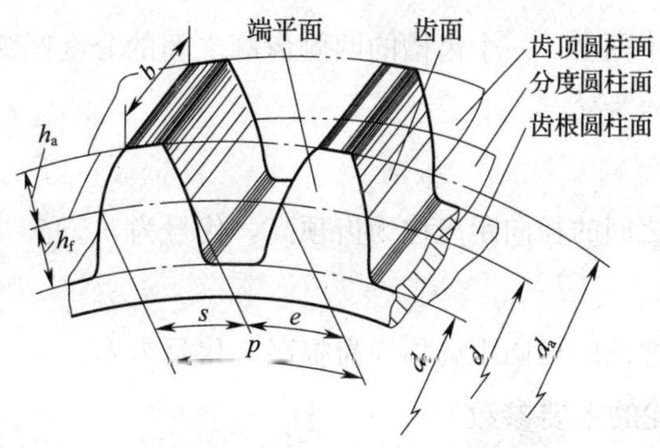

图 2—2—1　渐开线直齿圆柱齿轮的几何要素

一、渐开线直齿圆柱齿轮的基本参数及几何尺寸计算

1. 标准直齿圆柱齿轮各部分的名称

（1）端平面

在圆柱齿轮上，垂直于齿轮轴线的表面。

（2）齿顶圆柱面、齿顶圆

圆柱齿轮的齿顶曲面称为齿顶圆柱面。在圆柱齿轮上，其齿顶圆柱面与端平面的交线称为齿顶圆。齿顶圆直径的代号为 d_a。

（3）齿根圆柱面、齿根圆

圆柱齿轮的齿根曲面称为齿根圆柱面。在圆柱齿轮上，其齿根圆柱面与端平面的交线称为齿根圆。齿根圆直径的代号为 d_f。

（4）分度圆柱面、分度圆

圆柱齿轮的分度曲面称为分度圆柱面。分度曲面是齿轮上的一个假想曲面，齿轮的轮齿尺寸均以此曲面为基准加以确定。圆柱齿轮的分度圆柱面与端平面的交线称为分度圆。分度圆直径的代号为 d。

（5）齿宽

齿轮的有齿部位沿分度圆柱面的直母线方向度量的宽度称为齿宽。齿宽的代号为 b。

（6）端面齿距

在齿轮上，两个相邻且同侧的端面齿廓之间的分度圆弧长称为端面齿距。在一般情况下，端面齿距简称齿距。齿距的代号为 p。

（7）端面齿厚

在圆柱齿轮的端平面上，一个齿的两侧端面齿廓之间的分度圆弧长称为端面齿厚，简称齿厚。齿厚的代号为 s。

（8）端面齿槽宽

在圆柱齿轮的端平面上，一个齿槽的两侧齿廓之间的分度圆弧长称为端面齿槽宽，简称槽宽。槽宽的代号为 e。

（9）齿顶高

齿顶圆与分度圆之间的径向距离称为齿顶高，代号为 h_a。

（10）齿根高

齿根圆与分度圆之间的径向距离称为齿根高，代号为 h_f。

2．直齿圆柱齿轮的主要参数

（1）压力角 α

渐开线直齿圆柱齿轮的基准齿形是指基准齿条的法面齿形，图 2—2—2a 所示为基准齿条，其法向压力角 α 即为压力角，并规定 $\alpha=20°$。

渐开线上各点的端面压力角是不相等的。这里所说的压力角是指齿轮分度圆（标准齿轮在该圆上的轮齿齿厚和齿槽宽相等）上的端面压力角。该压力角已标准化。国家标准规定，分度圆上的压力角（端面压力角的简称）$\alpha=20°$。在一些进口汽车和设备中，还可见到齿轮压力角为 14.5°、15°、17.5°等的数值。

图 2—2—2 b 表示在分度圆大小不变的条件下，齿轮压力随分度圆压力角变化而变化的关系：当压力角小于 20°时，齿轮传动较省力，但轮齿根部变薄，齿轮承载能力下降；当压力角大于 20°时，轮齿根部变厚，承载能力增大，但齿轮传动较费力。因此，有的国家采用了小压力角的齿轮。而我国规定压力角等于 20°的齿形恰当，适用于大多数机械传动。

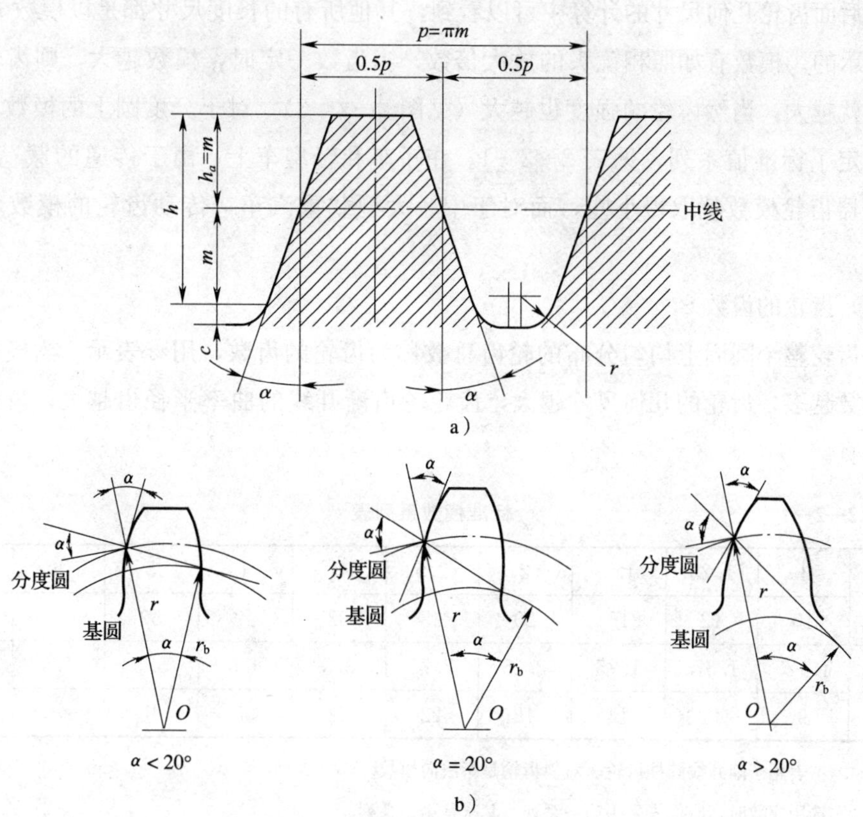

图 2—2—2　压力角

a）基准齿形　b）压力角对齿形的影响

（2）模数

设分度圆上的齿距为 p，如图 2—2—3 所示，齿轮的齿数为 z，则分度圆的周长为 $\pi d = zp$，因此，分度圆的直径 $d=\frac{pz}{\pi}$。

为使计算和测量方便，分度圆直径应为有理数。由上式可知，如果取齿距 p 为 π 的有理数倍数，分度圆直径 d 就为有理数。在这里以符号 m 表示这个倍数，即：

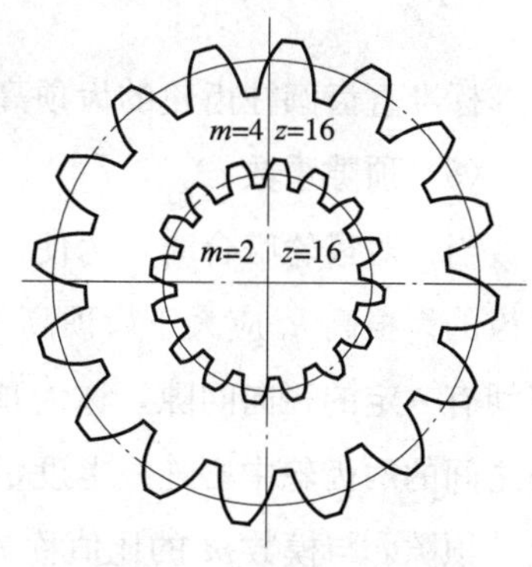

图 2—2—3　不同模数的轮齿

$$\frac{p}{\pi}=m \qquad p=\pi m$$

m 称为模数，单位是毫米。因此，模数 m 就是齿距除以圆周率 π 所得的商。则分度圆直径 d 可用模数 m 和齿数 z 来表示，即：

$$d=mz$$

在后面齿轮几何尺寸的计算中可以看到，其他所有的长度尺寸都是以模数 m 的倍数来表示的。模数有如照相镜头的放大倍数，当齿数一定时，模数越大，则齿轮的几何尺寸就越大，当然齿轮的强度也越大（见图 2—2—3）。对于分度圆上的模数，国家已经制定了标准值系列，见表 2—2—1。在轿车和轻型车上，由于传递的载荷不大，其变速器齿轮模数就取得小些，而对于中、大型载重汽车，传动齿轮的模数就取得大些。

（3）齿轮的齿数 z

在齿轮整个圆周上均匀分布的轮齿总数称为齿轮的齿数，用 z 表示。当模数一定时，齿数越多，齿轮的几何尺寸越大，齿轮轮齿渐开线的曲率半径也越大，齿廓曲线越趋平直。

表 2—2—1　　标准模数系列表

第一	1	1.25	1.5	2	2.5	3	4	5	6	8
系列	10	12	16	20	25	32	40	50		
第二	1.125	1.375	1.75	2.25	2.75	3.5	4.5	5.5	6.5	7
系列	9	11	14	18	22	28	35	45		

注：1. 本表用于渐开线圆柱齿轮。对斜齿轮是指法向模数。
2. 选用模数时，应优先采用第一系列，其次是第二系列。

（4）齿顶高系数 h_a^*

齿顶高 h_a 与模数 m 的比值称为齿顶高系数，用 h_a^* 表示，即：

$$h_a^* = \frac{h_a}{m}$$

标准直齿圆柱齿轮的齿顶高系数 $h_a^*=1$。

（5）顶隙系数 c^*

当一对齿轮啮合时，为使一个齿轮的齿顶面不致与另一个齿轮的齿槽底面相抵触，轮齿的齿根高 h_f 应大于齿顶高 h_a，以保证两齿轮啮合时一齿轮的齿顶与另一齿轮的槽底间有一定的径向间隙，称为顶隙。顶隙在齿轮的齿根圆柱面与配对齿轮的齿顶圆柱面之间的两齿轮中心连线上度量，用 c 表示。

顶隙 c 与模数 m 的比值称为顶隙系数，用 c^* 表示，即：

$$c^* = \frac{c}{m}$$

$$h_f = h_a + c = (h_a^* + c^*)\ m$$

标准直齿圆柱齿轮的顶隙系数 $c^*=0.25$。

顶隙还可以储存润滑油，有利于齿面的润滑。

3. 渐开线直齿圆柱齿轮几何尺寸计算公式

渐开线标准直齿圆柱齿轮几何尺寸计算公式见表 2—2—2。

表 2—2—2　　渐开线标准直齿圆柱齿轮几何尺寸计算公式

名称	代号	计算公式		
		外齿轮	内齿轮	齿条
模数	m	经设计计算后取表 2—2—1 的标准值		
压力角	α	$\alpha=20°$		
顶隙	c	$c=c^{*}m$		
齿顶高	h_a	$h_a=h_a^{*}m=m$		
齿根高	h_f	$h_f=(h_a^{*}+c^{*})m=1.25m$		
全齿高	h	$h=h_a+h_f=2.25m$		
齿距	p	$p=\pi m$		
基圆齿距	p_b	$p_b=p\cos\alpha=\pi m\cos\alpha$		
齿厚	s	$s=\frac{\pi m}{2}$		
齿槽宽	e	$e=\frac{\pi m}{2}$		
分度圆直径	d	$d=mz$		$d=\infty$
基圆直径	d_b	$d_b=d\cos\alpha$		$d_b=\infty$
齿顶圆直径	d_a	$d_a=d+2h_a$	$d_a=d-2h_a$	$d_a=\infty$
齿根圆直径	d_f	$d_f=d-2h_f$	$d_f=d+2h_f$	$d_f=\infty$
中心距	a	$a=(d_1+d_2)/2$	$a=(d_2-d_1)/2$	

【例】一标准直齿圆柱外齿轮，已知齿数 $z=36$，齿顶圆直径 $d_a=304$mm。试计算其分度圆直径 d、齿根圆直径 d_f、齿距 p 及齿高 h。

解：由式 $d_a=d+2h_a=m(z+2)$ 得：

$$m=\frac{d_a}{z+2}=\frac{304}{36+2}=8\text{ mm}$$

将 m 代入有关各式，得：

$$d=mz=8\times36=288\text{ mm}$$

$$d_f=d-2h_f=m(z-2.5)=8\times(36-2.5)=268\text{ mm}$$

$$p=\pi m=3.14\times8=25.12\text{ mm}$$

$$h=2.25m=2.25\times8=18\text{ mm}$$

二、齿轮副的正确啮合条件和连续传动条件

1．正确啮合条件

（1）渐开线齿轮的啮合过程

图 2—2—4a 所示为一对啮合的渐开线齿轮。N_1N_2 为两齿轮基圆的内公切线，它与两齿轮中心的连线 O_1O_2 相交于 P 点。设在某瞬间两齿轮齿廓在 K 点接触，K 点称为啮合点。随着啮合传动的进行，啮合点 K 移到 K'。由渐开线的性质可知，两齿轮齿廓不论在什么位置接触（啮合），过啮合点的两齿轮齿廓的法线（公法线）就是两齿轮基圆的内公切线 N_1N_2。因此，渐开线齿廓的啮合点 K 始终沿着 N_1N_2 移动，即 N_1N_2 是啮合点 K 的轨迹，称为啮合线。啮合线与两齿轮中心连线的交点 P 称为节点。以 O_1、O_2 为圆心，过节点 P 所做的两个相切的圆称为节圆。过 P 点的两节圆的公切线 tt（即 P 点处的运动方向）与啮合线 N_1N_2 所夹的锐角 α' 称为啮合角。必须注意，节点、节圆和啮合角只有在一对齿轮啮合时才存在，一个齿轮没有节点、节圆和啮合角。

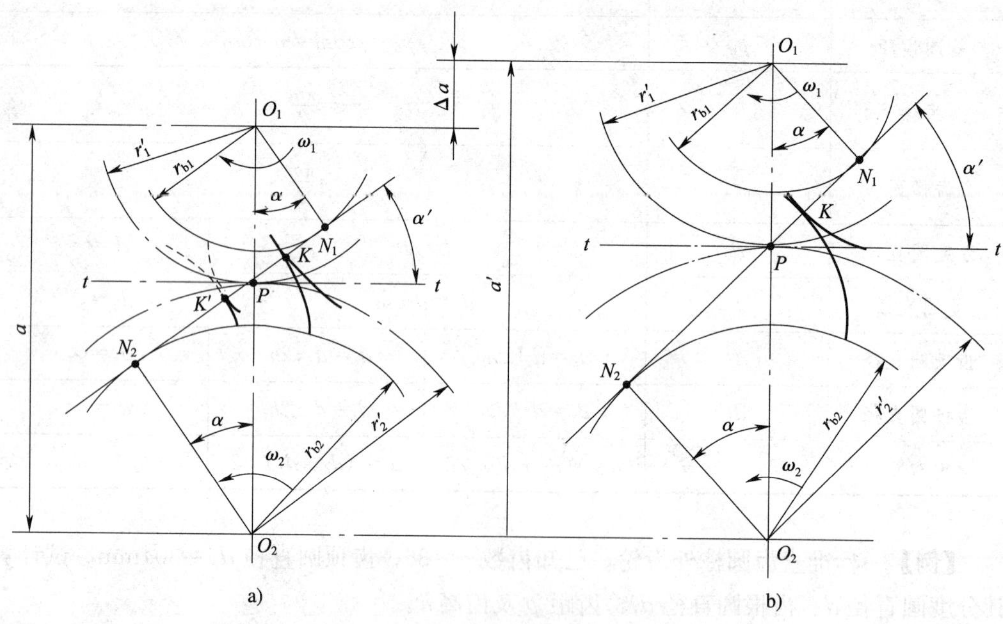

图 2—2—4　渐开线圆柱齿轮的啮合传动

（2）渐开线齿轮啮合传动的条件

齿轮传动时，每一对轮齿仅啮合一段时间便要分离，而由后一对轮齿接替。为了保证每对轮齿都能正确地进入啮合，要求前一对轮齿在 K' 点接触时，后一对轮齿能在啮合线上另一点 K 接触。如图 2—2—4a 所示的 KK' 恰为齿轮 1 和齿轮 2 的法向齿距 $p_{n1}=p_{n2}$，由渐开线性质可知，法向齿距 p_n 与基圆齿距 p_b 相等，因此：

$$p_{b1}=p_{b2}$$

而：　　　　$$p_b = p\cos\alpha = \pi m\cos\alpha$$

得到：　　　　$$m_1\cos\alpha_1 = m_2\cos\alpha_2$$

式中，m_1、m_2、α_1、α_2 分别为两齿轮的模数和分度圆压力角。由于 m、α 均已标准化，所以得到正确啮合条件为：

$$m_1 = m_2 = m$$

$$\alpha_1 = \alpha_2 = \alpha$$

可见直齿圆柱齿轮正确啮合的条件是两齿轮的模数和压力角必须分别相等并为标准值。

2. 连续传动条件

为了保证一对渐开线齿轮能够连续传动，必须做到前一对啮合轮齿在脱离啮合之前，后一对轮齿必须进入啮合。因此必须使实际啮合线 KK' 长度至少大于一个基圆齿距 p_b，通常把$\overline{KK'}$与 p_b 的比值称为重合度，用 ε 表示，即 $\varepsilon = \dfrac{\overline{KK'}}{p_b} \geqslant 1$。由于制造、安装误差的影响，实际上必须使 $\varepsilon > 1$ 才能可靠地保证传动的连续性，重合度 ε 越大，传动越平稳。

对于一般齿轮传动，连续传动的条件是 $\varepsilon \geqslant 1.2$。对直齿圆柱齿轮（$\alpha = 20°$、$h_a^* = 1$）来说，$1 < \varepsilon < 2$。标准齿轮传动均能满足上述条件。应注意：中心距加大时重合度会降低。

思考与练习

一、填空题

1. 渐开线齿轮传动的________为恒定值就保证了渐开线齿轮传动的________。

2. 渐开线直齿圆柱齿轮正确啮合条件：两齿轮的________和________必须分别相等并为标准值。

3. 内齿轮的齿厚相当于外齿轮的______，而齿槽宽相当于外齿轮的______。

4. 为使设计、制造和互换方便，在齿轮上假想某一个圆，使其具有________和________，这个圆就是分度圆。

二、判断题

1. 渐开线形状取决于基圆的大小。　（　）

2. 在制造、安装过程中，一对相互啮合的齿轮中心距的微小误差会改变其瞬时传动比，因此齿轮的制造、安装要求较高。　（　）

3. 齿轮参数中最基本的参数是齿数、模数、压力角。　（　）

4. 两齿轮模数相同说明其渐开线齿廓曲线一致。（　）

三、选择题

1. 齿轮传动中大体有三种齿廓曲线的齿轮，其中（　）齿轮制造容易，便于安装，互换性也好，应用最广泛。

A. 渐开线　　B. 摆线　　C. 圆弧

2. 齿轮传动能保证两齿轮（　）恒等于常数。

A. 传动比　　B. 平均传动比　　C. 瞬时传动比

3. 一对刚性齿轮外啮合时，过齿廓接触点所做的公法线与两齿轮中心线的交点所做的两个相切的圆称为（　）。

A. 分度圆　　B. 节圆　　C. 齿顶圆　　D. 齿根圆

4. 齿条的齿廓曲线是一条直线，其原因是（　）变成无穷大。

A. 分度圆　　B. 节圆　　C. 基圆　　D. 齿顶圆

四、计算题

1. 已知相啮合的一对标准直齿圆柱齿轮传动，主动轮转速 $n_1=900$ r/min，从动轮转速 $n_2=300$ r/min，中心距 $a=200$ mm，模数 $m=5$ mm，求齿数 z_1 和 z_2。

2. 已知相啮合的一对标准直齿圆柱齿轮传动，$z_1=20$，$z_2=50$，中心距 $a=210$ mm，求分度圆直径 d_1 和 d_2。

课题三　其他齿轮传动

学习目标

- 了解斜齿圆柱齿轮的传动特点和正确啮合条件。
- 了解锥齿轮传动的几何特点和正确啮合条件。
- 了解齿轮齿条的传动特点。

想一想

在齿轮传动中，除了常用的直齿圆柱齿轮传动外，还有其他齿轮传动，如

图 2—3—1 所示为奔驰 C 级 Sport Coupe 6 速手动变速器换挡齿轮传动机构，除倒挡齿轮为直齿外，其他各挡位的啮合齿轮均为斜齿轮。本课题将重点介绍在汽车中得到广泛应用的斜齿圆柱齿轮传动、锥齿轮传动和齿轮齿条传动。

图 2—3—1 手动变速器换挡齿轮传动机构

一、斜齿圆柱齿轮传动

1. 斜齿圆柱齿轮的传动特点

如图 2—3—2 所示，直齿圆柱齿轮在啮合传动过程中，齿面接触线是一条与轴线平行的直线。啮合传动时，在齿宽方向上同时开始啮合且同时脱离啮合，轮齿上所受的力也是突然产生和突然卸去的，传动不稳定。

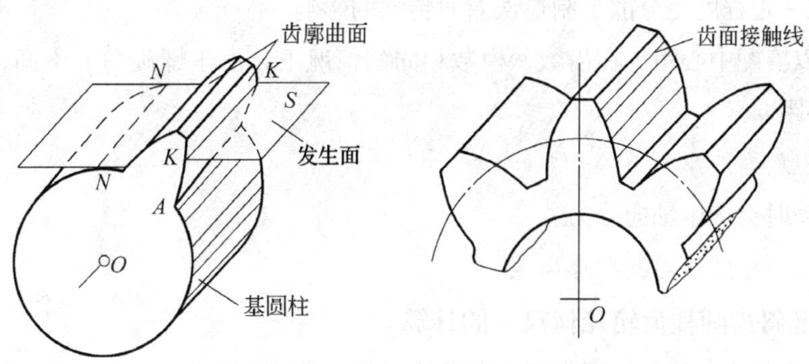

图 2—3—2 直齿轮齿面形成与接触线

斜齿圆柱齿轮在啮合传动过程中，齿面接触线是一条与轴线相交成一个角度的斜直线，各条接触线的长短是变化的，从开始啮合到脱离啮合，接触线长度由“零→最大→零”，同时啮合的轮齿对数较多（重合度 ε 大），故传动平稳，承载能力高，如图 2—3—3 所示。所以，斜齿圆柱齿轮在高速、大功率传动中应用较广泛，为克服其存在的轴向力，常采用人字齿轮以消除轴向力，但人字齿轮加工困难，精度较低，多在传递大功率的重载机械中使用。

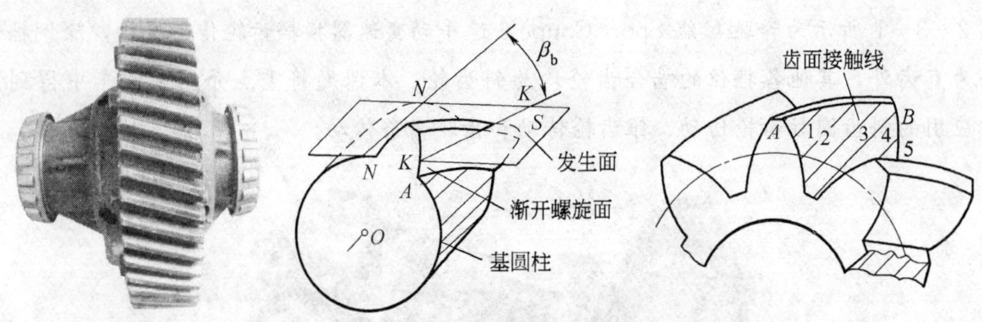

图 2—3—3　斜齿轮齿面形成与接触线

斜齿圆柱齿轮传动与直齿圆柱齿轮传动相比，主要有下列特点：

（1）优点

1）重合度大，啮合性能好；传动平稳，冲击噪声小。斜齿圆柱齿轮的重合度可以达到 10 以上，通常能保证有两对以上的轮齿同时啮合。此外，由于轮齿倾斜，在啮合过程中，每对轮齿是逐渐进入啮合和逐渐退出啮合的，因而传动平稳，冲击噪声小。

2）承载能力高，使用寿命长。斜齿圆柱齿轮由于重合度增大，一对轮齿受力减小，从而提高了齿面承载能力，使用寿命长。

3）不发生根切的最少齿数比直齿轮少。斜齿圆柱齿轮传动的结构尺寸比直齿圆柱齿轮传动的小。

4）对制造误差的敏感性小。由于轮齿倾斜，位于同一圆柱面上的各点不同时参加啮合，这在一定程度上分散了制造误差对传动的影响。

5）可以凑配中心距。在齿数、模数相同的情况下，由于螺旋角 β 不同，可以得到不同的中心距 a。

（2）缺点

1）传动时会产生轴向分力。

2）不能用作变速器的滑移齿轮。

2．标准斜齿圆柱齿轮几何尺寸的计算

标准斜齿圆柱齿轮几何要素的名称、代号和计算公式见表 2—3—1。

表 2—3—1　　标准斜齿圆柱齿轮几何要素的名称、代号和计算公式

名称	代号	定义	计算公式
法向模数	m_n	法向齿距除以圆周率 π 所得到的商	$m_n=p_n/\pi$ $m_n=m$（标准模数）
端面模数	m_t	端面齿距除以圆周率 π 所得到的商	$m_t=p_t/\pi=m_n/\cos\beta$

续表

<table>
<tr><th>名称</th><th>代号</th><th>定义</th><th>计算公式</th></tr>
<tr><td>法向压力角</td><td>α_n</td><td>法平面内，端面齿廓与分度圆交点处的压力角</td><td>$\alpha_n = \alpha = 20°$</td></tr>
<tr><td>端面压力角</td><td>α_t</td><td>端平面内，端面齿廓与分度圆交点处的压力角</td><td>$\tan\alpha_t = \tan\alpha_n / \cos\beta$</td></tr>
<tr><td>分度圆直径</td><td>d</td><td>分度圆柱面与分度圆的直径</td><td>$d = m_t z = m_n z / \cos\beta$</td></tr>
<tr><td>法向齿距</td><td>p_n</td><td>在分度圆柱面上，其齿线的法向螺旋线在两个相邻的同侧齿面之间的弧长</td><td>$p_n = \pi m_n$</td></tr>
<tr><td>端面齿距</td><td>p_t</td><td>两个相邻且同侧的端面齿廓之间的分度圆弧长</td><td>$p_t = p_n / \cos\beta = \pi m_n / \cos\beta$</td></tr>
<tr><td>齿顶高</td><td>h_a</td><td rowspan="5">与直齿圆柱齿轮相同</td><td>$h_a = m_n$</td></tr>
<tr><td>齿根高</td><td>h_f</td><td>$h_f = 1.25 m_n$</td></tr>
<tr><td>全齿高</td><td>h</td><td>$h = h_a + h_f = 2.25\ m_n$</td></tr>
<tr><td>齿顶圆直径</td><td>d_a</td><td>$d_a = d + 2h_a = m_n\ (z/\cos\beta + 2)$</td></tr>
<tr><td>齿根圆直径</td><td>d_f</td><td>$d_f = d - 2h_f = m_n\ (z/\cos\beta - 2.5)$</td></tr>
<tr><td>螺旋角</td><td>β</td><td colspan="2">分度圆螺旋线的切线与过切点的圆柱面直母线之间所夹的锐角</td></tr>
</table>

3．斜齿圆柱齿轮的正确啮合条件

（1）斜齿圆柱齿轮的旋向

斜齿圆柱齿轮轮齿的螺旋方向分为左旋和右旋。其旋向判定的方法如下：使斜齿轮轴线竖直放置，面对齿轮，轮齿的方向从左向右上升时为右旋斜齿轮；反之，从右向左上升时为左旋斜齿轮，如图 2—3—4 所示。

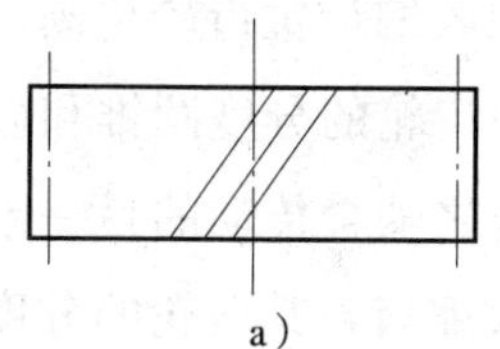

a）

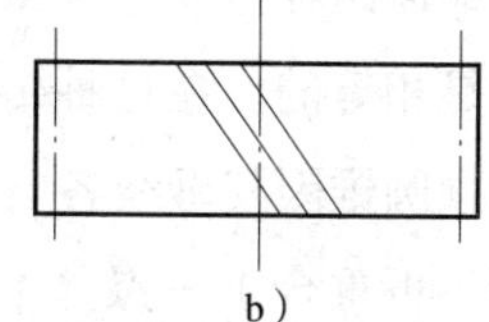

b）

图 2—3—4　斜齿轮的旋向

a）右旋　b）左旋

（2）斜齿圆柱齿轮的正确啮合条件

斜齿圆柱齿轮可用于平行轴齿轮传动和交错轴齿轮传动，本书仅介绍用于平行轴传动的斜齿轮。

斜齿圆柱齿轮用于平行轴传动时的正确啮合条件如下：

1）两齿轮法向模数相等，即 $m_{n1}=m_{n2}$。

2）两齿轮法向压力角相等，即 $\alpha_{n1}=\alpha_{n2}$。

3）两齿轮螺旋角相等，旋向相反，即 $\beta_1=-\beta_2$。

二、锥齿轮传动

锥齿轮用来传递空间两相交轴的旋转运动，在汽车的驱动桥中常用锥齿轮将动力旋转平面改变 90°，使其与驱动轮转动方向一致。锥齿轮传动的轮齿分布在圆锥面上，所以锥齿轮的轮齿从大端逐渐向锥顶缩小，沿齿宽各截面尺寸都不相等，大端尺寸最大。锥齿轮种类较多，在汽车中常见的有直齿锥齿轮和曲齿锥齿轮，如图 2—3—5 所示。

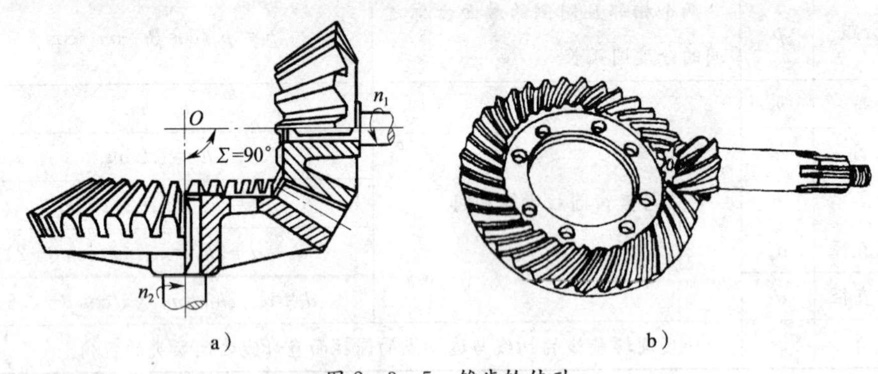

图 2—3—5　锥齿轮传动

a）直齿锥齿轮传动　b）曲齿锥齿轮传动

1. 直齿锥齿轮的几何特点

分度圆锥面上的齿线是直母线的锥齿轮称为直齿锥齿轮。直齿锥齿轮用于相交轴齿轮传动，轴交角通常为 90°（即 $\Sigma=90°$）。

直齿锥齿轮的几何特点：直齿锥齿轮按其顶隙沿齿宽是否变化，可分为不等顶隙收缩齿和等顶隙收缩齿两种。现主要采用等顶隙收缩齿锥齿轮传动，即两轮的顶隙由齿轮大端到小端都是相等的。在这种传动中，两齿轮的分度圆锥和齿根圆锥的锥顶共点，但两齿轮的齿顶圆锥因其母线各自平行于与之啮合传动的另一锥齿轮的齿根圆锥母线，所以其锥顶不再重合于一点（不等顶隙收缩齿，其两轮的分度圆锥、齿根圆锥和齿顶圆锥的锥顶共点）。锥齿轮由大端至小端的模数不同。在设计与计算中，规定以大端模数为依据并采用标准模数。

国家标准《锥齿轮模数》（GB /T 12368—1990）规定了锥齿轮大端端面模数的标准值，见表 2—3—2，适用于直齿、斜齿及曲线齿锥齿轮。

表 2—3—2 锥齿轮模数 mm

0.1	0.35	0.9	1.75	3.25	5.5	10	20	36
0.12	0.4	1	2	3.5	6	11	22	40
0.15	0.5	1.125	2.25	3.75	6.5	12	25	45
0.2	0.6	1.25	2.5	4	7	14	28	50
0.25	0.7	1.375	2.75	4.5	8	16	30	—
0.3	0.8	1.5	3	5	9	18	32	

2. 标准直齿锥齿轮几何尺寸的计算

大端端面模数采用标准模数、法向压力角 $\alpha=20°$、齿顶高等于模数、全齿高等于 2.2 m 的直齿锥齿轮称为标准直齿锥齿轮，其几何要素的名称、代号、定义和计算公式见表 2—3—3。

表 2—3—3 标准直齿锥齿轮几何要素的名称、代号、定义和计算公式

名称	代号	定义	计算公式
模数	m	齿距除以圆周率 π 所得到的商	$m=p/\pi$ 给定大端端面模数，取标准值
压力角	α	背锥齿廓与分度圆交点处的切线与通过该切点垂直于分度圆锥面的直线之间所夹的锐角	$\alpha=20°$
分度圆直径	d	锥齿轮分度圆锥面与背锥面交线的直径	$d=mz$
齿顶圆直径	d_a	锥齿轮齿顶圆锥面与背锥面交线的直径	$d_a=d+2h_a\cos\delta=m\ (z+2\cos\delta)$
齿根圆直径	d_f	锥齿轮齿根圆锥面与背锥面交线的直径	$d_f=d-2h_f\cos\delta=m\ (z-2.4\cos\delta)$
齿距	p	锥齿轮上两个相邻的同侧齿面之间的分度圆弧长	$p=\pi m$
齿顶高	h_a	齿顶圆至分度圆之间沿背锥母线度量的距离	$h_a=m$

续表

名称	代号	定义	计算公式
齿根高	h_f	分度圆至齿根圆之间沿背锥母线度量的距离	$h_f=1.2m$
全齿高	h	齿顶圆至齿根圆之间沿背锥母线度量的距离	$h=h_a+h_f=2.2m$
分度圆锥角	δ	锥齿轮轴线与分度圆锥面母线之间的夹角	$\tan\delta_1=z_1/z_2$，$\tan\delta_2=\frac{z_2}{z_1}$
顶圆锥角	δ_a	锥齿轮轴线与顶锥母线之间的夹角	$\delta_a=\delta+\theta_a$
根圆锥角	δ_f	锥齿轮轴线与根锥母线之间的夹角	$\delta_f=\delta-\theta_f$
齿顶角	θ_a	顶圆锥角与分度圆锥角之差	$\tan\theta_a=2\sin\delta/z$
齿根角	θ_f	分度圆锥角与根圆锥角之差	$\tan\theta_f=2.4\sin\delta/z$
外锥距	R	分度圆锥面顶点沿母线至背锥面的距离	$R=\frac{d}{2}\sin\delta$
齿宽	b	锥齿轮的轮齿沿分度圆锥面母线度量的宽度	$b\leqslant\frac{1}{3}R$

3．直齿锥齿轮的正确啮合条件

标准直齿锥齿轮副的轴交角 $\Sigma=90°$。

直齿锥齿轮的正确啮合条件如下：

（1）两齿轮的大端端面模数相等，即 $m_1=m_2$。

（2）两齿轮的压力角相等，即 $\alpha_1=\alpha_2$。

三、齿轮齿条传动

如图 2—3—6 所示，当齿轮的基圆半径增大到无穷大时，渐开线变成一条直线，这时的齿轮就变成了齿条。这时分度圆、齿顶圆、齿根圆和基圆变成了相互平行的直线，即分度线、齿顶线、齿根线、基准线，齿数分布在这些线上成为齿条。

齿轮齿条啮合传动时，把齿条的直线往复运动变为齿轮的回转运动或将齿轮的回转运动变为齿条的直线往复运动，齿条上各点速度大小和方向都是一致的。齿廓上各点

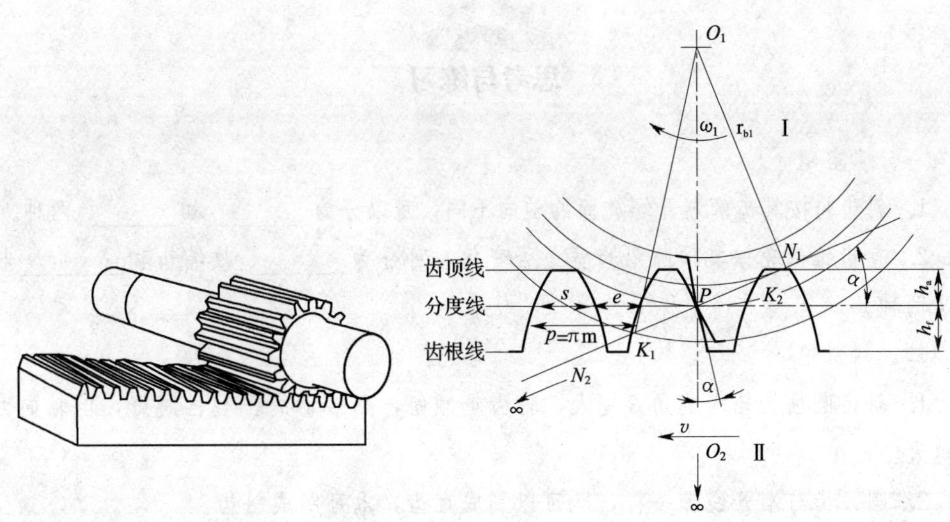

图 2—3—6 齿轮齿条传动

的压力角相等，如果是标准齿条，压力角 $\alpha=20°$，齿条上各齿同侧齿廓线平行且齿距相等。

齿条的基本尺寸：齿条的齿顶高 $h_a=m$，齿条的齿根高 $h_f=1.25\ m$，齿条的齿厚 $s=\frac{1}{2}p=\frac{1}{2}\pi m$，齿条的齿槽宽 $e=\frac{1}{2}p=\frac{1}{2}\pi m$。

当齿轮的转速为 n_1，模数为 m（mm），齿数为 z_1 时，则齿条的移动速度 $v=n_1\pi d_1=n_1\pi m z_1$（mm/min）；当齿轮每回转 1 周时，齿条移动的距离 $L=\pi d_1=\pi m z_1$（mm）。

齿轮齿条传动应用在汽车的转向器上（见图 2—3—7），它是以齿轮为主动件、齿条为从动件的转向器，其结构简单，传动比不可变而且较小，在微型汽车上应用较多（如长安奥拓等）。采用转向加力器后，齿轮齿条转向器使用增多。

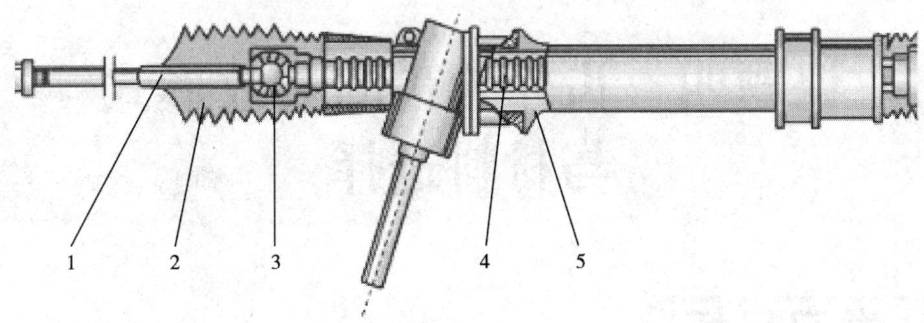

图 2—3—7 齿轮齿条转向器

1—转向横拉杆 2—防尘套 3—球头座 4—转向齿条 5—转向器壳体

思考与练习

一、填空题

1. 斜齿轮按其齿廓渐开螺旋面的旋向不同，可以分为________和________两种。

2. 直齿锥齿轮按其顶隙沿齿宽是否变化，可分为________收缩齿和________收缩齿两种。

二、判断题

1. 斜齿圆柱齿轮螺旋角β越大，轮齿越倾斜，则传动的平稳性越好，但轴向力也越大。（　）

2. 圆弧齿与渐开线齿一样，既可以制成直齿，也可制成斜齿。（　）

三、选择题

1. 齿条的齿廓曲线是一条直线，其原因是（　）变成无穷大。

A. 分度圆　　B. 节圆　　C. 基圆　　D. 齿顶圆

2. 斜齿圆柱齿轮传动与直齿圆柱齿轮传动相比最大的优点是（　）。

A. 传动效率高　　B. 传动比恒定　　C. 传动平稳、噪声小

3. 能够实现空间两相交轴之间的运动与动力传递齿轮传动机构是（　）。

A. 直齿圆柱齿轮机构　　B. 斜齿圆柱齿轮机构　　C. 锥齿轮机构

4. 直齿锥齿轮的轮齿分布在圆锥面上，因此有大端、小端之分。为便于计算和测量，通常取锥齿轮的（　）为标准值，即（　）为标准值。

A. 小端参数　　B. 小端模数　　C. 大端参数　　D. 大端模数

课题四　齿轮轮齿的失效形式与材料选择

学习目标

◆ 熟悉齿轮轮齿的失效概念。

◆ 掌握齿轮轮齿的失效形式。

◆ 了解齿轮常用材料。

想一想

在齿轮传动过程中，若轮齿发生折断、齿面损坏等现象，齿轮就失去了正常的工作能力，称为失效。齿轮传动的失效主要是轮齿的失效，常见的失效形式有哪些？

由于齿轮传动的工作条件和应用范围各不相同，影响失效的原因很多。就其工作条件来说，有闭式、开式之分；就其使用情况来说，有低速、高速及轻载和重载之分。此外，齿轮的材料性能、热处理工艺不同，以及齿轮结构的尺寸大小和加工精度等级的差别，均会使齿轮传动出现多种不同的失效形式。

一、齿轮传动的失效形式

齿轮传动的失效形式及其产生原因和解决方法见表 2—4—1。

表 2—4—1　　齿轮传动的失效形式及其产生原因和解决方法

失效形式	图示	产生原因	解决方法
齿面点蚀		由于弹性变形的原因，齿轮传动时实际上是很小的面接触，表面会产生很大的接触应力。接触应力按一定的规律变化，当变化次数超过某一限度时，轮齿表面会产生细微的疲劳裂纹，裂纹逐渐扩展，使表层上小块金属剥落，形成麻点和斑坑。发生点蚀后，轮齿工作面被损坏，造成传动的不平稳和产生噪声	应合理选用齿轮参数，选择合适的材料及齿面硬度，减小表面粗糙度值，选用黏度高的润滑油并采用适当的添加剂
齿面磨损		齿轮传动过程中，接触的两齿面产生一定的相对滑动，使齿面发生磨损。当磨损速度符合规定的设计值，磨损量在界限内时，视为正常磨损。当齿面磨损严重时，渐开线齿面就会损坏，从而引起传动不平稳和冲击。齿面磨损是开式齿轮传动的主要失效形式	注意润滑油的洁净，提高润滑油黏度，加入适当的添加剂；选用合适的齿轮参数及几何尺寸、材质、精度和表面粗糙度

续表

失效形式	图示	产生原因	解决方法
齿面胶合		在较大压力作用下，齿轮轮齿表面的润滑油会被挤走，两齿面金属直接接触，产生局部高温，致使两齿面发生粘连。随着齿面的相对滑动，较软轮齿的表面金属会被熔焊在另一轮齿的齿面上，形成沟痕，这种现象称为齿面胶合。发生胶合后，会在齿面上引起强烈的磨损和发热，使齿轮失效。一般高速和低速、重载的齿轮传动容易发生齿面胶合	选用特殊的高黏度润滑油或在油中加入抗胶合的添加剂，选用不同的材料使两轮齿不易粘连，提高齿面硬度，降低齿面表面粗糙度值，改进冷却条件等
齿面塑性变形		齿轮齿面较软时，在重载情况下，可能使表层金属沿着相对滑动方向发生局部的塑性流动，出现塑性变形，主动齿轮沿着节线形成凹沟，而从动齿轮沿着节线形成凸棱。若整个轮齿发生永久性变形，则齿轮传动丧失工作能力	提高齿面硬度，采用黏度高的润滑油，尽量避免频繁启动和过载
轮齿折断		轮齿在传递动力时，齿根处受力最大，容易发生轮齿折断。轮齿折断的原因有两种：一种是受到严重冲击、短期过载而突然折断；另一种是轮齿长期工作后经过多次反复的弯曲，使齿根发生疲劳折断。轮齿折断是开式齿轮传动和硬齿面闭式齿轮传动的主要失效形式之一	选择适当的模数和齿宽，采用合适的材料及热处理方法，齿根过渡圆角不宜过小，应有一定要求的表面粗糙度，齿根危险截面处的弯曲应力最大值应不超过许用应力值

二、齿轮常用材料

制造齿轮常用的材料有锻钢、铸钢和铸铁等。有些机器上也使用有色金属（如铜合金）和非金属材料（如工程塑料）。选择齿轮材料时主要根据齿轮承受的载荷大小和性质（如有无冲击）、速度高低等工作情况及结构、尺寸、质量和经济性等方面的要求。齿轮常用材料热处理方法、硬度及应用见表 2—4—2。

表 2—4—2　　齿轮常用材料热处理方法、硬度及应用

材料	热处理方法	硬度		应用
		HBW	HRC	
45	正火	156～217		低速轻载，中、低速中载（如通用机械中的齿轮），高速中载，无剧烈冲击（如机床变速箱中的齿轮）
	调质	197～286		
	表面淬火		40～50	
40Cr	调质	217～286		低速中载
	表面淬火		45～55	高速中载，无剧烈冲击
35SiMn 42SiMn	调质	196～286		可代替 40Cr
	表面淬火		45～55	
20Cr 20CrMnTi	渗碳、淬火 回火		56～62 （齿轮心部 28～33）	高速中、重载，承受冲击载荷的齿轮（如汽车、拖拉机中的重要齿轮）
38CrMoAlA	渗氮	齿轮心部 229	＞850 HV	载荷平稳，润滑良好，无严重磨损的齿轮；难以磨削加工的齿轮（如内齿轮）
ZG310—570	正火	163～179		重型机械中的低速齿轮
ZG340—640		179～207		
ZG35SiMn		163～217		
	调质	197～248		标准系列减速器的大齿轮
HT250		171～241		不受冲击的不重要齿轮；开式传动中的齿轮
HT300		187～255		
QT500—5		147～241		可代替铸钢

思考与练习

1. 齿轮轮齿常见的失效形式有哪些？

2. 硬度不高的齿面在重载荷作用下可能产生局部的塑性变形，这种情况属于哪种失效形式？

课题五 蜗杆传动

学习目标

◆ 熟悉蜗杆传动的类型、特点及应用。

◆ 熟悉蜗杆传动的基本参数及几何尺寸计算。

◆ 掌握蜗杆蜗轮旋转方向的判定方法。

◆ 了解蜗杆传动的正确啮合条件。

想一想

如图 2—5—1 所示的托森差速器又称蜗轮—蜗杆式差速器，由差速器壳、左半轴蜗杆、右半轴蜗杆、蜗轮轴和蜗轮等组成。蜗轮通过蜗轮轴固定在差速器壳上，三对蜗轮分别与左、右半轴蜗杆相啮合，每个蜗轮两端固定有两个直齿圆柱齿轮。成对的蜗轮通过两端相互啮合的直齿圆柱齿轮发生联系。

那么蜗杆传动的类型有哪些？其应用特点及基本参数有哪些？

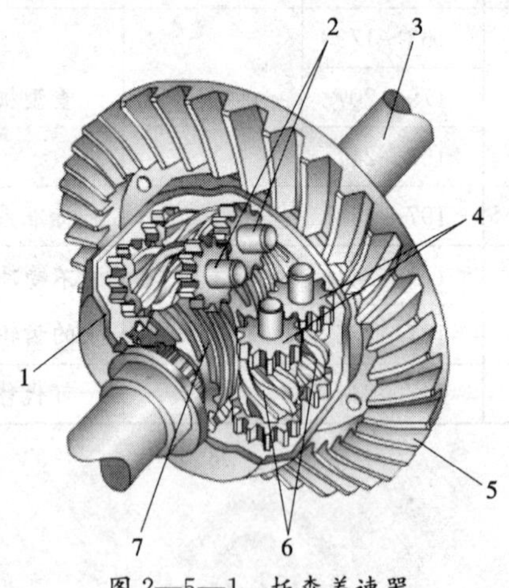

图 2—5—1 托森差速器

1—差速器壳 2—直齿轮轴 3—半轴 4—直齿轮 5—主减速器被动齿轮 6—蜗轮 7—蜗杆

蜗杆传动机构主要由蜗杆和蜗轮组成，用于传递空间两交错轴之间的回转运动和动力，通常两轴轴交角为 90°，一般蜗杆是主动件。蜗杆与蜗轮不能任意互换啮合，蜗杆传动应用很广泛，对汽车来说，汽车的转向器上应用了各种类型的蜗杆传动，汽车修理和钣金工设备中采用的减速器中也广泛应用了蜗杆传动。

本课题将介绍蜗杆传动的类型、特点和应用，以及蜗杆传动基本参数的选择、几何尺寸计算等。

一、蜗杆传动的类型

根据蜗杆形状的不同，蜗杆传动可分为圆柱蜗杆传动、环面蜗杆传动、锥蜗杆传动等。按加工方法的不同，圆柱蜗杆又分为阿基米得蜗杆、渐开线蜗杆和延伸渐开线蜗杆。阿基米得蜗杆螺旋面的形成与螺纹的形成相同，见表 2—5—1 中图例，在垂直于蜗杆轴线的截面上齿廓为阿基米得螺旋线。由于阿基米得蜗杆制造简便，故应用较广泛。各类蜗杆传动的结构见表 2—5—1。

表 2—5—1　　　　**各类蜗杆传动的结构**

分类	图　例
阿基米得蜗杆	N—N　I—I　阿基米得螺旋线　I　γ　N　N　I　α
渐开线蜗杆	I　I　渐开线　基圆柱　Ⅱ　Ⅱ　I　I　Ⅲ　Ⅲ　Ⅲ—Ⅲ　Ⅱ—Ⅱ　α　α
延伸渐开线蜗杆	I—I　延伸渐开线　I　γ　N　N　I　2α

续表

分类	图　例
环面蜗杆	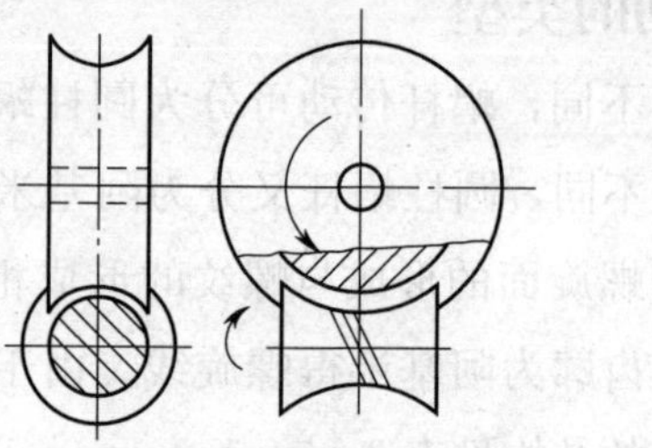
锥蜗杆	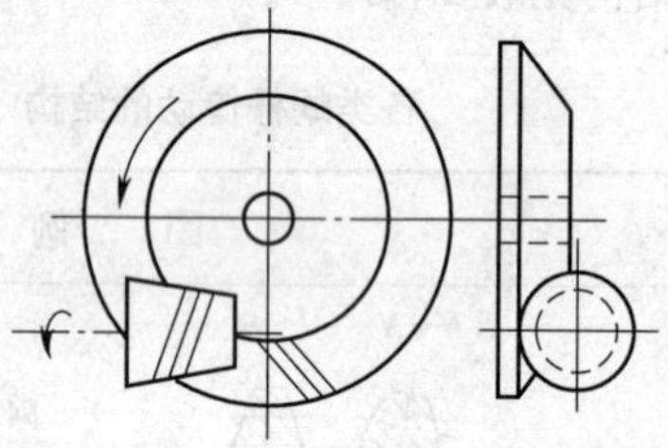

蜗杆传动类似于螺旋传动。按蜗杆轮齿的螺旋方向不同，蜗杆有右旋和左旋之分，如图 2—5—2 所示。蜗杆螺旋线符合螺旋右手定则，即为右旋（R）；反之为左旋（L），常用的为右旋蜗杆。

图 2—5—2　蜗杆

在蜗杆传动中通常蜗杆是主动件，从动件蜗轮的转动方向取决于蜗杆的转动方向和螺旋线的旋向。蜗轮与蜗杆轮齿的旋向是相同的。蜗杆、蜗轮的螺旋方向可用右手法则判定，如图 2—5—3 所示，其判定方法与斜齿轮旋向的判定方法相同。

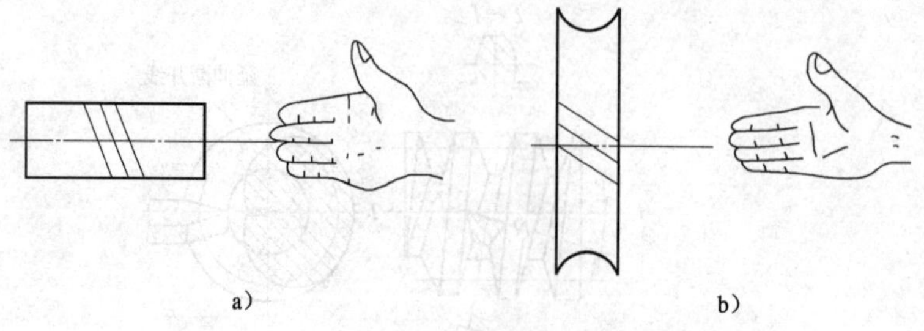

图 2—5—3　蜗杆、蜗轮螺旋方向的判定

a）右旋蜗杆　b）右旋蜗轮

蜗轮旋转方向的判定方法：当蜗杆是右旋（或左旋）时，伸出右手（或左手）半握拳，用四指顺着蜗杆的旋转方向，这时，与拇指指向相反的方向就是蜗轮的旋转方向，如图 2—5—4 所示。

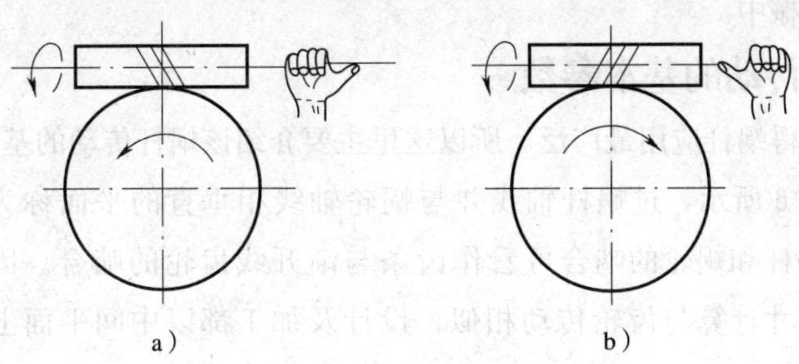

图 2—5—4　蜗轮旋转方向的判定

a）右旋蜗杆传动　b）左旋蜗杆传动

二、蜗杆传动的特点及应用

蜗杆传动是一种齿轮传动，但又有螺旋机构的某些特点。其主要特点如下：

1. 传动比大且准确

其传动比一般为 10～100，且结构很紧凑。

2. 传动平稳

因蜗杆齿为连续不断的螺旋形，使其有螺旋机构的特点，故传动很平稳，几乎没有噪声。

3. 具有自锁性

当蜗杆的导程角小于一定值时，只能以蜗杆为主动件带动蜗轮，而不能由蜗轮带动蜗杆转动，如图 2—5—5 所示的手动起重装置就是利用蜗杆的自锁性防止重物自动下落的。

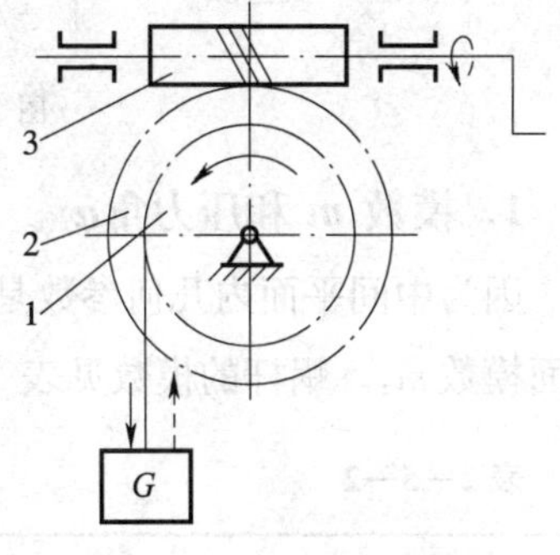

图 2—5—5　蜗杆自锁的应用

1—蜗杆　2—蜗轮　3—卷筒

4. 传动效率低

蜗杆传动摩擦损耗大，所以其传动效率比齿轮传动和带传动都低。由于蜗杆传动效率低，摩擦产生的热量较大，所以要求有良好的润滑和冷却。

5. 磨损大

因轮齿间的相对滑动速度大，齿面磨损很大且发热严重，故常需用价格较高的减摩材料来制造蜗轮。

6. 不能任意互换啮合

在蜗杆副中，不仅模数、齿形角相同，切制蜗轮的滚刀与蜗杆分度圆直径、螺旋线的头数、导程角也都要求相同。因此，仅是模数和齿形角相同的蜗轮和蜗杆是不能任意互换啮合的。

蜗杆传动常用于两轴交错、传动比较大、传递功率不太大或间歇工作的机构以及有自锁要求的机械中。

三、蜗杆传动的基本参数

由于阿基米得蜗杆应用最广泛，所以这里主要介绍该蜗杆传动的基本参数。

如图 2—5—6 所示，过蜗杆轴线并与蜗轮轴线相垂直的平面称为中间平面。在中间平面上，蜗杆和蜗轮的啮合可看作齿条与渐开线齿轮的啮合。因此，蜗杆传动的参数和几何尺寸计算与齿轮传动相似，设计及加工都以中间平面上的参数和尺寸为基准。

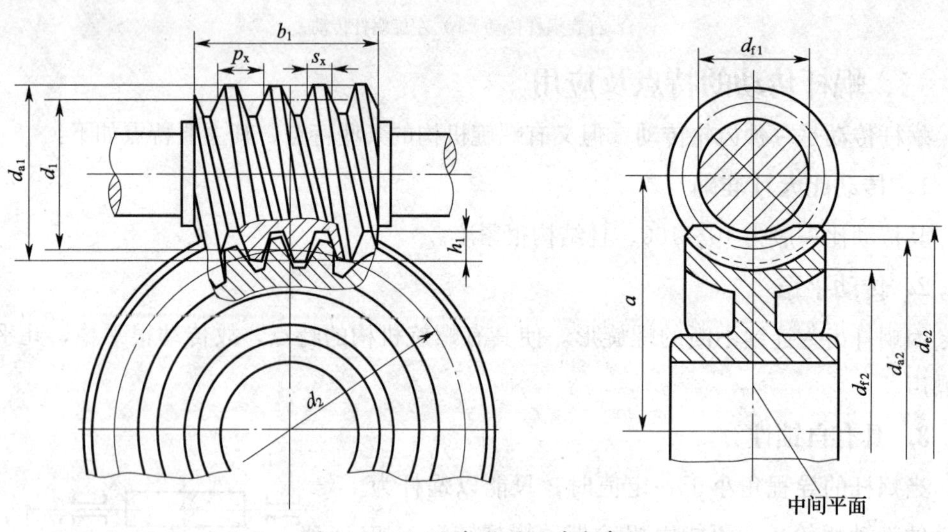

图 2—5—6　蜗杆传动的基本参数

1. 模数 m 和压力角 α

因为中间平面内几何参数是标准值，所以蜗杆的轴向模数 m 等于与其配对蜗轮的端面模数 m_t。蜗杆的模数见表 2—5—2。

表 2—5—2　**蜗杆的模数 m**　mm

第一系列	0.1，0.12，0.16，0.2，0.25，0.3，0.4，0.5，0.6，0.8，1，1.25，1.6，2，2.5，3.15，4，5，6.3，8，10，12.5，16，20，25，31.5，40
第二系列	0.7，0.9，1.5，3；3.5，4.5，5.5，6，7，12，14

注：摘自 GB 10085—88《圆柱蜗杆模数和直径》，优先采用第一系列。

阿基米得蜗杆的齿形角是指蜗杆的轴向齿形角 α_x，并与蜗轮的端面齿形角 α_t 相等，即 $\alpha=20°$。

2. 蜗杆直径系数 q

蜗杆直径系数是指蜗杆分度圆直径 d_1 除以轴向模数 m 的商，即 $q=d_1/m$。

蜗杆传动中，蜗轮分度圆柱面的素线由直线改为弧线，从而将蜗杆部分地包住，使啮合由点接触变为线接触，不仅使传动平稳，而且承载能力大。但切制蜗轮的蜗轮滚刀的参数必须与工作蜗杆的参数完全相同，除模数和齿形角应相同外，滚刀与蜗杆的分度圆直径、螺旋齿的头数、导程角等也要求相同。为了限制滚刀的数目和便于滚刀的标准化，除规定了模数和齿形角外，还对一定模数 m 的蜗杆的分度圆直径 d_1 做了规定，即规定了蜗杆直径系数 q。国家标准《圆柱蜗杆传动基本参数》(GB 10085—88) 规定了模数 $m \geqslant 1$ mm、轴交角 $\Sigma=90°$ 的动力圆柱蜗杆传动的基本参数。

蜗杆的分度圆直径 d_1 和直径系数 q 见表 2—5—3。

表 2—5—3　　蜗杆的分度圆直径 d_1 和直径系数 q

模数 m (mm)	分度圆直径 d_1 (mm)	直径系数 q	模数 m (mm)	分度圆直径 d_1 (mm)	直径系数 q	模数 m (mm)	分度圆直径 d_1 (mm)	直径系数 q
1	18	18.000	4	40	10.000	10	160	16.000
1.25	20	16.000		(50)	12.500	12.5	(90)	7.200
	22.4	17.920		71	17.750		112	8.960
1.6	20	12.500	5	(40)	8.000		(140)	11.200
	28	17.500		50	10.000		200	16.000
2	(18)	9.000		(63)	12.600	16	(112)	7.000
	22.4	11.200		90	18.000		140	8.750
	(28)	14.000	6.3	(50)	7.936		(180)	11.250
	35.5	17.750		63	10.000		250	15.625
2.5	(22.4)	8.960		(80)	12.698	20	(140)	7.000
	28	11.200		112	17.778		160	8.000
	(35.5)	14.200	8	(63)	7.875		(224)	11.200
	45	18.000		80	10.000		315	15.750
3.15	(28)	8.889		(100)	12.500	25	(180)	7.200
	35.5	11.270		140	17.500		200	8.000
	(45)	14.286	10	(71)	7.100		(280)	11.200
	56	17.778		90	9.000		400	16.000
4	(31.5)	7.875		(112)	11.200			

3．蜗杆头数 z_1、蜗轮齿数 z_2、蜗杆传动的传动比

蜗杆头数通常为 $z_1=1$、2、4、6。头数多，加工困难，但传动效率高。当要求传动比大或传递转矩大时，z_1 取小值；要求自锁时，取 $z_1=1$，此时传动效率较低。要求传递功率大、效率高、传动速度大时，z_1 取大值。蜗轮齿数 $z_2=iz_1$，蜗轮齿数取值过小会产生根切，z_2 应大于 26，但不宜大于 80。若 z_2 过大，会使结构尺寸过大，蜗杆刚度下降。z_1、z_2 的推荐值见表 2—5—4。蜗杆传动的传动比为：

$$i=\frac{n_1}{n_2}=\frac{z_2}{z_1}$$

表 2—5—4　　蜗杆传动 z_1、z_2 的推荐值

传动比 i	7～13	14～27	28～40	>40
z_1	4	3	2～1	1
z_2	28～52	28～54	28～80	>40

4．蜗杆的分度圆柱导程角 γ

蜗杆的分度圆柱导程角 γ 是指蜗杆分度圆柱螺旋线的切线与端平面之间所夹的锐角，如图 2—5—7 所示。当蜗杆直径系数 q 和蜗杆头数 z_1 选定后，γ 也随之确定。即：

$$\tan\gamma=\frac{mz_1}{d_1}=\frac{z_1}{q}$$

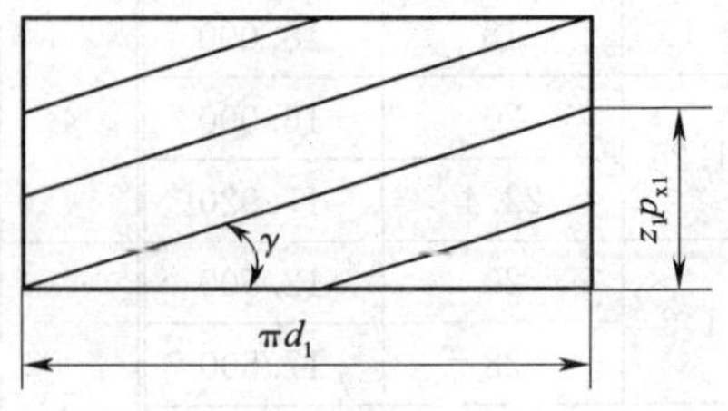

图 2—5—7　蜗杆展开图

导程角 γ 越大，传动效率越高。常用 γ 的范围为 3°～33.5°。

四、蜗杆传动的几何尺寸计算

蜗杆和蜗轮的几何尺寸除上述蜗杆分度圆直径 d_1 和齿形角 α 外，其余尺寸均可参照直齿圆柱齿轮的公式计算，但需注意，其顶隙系数有所不同，$c^*=0.2$，标准阿基米得蜗杆传动的几何尺寸计算公式见表 2—5—5。

表 2—5—5　　标准阿基米得蜗杆传动的几何尺寸计算公式

名称	代号	蜗杆	蜗轮	名称	代号	蜗杆	蜗轮
齿顶高	h_a	$h_a=h_a^*m$		齿根圆直径	d_f	$d_{f1}=d_1-2h_f$	$d_{f2}=d_2-2h_f$
齿根高	h_f	$h_f=(h_a^*+c^*)m$		蜗杆导程角	γ	$\gamma=\arctan(z_1/q)$	
全齿高	h	$h=(2h_a^*+c^*)m$		蜗轮螺旋角	β_2		$\beta_2=\gamma$
分度圆直径	d	$d_1=mq$	$d_2=mz_2$	径向间隙	c	$c=c^*m=0.2m$	
齿顶圆直径	d_a	$d_{a1}=d_1+2h_a$	$d_{a2}=d_2+2h_a$	中心距	a	$a=\frac{1}{2}m(q+z_2)$	

五、蜗杆传动的正确啮合条件

圆柱蜗杆传动的正确啮合条件如下：

1. 在中间平面内，蜗杆的轴向模数 m_{x1} 与蜗轮的端面模数 m_{t2} 相等，即 $m_{x1}=m_{t2}=m$。

2. 在中间平面内，蜗杆的轴向齿形角 α_{x1} 与蜗轮的端面齿形角 α_{t2} 相等，即 $\alpha_{x1}=\alpha_{t2}=\alpha=20°$。

3. 蜗杆分度圆柱面导程角 γ_1 与蜗轮分度圆柱面螺旋角 β_2 相等，且旋向一致，即 $\gamma_1=\beta_2$。

思考与练习

一、判断题

1. 蜗杆传动与其他齿轮传动相比较，最大的特点是传动比大，这是其他齿轮机构所无法实现的。（　）

2. 蜗杆传动与齿轮传动相比，轮齿相互接触的时间较长，所以传动平稳。（　）

二、选择题

1. 蜗杆传动用于传递（　）轴之间的运动和动力。

A. 两平行　　B. 两相交　　C. 两空间交错

2. 阿基米得蜗杆的轴向齿廓是（　），端面齿廓是（　）。

A. 阿基米得螺旋线　　B. 直线

模块三 轮系

课题一 定轴轮系

学习目标

◆ 掌握轮系的类型及应用特点。

◆ 掌握定轴轮系末轮转动方向的判定方法及传动比的计算。

想一想

前面讨论的齿轮啮合传动都是由一对齿轮所组成的，是齿轮传动中最简单的形式。

在汽车上，依靠一对齿轮传动能不能实现汽车速度的变化和汽车行驶方向的改变呢?

如图 3—1—1 所示为桑塔纳 2000 型轿车两轴式变速器。当驾驶员操纵变速杆时，通过拨叉使接合套与相应挡位的齿轮啮合后，动力便从输入轴经过相关齿轮传送到输出轴，使输出轴以不同转速旋转。这就是轮系在汽车上的应用。

图 3—1—1　桑塔纳 2000 型轿车两轴式变速器

在许多机械中，为了获得不同的传动比或转速以及改变转向，通常需要采用一系列互相啮合的齿轮将主动轴和从动轴连接起来。这种由一系列互相啮合的齿轮组成的

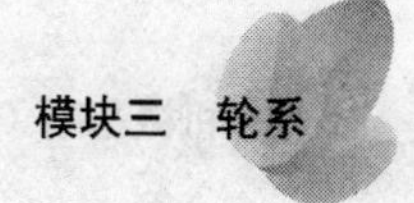

传动系统称为轮系。

一、轮系的类型

轮系的类型有很多，按照轮系传动时各齿轮的轴线位置是否固定可分为定轴轮系、周转轮系（包括差动轮系和行星轮系）两大类，见表 3—1—1。

表 3—1—1　　轮系的类型

类别	说明	运动简图
定轴轮系	当轮系运转时，所有齿轮几何轴线的位置相对于机架固定不变，又称普通轮系	
周转轮系	轮系运转时，至少有一个齿轮的几何轴线相对于机架的位置是不固定的，而是绕另一个齿轮的几何轴线转动。根据中心轮是否固定，可分为行星轮系和差动轮系	差动轮系 行星轮系

二、轮系的应用特点

轮系应用极广，从其用途来看，大致有以下特点：

1. 可获得大的传动比

如汽车发动机正常工作时，曲轴转速达每分钟数千转，而汽车倒车时，车轮转速只有每分钟上百转，这就是用轮系传动获得很大的传动比以满足低速工作的要求。

2. 可做较远距离的传动

当主动轴和从动轴间的中心距较大，而又必须采用齿轮传动时，如果只用一对齿轮传动，则齿轮尺寸明显过大，从而导致传动机构庞大。若改用轮系来传动，便能避免这种缺陷，具体情况如图 3—1—2 和图 3—1—3 所示。

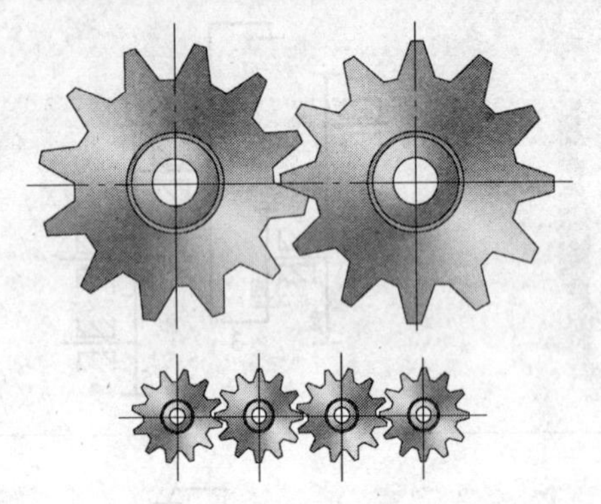

图 3—1—2　轮系实现远距离传动（1）

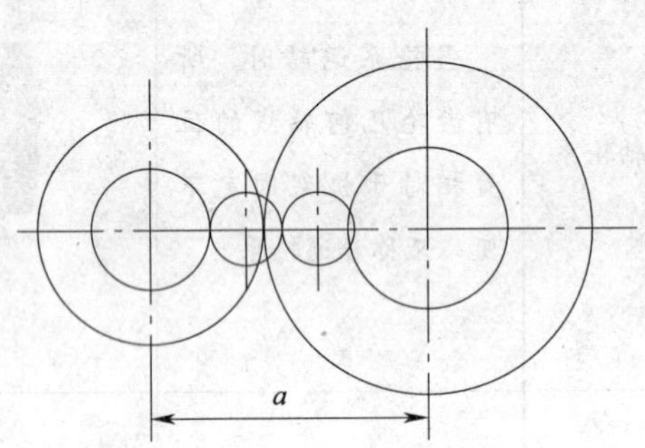

图 3—1—3　轮系实现远距离传动（2）

3. 可实现变速、变向要求

图 3—1—4 所示为汽车变速器的传动图。运动从轴 Ⅰ 输入，从轴 Ⅲ 输出，齿轮 1、3、5 和 6 固定在轴上，齿轮 2 和 4 为双联齿轮，可以在轴 Ⅱ 上滑动并分别与齿轮 1 和齿轮 3 啮合，从而使轴 Ⅲ 得到不同的转速。

在轮系中引入惰轮（同时与主、从动轮啮合），可方便地实现变向要求。图 3—1—5 所示为三星轮换向机构。互相啮合着的齿轮 2 和齿轮 3 空套在三角形构件 a 的两个轴上，构件 a 可通过手柄使之绕齿轮 4 的轴转动。如果通过手柄转动齿轮 2 和齿轮 3，使其分别位于图 3—1—5a 和图 3—1—5b 所示的位置，不需改变主动轮 1 的转向，就可使从动轮的转向发生改变。其中齿轮 2、3 就是惰轮。在轮系中增加一对外啮合齿轮或减少一对外啮合齿轮都可改变从动轮（末轮）的转动方向，汽车倒车就是用这种方法来实现的。

4. 可合成或分解运动

汽车驱动桥中的差速器将汽车传动轴的运动按一定关系分配到两驱动轮上，使两驱动轮在汽车直行或转弯时协调工作。

三、定轴轮系传动比的计算

计算定轴轮系的传动比时不仅要确定传动比数值的大小，而且要确定首末齿轮转向的异同（即它的正负号）。

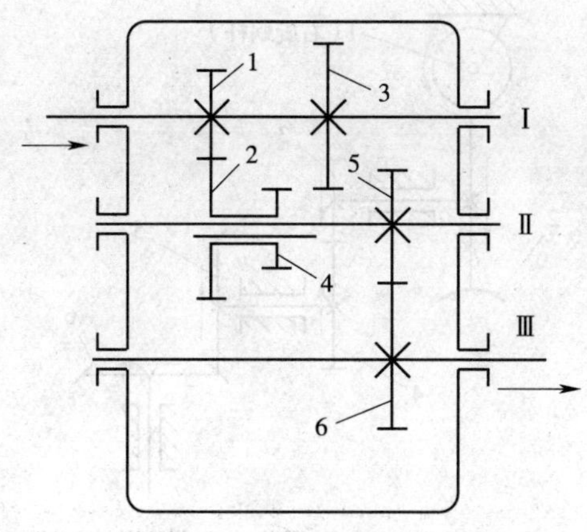

图 3—1—4 汽车变速器的传动图

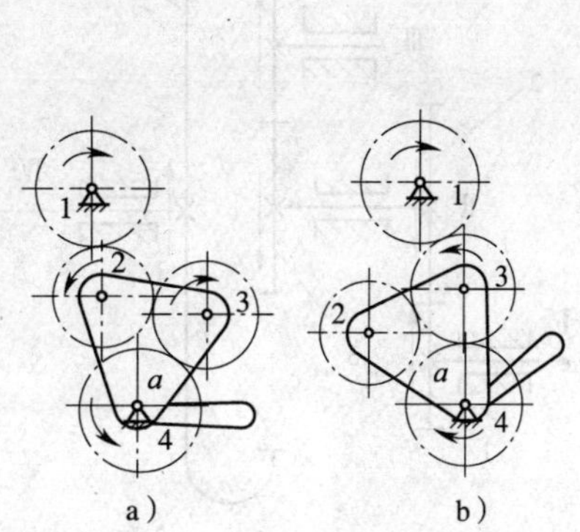

图 3—1—5 三星轮换向机构

1．齿轮副的传动比及回转方向

一对平行轴间圆柱齿轮传动的传动比为：

$$i_{12}=\frac{\omega_1}{\omega_2}=\frac{n_1}{n_2}=\pm\frac{z_2}{z_1}$$

在外啮合传动中，主动轮与从动轮转向相反，规定 i 取负号，或在图上用反方向箭头来表示；内啮合时，两轮转向相同，i 取正号，或在图上用同方向箭头表示，如图 3—1—6 所示。

2．定轴轮系传动比的计算

定轴轮系的传动比是指轮系中首、末两轮的转速之比。若以 1 和 k 分别代表轮系首、末两轮的标号，则轮系的传动比为：

$$i_{1k}=\frac{\omega_1}{\omega_k}=\frac{n_1}{n_k}=(-1)^m\frac{\text{所有从动轮齿数乘积}}{\text{所有主动轮齿数乘积}} \quad (3—1—1)$$

式中 m——外啮合齿轮对数。

若计算结果为正，则表示轮系首、末两轮（即主、从动轴）回转方向相同；结果为负，则表示首、末两轮回转方向相反。但此判断方法只适用于平行轴圆柱齿轮传动的轮系。

对于有锥齿轮、交错轴斜齿轮或蜗轮蜗杆等空间齿轮机构的定轴轮系，其传动比大小仍按上式计算。但传动比的正负号、各轮的转向不能根据 $(-1)^m$ 确定，而必须用画箭头的方法确定各轮的转向，如图 3—1—7 所示。

【例】 在图 3—1—6 所示的轮系中，若各轮齿数 $z_1=17$，$z_2=25$，$z_3=20$，$z_4=20$，$z_5=60$，试计算轮系的传动比。当主动轴 I 的转速 $n_{\text{I}}=1\ 440$ r/min 时，从动轴Ⅳ的转速 n_{IV} 为多少？

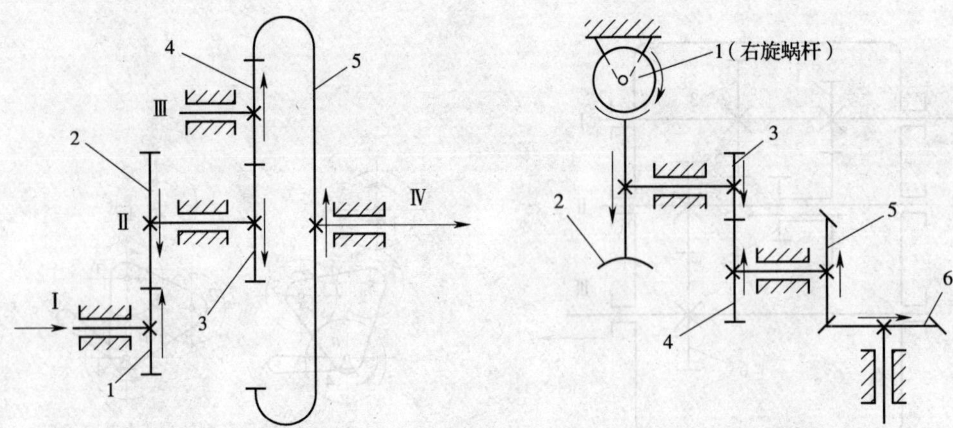

图 3—1—6　定轴轮系的传动比　　　　图 3—1—7　含空间齿轮传动轮系末轮转向的判定

解：根据式（3—1—1）得轮系传动比为：

$$i_{15}=\frac{n_1}{n_5}=(-1)^2\frac{z_2z_4z_5}{z_1z_3z_4}=\frac{z_2z_5}{z_1z_3}$$

$$=\frac{25\times60}{17\times20}\approx4.41\text{（首、末轮转向相同）}$$

因为 $n_{\mathrm{I}}=n_1$，$n_5=n_{\mathrm{IV}}$，所以：

$$i_{15}=\frac{n_1}{n_5}=\frac{n_{\mathrm{I}}}{n_{\mathrm{IV}}}=4.41$$

则 $n_{\mathrm{IV}}=\frac{n_{\mathrm{I}}}{4.41}=\frac{1\ 440}{4.41}\approx326.5$（r/min）

【例】 在图 3—1—8 所示的定轴轮系中，运动由齿轮 1 传入，由齿条 10 传出。各齿轮齿数 $z_1=15$，$z_2=25$，$z_3=20$，$z_4=40$，$z_5=12$，$z_6=30$ 及 $z_9=20$，蜗杆头数 $z_7=2$，蜗轮齿数 $z_8=60$，齿轮 9 的模数 $m=5$ mm，齿轮 1 的转速 $n_1=1\ 000$ r/min，转向如图 3—1—8 中箭头所示，试确定齿条 10 的移动速度 v_{10} 和移动方向。

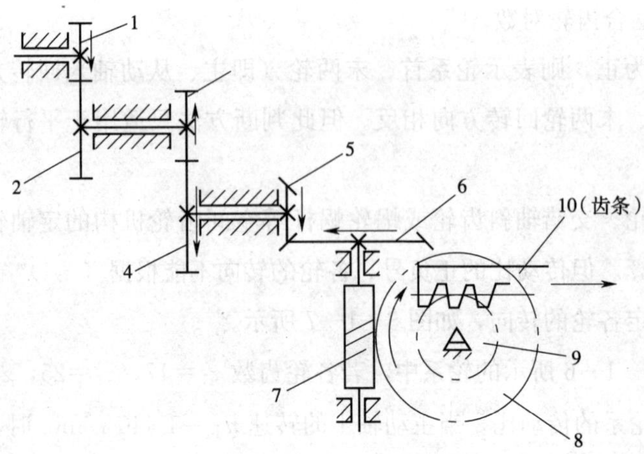

图 3—1—8　定轴轮系的应用

解： 齿轮 1、2、3、4、5、6 与蜗杆 7 和蜗轮 8 组成一定轴轮系，由于轮系中有空间齿轮机构（蜗杆传动），所以只用公式来计算该轮系传动比的大小。

$$i_{18}=\frac{n_1}{n_8}=\frac{z_2z_4z_6z_8}{z_1z_3z_5z_7}=\frac{25\times40\times30\times60}{15\times20\times12\times2}=250$$

则蜗轮 8 的转速为：

$$n_8=\frac{n_1}{250}=\frac{1000}{250}=4\ (\text{r/min})$$

因齿轮 9 与蜗轮 8 是套在同一根转轴上的，所以 $n_9=n_8=4$（r/min）

由齿条移动速度的计算公式 $v=\pi mzn$ 得齿条 10 的移动速度为：

$$v_{10}=\pi mz_9n_9=3.14\times5\times20\times4=1\ 256\ (\text{mm/min})$$

齿条的移动方向如图 3—1—8 中箭头所示。

教学互动

桑塔纳 2000 型轿车五挡手动变速器的结构如图 3—1—9 所示，试计算各挡位的传动比。

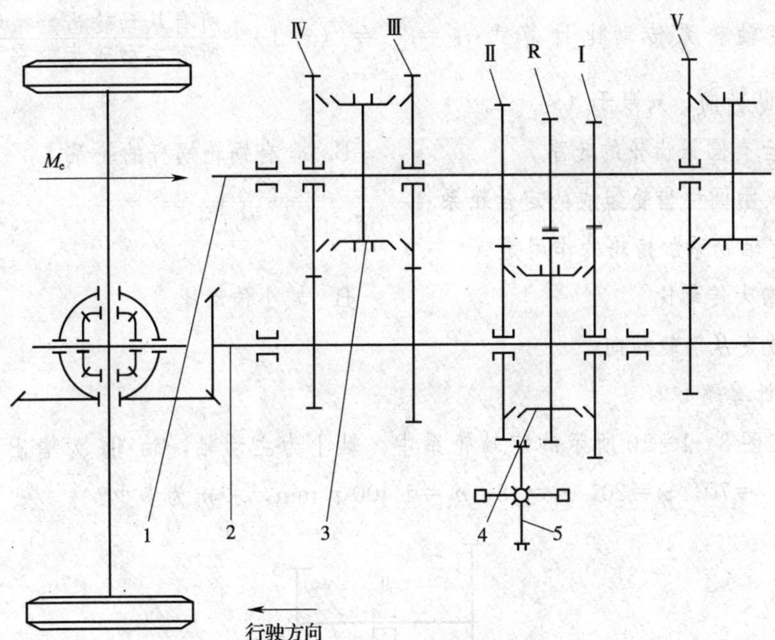

挡位	Ⅰ	Ⅱ	Ⅲ	Ⅳ	Ⅴ	R
主动轮齿数	11	18	28	32	35	12
从动轮齿数	38	35	36	31	28	38
传动比						

图 3—1—9　桑塔纳 2000 型轿车五挡手动变速器的结构

思考与练习

一、填空题

1. 由____________________组成的传动系统称为轮系。

2. 在轮系中，____________________的轮系称为定轴轮系；____________________的轮系称为周转轮系。

3. 定轴轮系的传动比是指____________________之比。

二、判断题

1. 轮系的传动比是指轮系中首、末两齿轮的齿数比。（　）

2. 轮系可合成运动，但不可分解运动。（　）

3. 轮系中的某一个中间齿轮可以既是前级的从动轮，又是后级的主动轮。（　）

三、选择题

1. 定轴轮系传动比计算式 $i_{ik}=\frac{n_1}{n_k}=(-1)^m\frac{\text{所有从动轮齿数乘积}}{\text{所有主动轮齿数乘积}}$ 中，用 $(-1)^m$ 判断转向，只限于（　）。

A. 含有圆锥齿轮的轮系　　B. 含有蜗轮蜗杆的轮系

C. 仅由圆柱齿轮组成的定轴轮系

2. 定轴轮系加惰轮的作用是（　）。

A. 增大传动比　　B. 减小传动比

C. 改变从动轮转向

四、计算题

1. 在图 3—1—10 所示的定轴轮系中，轴 Ⅰ 为主动轴，轴 Ⅲ 为输出轴。已知 $z_1=24$，$z_2=70$，$z_3=20$，$z_4=48$，$n_1=1\,400$ r/min，求 n_3 为多少？

图 3—1—10　计算题 1

2. 在图 3—1—11 所示轮系中，已知各齿轮齿数分别为 $z_1=24$，$z_2=28$，$z_3=20$，$z_4=60$，$z_5=20$，$z_6=20$，$z_7=28$，求传动比 i_{17}。若齿轮 1 的转向已知（见图 3—1—12 中 n_1），试判定齿轮 7 的转向。

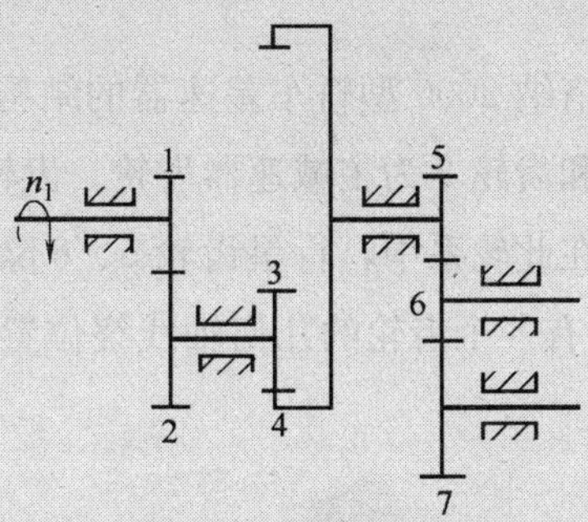

图 3—1—11　计算题 2

3. 在图 3—1—12 所示轮系中，已知 $z_1=16$，$z_2=32$，$z_3=20$，$z_4=40$，$z_5=4$，$z_6=40$，若 $n_1=800$ r/min，求蜗轮的转速 n_6 及各轮的转向。

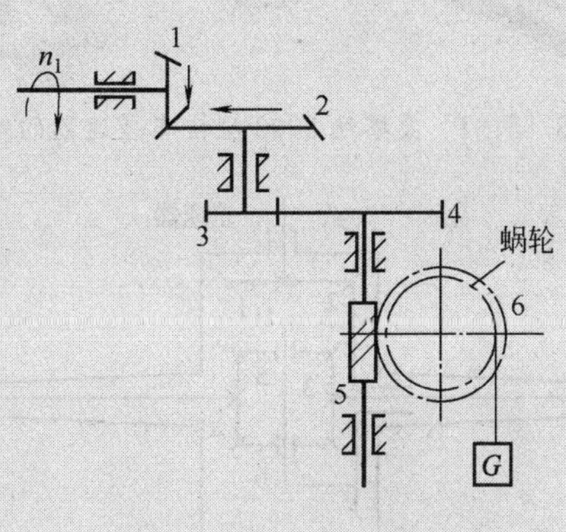

图 3—1—12　计算题 3

课题二　周转轮系

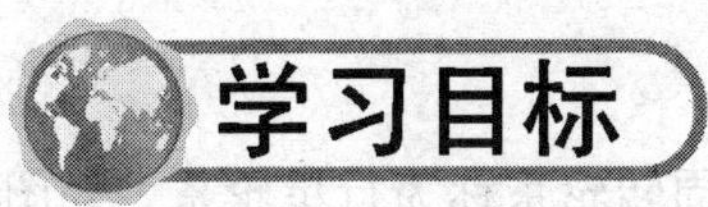

- ◆ 掌握周转轮系的分类和组成。
- ◆ 掌握周转轮系传动比的计算方法。
- ◆ 了解行星齿轮机构传动。

想一想

汽车在转向时左右两边车轮的速度是一样的吗？如果不一样，靠什么样的装置能获得不同的速度呢？

如图 3—2—1 所示为桑塔纳 2000 型轿车差速器的结构，图 3—2—2 所示为差速器齿轮传动装置。其中齿轮 1 和齿轮 2 为主减速器齿轮。齿轮 3、4、5、6 及杆系 H 组成一差动轮系，又称差速器。在此轮系中，行星齿轮 5、6 除绕自身轴线旋转外，又随行星架 H 一起转动。这种至少有一个齿轮的几何轴线绕位置固定的另一齿轮的几何轴线转动的轮系称为周转轮系。

图 3—2—1　桑塔纳 2000 型轿车差速器的结构

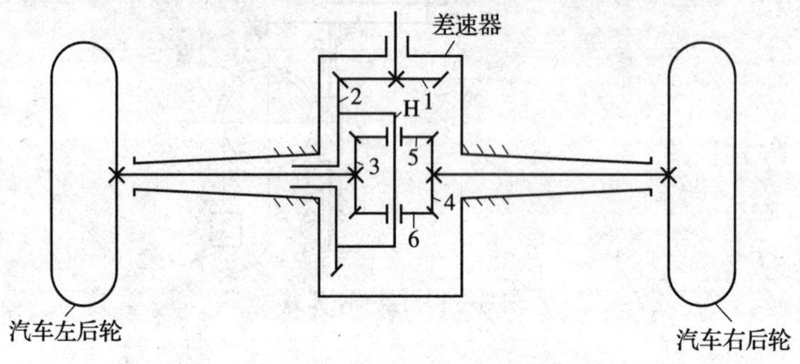

图 3—2—2　差速器齿轮传动装置

一、周转轮系的分类和组成

1. 周转轮系的分类

周转轮系分为行星轮系和差动轮系两大类。

（1）行星轮系

太阳轮和齿圈中有一个转速为零（即固定不动）的周转轮系称为行星轮系。如图 3—2—3 所示，齿圈 3 固定不动，太阳轮 1 绕自身轴线 O_1 回转；行星架 H 绕自身轴线 O_H 回转；行星轮 2 做行星运动，既绕自身轴线回转（自转），又绕行星架回转轴线 O_H 回转（公转）。

(2) 差动轮系

太阳轮和齿圈的转速都不为零的周转轮系称为差动轮系。在图 3—2—4 所示的差动轮系中，太阳轮 1、齿圈 3、行星架 H 均绕各自的轴线回转，行星轮 2 则做行星运动。

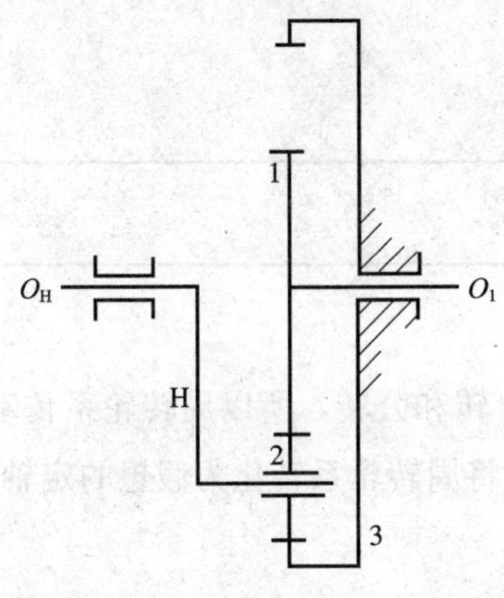

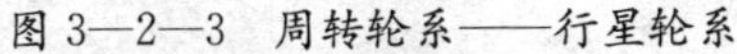

图 3—2—3　周转轮系——行星轮系

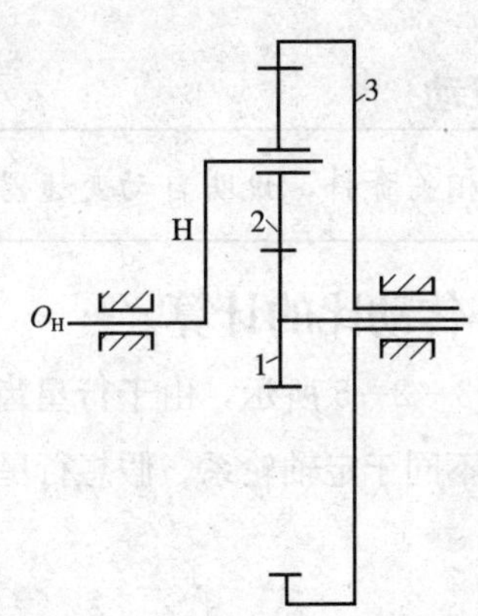

图 3—2—4　周转轮系——差动轮系

2. 行星轮系的组成

汽车自动变速器用的行星齿轮机构通常由两排或多排行星齿轮机构连接在一起，用以满足汽车在各种工况下所需要的不同传动比和不同转矩的需要，但其基本组成及工作原理可用最简单的单排行星齿轮机构来说明.

如图 3—2—5 所示，单排行星齿轮机构由一个太阳轮、一个行星架、一个齿圈和

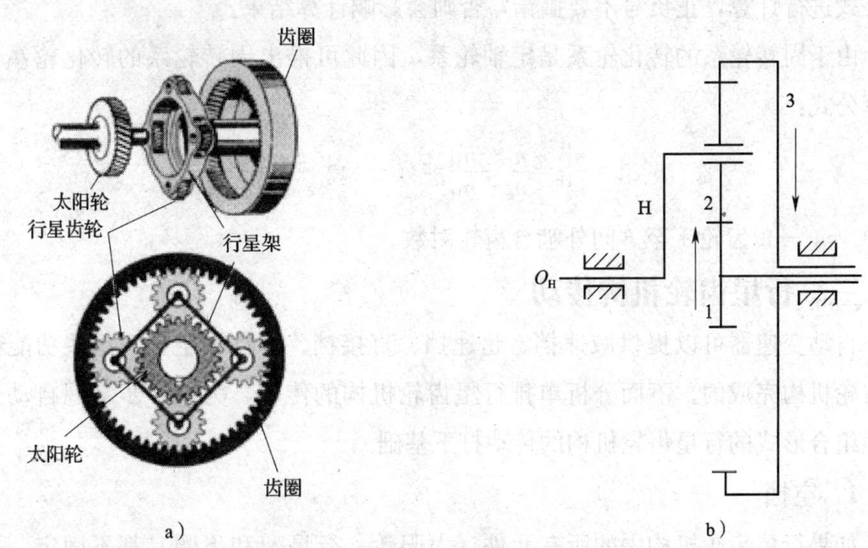

图 3—2—5　单排行星齿轮机构

a) 结构图　b) 示意图

几个行星齿轮组成。太阳轮位于中央，行星齿轮位于太阳轮和齿圈之间，并同时与太阳轮和齿圈啮合。根据传递转矩的大小，通常有 3～6 个行星齿轮，它们为均匀或对称布置。各行星齿轮通过滚针轴承和行星齿轮轴安装在行星架上，工作时，行星齿轮除绕行星齿轮轴自转外，同时还要绕太阳轮公转。此时，行星齿轮轴和行星架也将一起绕太阳轮旋转。

教学互动

查阅相关资料，说明自动变速器有几个行星排。

二、传动比的计算

如图 3—2—5 所示，由于行星齿轮的运动有自转和公转，所以周转轮系传动比的计算方法不同于定轴轮系。假想行星架相对固定，将周转轮系转化为假想的定轴轮系，则有：

$$i_{13}^{H}=\frac{n_1^H}{n_3^H}=\frac{n_1-n_H}{n_3-n_H}=-\frac{z_3}{z_1}$$

式中 i_{13}^{H}—— 假想行星架相对固定时，齿轮 1 和齿轮 3 的传动比；

n_1^H—— 齿轮 1 相对于行星架的转速，即 $n_1^H=n_1-n_H$；

n_3^H—— 齿轮 3 相对于行星架的转速，即 $n_3^H=n_3-n_H$；

负号表示齿轮 1 与齿轮 3 转向相反。

注：计算时，先按定轴轮系用箭头标注齿轮 1、2 和 3 的转向，判断 i_{13}^{H}的正负，再用公式进行计算，正负号不要搞错，否则会影响计算结果。

由于周转轮系的转化轮系是定轴轮系，因此可推出周转轮系的转化轮系传动比的计算公式：

$$i_{1k}^{H}=\frac{n_1^H}{n_k^H}=\frac{n_1-n_H}{n_k-n_H}=(-1)^m\frac{z_2z_4z_6\cdots z_k}{z_1z_3z_5\cdots z_{k-1}}$$

式中 m ——齿轮 1 至 k 间外啮合齿轮对数。

三、行星齿轮机构传动

自动变速器可以提供减速挡、超速挡、直接挡、倒挡和空挡，这些功能都是由行星齿轮机构完成的。下面分析单排行星齿轮机构的传动，为进一步掌握自动变速器中其他组合形式的行星齿轮机构的传动打下基础。

1. 空挡

如果行星齿轮机构中的所有元件（太阳轮、行星架和齿圈）都不固定，可以自由转动，此时无论从哪一个元件输入动力，都不会有动力输出，即自动变速器处于空挡位置。

2. 倒挡

如果用制动器将行星架固定，变矩器的输出动力通过离合器传给太阳轮，此时太阳轮为主动件，并以顺时针方向转动（见图 3—2—6），因行星架被固定，行星齿轮只能在自身轴上转动，即自转。太阳轮驱动行星齿轮，行星齿轮就驱动齿圈以与太阳轮相反的方向转动，且转速较低。通过离合器将齿圈与自动变速器的输出轴相连接，这时自动变速器就提供了倒挡。

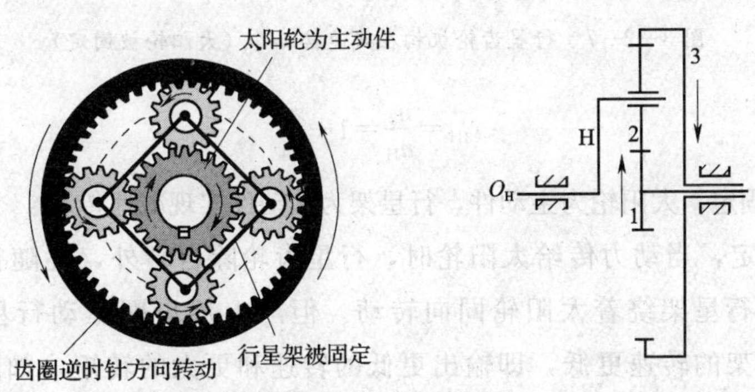

图 3—2—6 行星齿轮机构在倒挡工作

由此可知，当行星架固定时，行星齿轮起惰轮的作用，从动件总是以与主动件相反的方向旋转，从而进入倒挡工作。

此时，$n_H=0$，轮系为定轴轮系，传动比 $i_{13}=\frac{n_1}{n_3}=-\frac{z_3}{z_1}$。

3. 减速挡

当自动变速器输出轴的转速低于输入轴的转速时，即实现减速传动，此时输出轴的转矩大于输入轴的转矩。

（1）太阳轮固定，齿圈为主动件、行星架为从动件实现减速传动

因太阳轮固定，当动力输入给齿圈时，行星齿轮除自转外，还随行星架一起绕太阳轮公转，行星架与齿圈同向转动，因为齿圈转动一整圈而行星架不能转动一整圈，所以实现减速传动，输出的转矩增大，如图 3—2—7 所示。

此时，$n_1=0$，$i_{13}^{H}=\frac{n_1^H}{n_3^H}=\frac{n_1-n_H}{n_3-n_H}=-\frac{z_3}{z_1}$

$$\frac{-n_H}{n_3-n_H}=-\frac{z_3}{z_1}$$

$$\frac{n_3-n_H}{n_H}=\frac{z_1}{z_3}$$

$$\frac{n_3}{n_H}-1=\frac{z_1}{z_3}$$

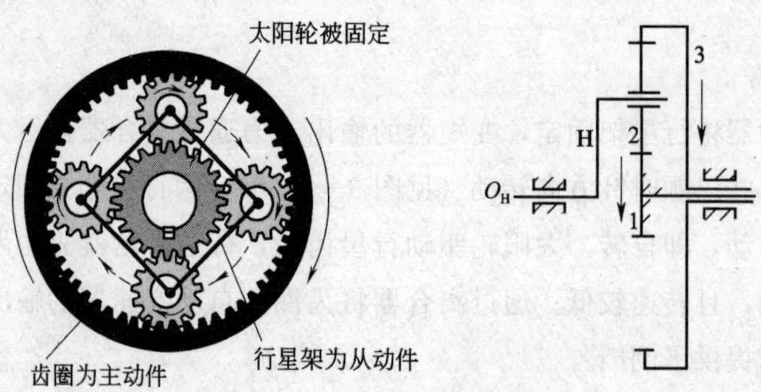

图 3—2—7　行星齿轮机构在减速挡工作（太阳轮被固定）

所以
$$i_{3H}=\frac{n_3}{n_H}=1+\frac{z_1}{z_3} \qquad (3—2—1)$$

（2）齿圈固定，太阳轮为主动件，行星架为从动件实现减速传动

因齿圈固定，当动力传给太阳轮时，行星齿轮除自转外，还随行星架一起绕太阳轮公转，行星架绕着太阳轮同向转动。但与上述齿圈驱动行星架的工作情况相比，行星架的转速更低，即输出更低的转速和更大的转矩，如图 3—2—8 所示。

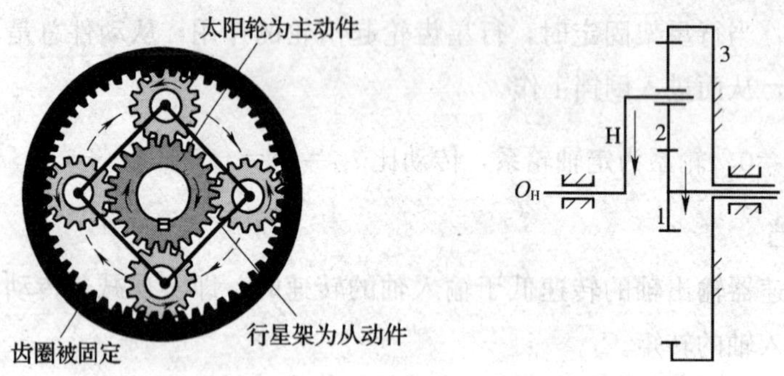

图 3—2—8　行星齿轮机构在减速挡工作（齿圈被固定）

从上述可以看出：当行星架作为行星齿轮机构的从动件时，行星齿轮机构就会起减速增矩的作用，即自动变速器得到减速挡。

此时 $n_3=0$，$i_{13}^{H}=\frac{n_1^H}{n_3^H}=\frac{n_1-n_H}{n_3-n_H}=-\frac{z_3}{z_1}$

$$\frac{n_1-n_H}{-n_H}=1-\frac{n_1}{n_H}=-\frac{z_3}{z_1}$$

$$i_{1H}=\frac{n_1}{n_H}=1+\frac{z_3}{z_1} \qquad (3—2—2)$$

4．直接挡

若通过离合器将变矩器输出的动力传给行星齿轮机构中的任意两个元件，使之同向同速转动时，则第三个元件必然与前两个元件同向同速转动（见图 3—2—9）。例如，当齿圈和太阳轮为主动件同向同速转动时，太阳轮使行星齿轮反方向转动，而齿圈试图使行星齿轮同向旋转，结果把行星齿轮锁在齿圈与太阳轮之间，行星齿轮机构中的所有元件像一个元件一样整体转动。主动件与从动件被锁在一起从而形成直接挡传动，输入转速等于输出转速。

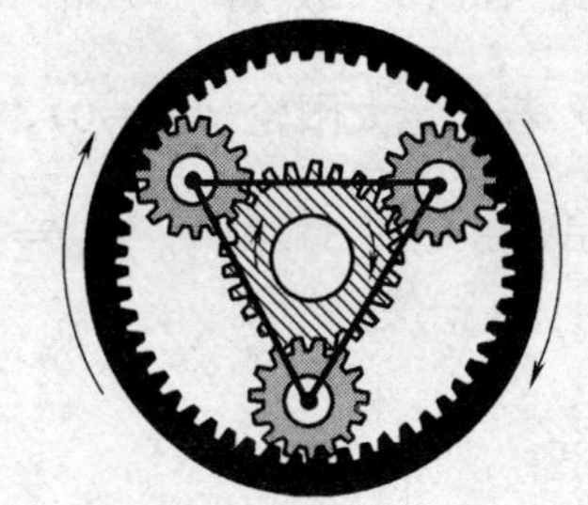

图 3—2—9　行星齿轮机构在直接挡工作

5. 超速挡

当行星架为主动件，太阳轮固定，齿圈为从动件时实现超速挡传动。若通过离合器将变矩器输出的动力传给行星架，使行星架转动时，迫使行星齿轮绕着固定的太阳轮公转，同时行星齿轮驱动齿圈以更快的速度旋转。即行星架每转动一整圈，齿圈则以相同方向转一圈多，得到更高的输出转速，而输出转矩较低，得到超速挡，如图 3—2—10 所示。

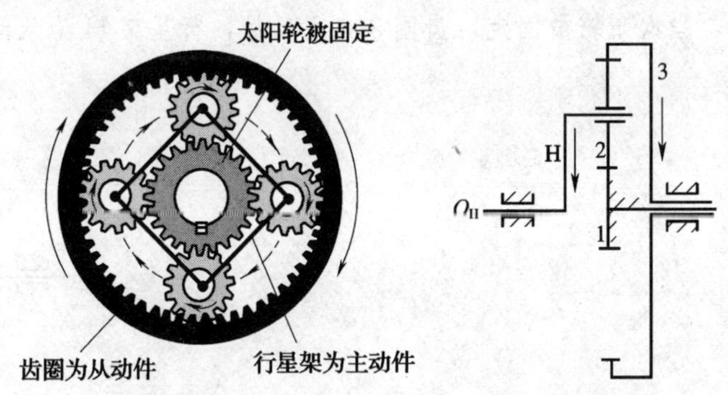

图 3—2—10　行星齿轮机构在超速挡工作

此时，$n_1=0$，由式（3—2—1）可知：

$$i_{H3}=\frac{n_H}{n_3}=\frac{z_3}{z_1+z_3} \qquad (3—2—3)$$

如果行星架为主动件，齿圈固定，太阳轮输出，可以得到更高的超速挡（不适用）。

【例】 汽车采用图 3—2—5 所示的行星齿轮机构，设太阳轮 1 的齿数 $z_1=105$，齿圈 3 的齿数 $z_3=135$，当齿圈被固定，太阳轮 1 为主动件，行星架 H 为从动件时，求机构的传动比。若固定太阳轮，行星架为主动件，齿圈 3 为从动件时，机构的传动比又是多少?

解：（1）当齿圈被固定（$n_3=0$），太阳轮 1 为主动件，行星架 H 为从动件时，由式（3—2—2）得 $i_{1H}=\dfrac{n_1}{n_H}=1+\dfrac{z_3}{z_1}=1+\dfrac{135}{105}\approx 2.29$

（2）若固定太阳轮（$n_1=0$），行星架 H 为主动件，齿圈 3 为从动件时，

由式（3—2—3）得 $i_{H3}=\dfrac{n_H}{n_3}=\dfrac{z_3}{z_1+z_3}=\dfrac{135}{105+135}\approx 0.563$

思考与练习

一、填空题

1. 周转轮系分为____________轮系和____________轮系两大类。

2. 单排行星齿轮机构由一个____________、一个____________、一个和几个行星齿轮组成。

3. 汽车手动变速器用的是____________轮系，驱动桥中的差速器是____________轮系。

二、计算题

汽车采用行星齿轮机构如图 3—2—11 所示，设太阳轮 1 的齿数 $z_1=50$，齿圈 3 的齿数 $z_3=200$，当太阳轮被固定，齿圈 3 为主动件，行星架 H 为从动件时，求机构的传动比？

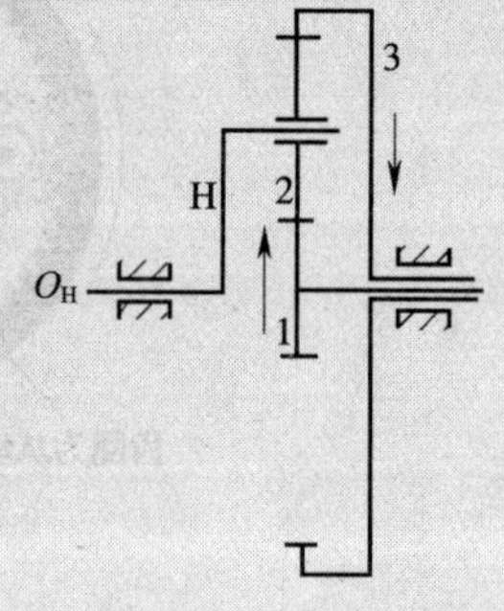

图 3—2—11　计算题

模块四

平面连杆机构

课题一　铰链四杆机构

学习目标

◆ 掌握铰链四杆机构的组成和基本类型。

◆ 掌握铰链四杆机构曲柄存在的条件。

◆ 熟悉平面四杆机构的性质。

想一想

平面连杆机构在汽车上有运用吗？

如图 4—1—1 所示为单缸内燃机原理模型，其中活塞、连杆、曲轴等组成了平面

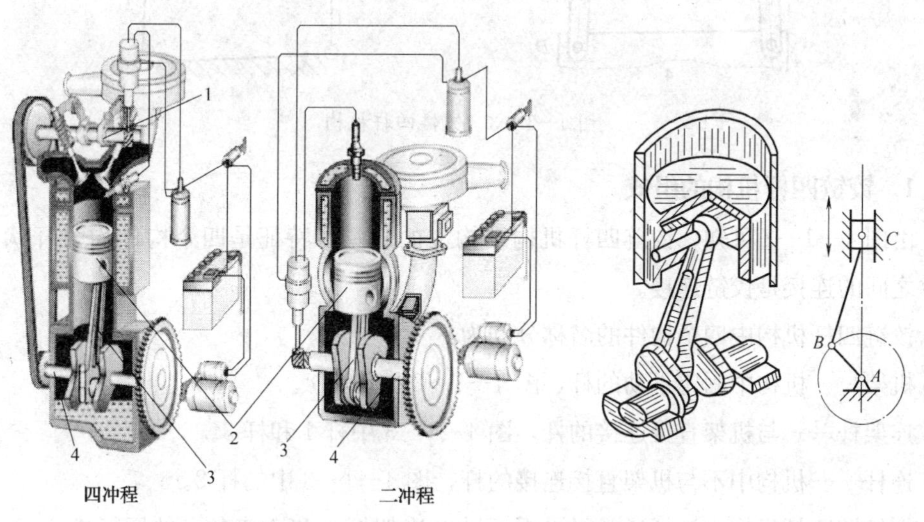

图 4—1—1　单缸内燃机原理模型

a）实物图　b）原理图

1—凸轮　2—活塞　3—连杆　4—曲轴

连杆机构。在做功行程中，活塞承受燃气压力在气缸内做直线运动，通过连杆转换成曲轴的旋转运动，并由曲轴对外输出动力。这就是平面连杆机构在汽车上的运用。

平面连杆机构能够实现一些较为复杂的平面运动，在生产中应用很广泛。如图 4—1—2 所示为车门的启闭机构，当主动曲柄 AB 转动时，通过连杆 BC 使曲柄 CD 朝着反向转动，从而保证两扇车门同时开启和关闭到各自预定的工作位置。可见平面连杆机构是一些刚性构件用转动副和移动副相互连接而组成的机构。构件之间的连接处是圆柱面或平面接触，其承载能力强，耐磨损，使用寿命长，易于制造；另外，平面连杆机构能够进行多种机械运动形式的转换，实现较复杂的平面运动，所以在生产设备和机械中得到广泛应用。

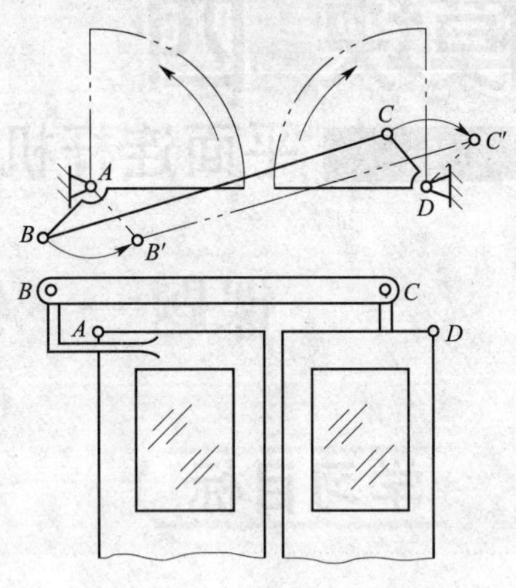

图 4—1—2　车门的启闭机构

一、铰链四杆机构

平面连杆机构的种类较多，其中最基本的是铰链四杆机构，即四个杆全部用铰链（转动副）连接的平面四杆机构，如图 4—1—3 所示。

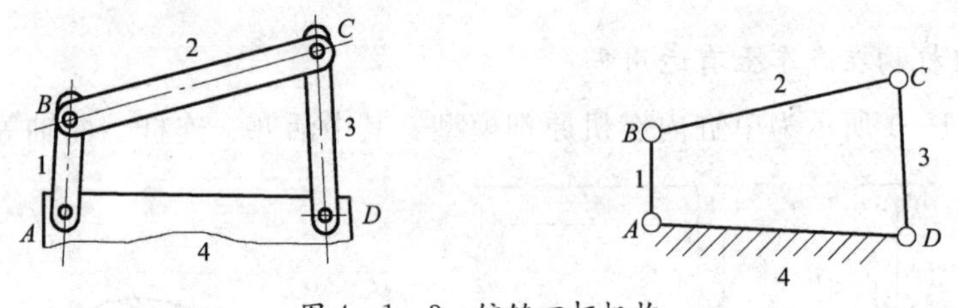

图 4—1—3　铰链四杆机构

1. 铰链四杆机构的组成

由图 4—1—3 可知，铰链四杆机构结构上的最基本特征是四个构件均为杆状，且构件之间的连接是铰链连接。

铰链四杆机构中四个构件的名称分别为：

机架——机构中固定不动的杆，图 4—1—3 中的杆 4。

连架杆——与机架直接连接的杆，图 4—1—3 中杆 1 和杆 3。

连杆——机构中不与机架直接连接的杆，图 4—1—3 中的杆 2。

在铰链四杆机构中连杆通常做平面运动，连架杆 1 和 3 绕各自的回转中心 A 和 D 转动。其中能做整周回转运动的连架杆称为曲柄；而仅能在一定角度范围内摆动的连架杆称为摇杆。

2. 铰链四杆机构的基本类型

铰链四杆机构有曲柄摇杆机构、双曲柄机构、双摇杆机构三种类型。

(1) 曲柄摇杆机构

在铰链四杆机构中，若两连架杆分别为曲柄和摇杆，则该机构为曲柄摇杆机构，如图 4—1—4 所示。当曲柄 AB 为主动件并做等速转动时，从动件摇杆 CD 将在 C_1D 到 C_2D 范围内做变速往复摆动。图 4—1—5、图 4—1—6 和图 4—1—7 就是曲柄摇杆机构的具体应用。

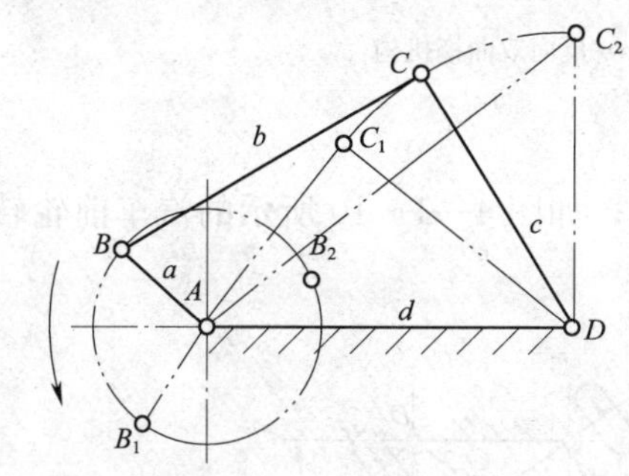

图 4—1—4 曲柄摇杆机构

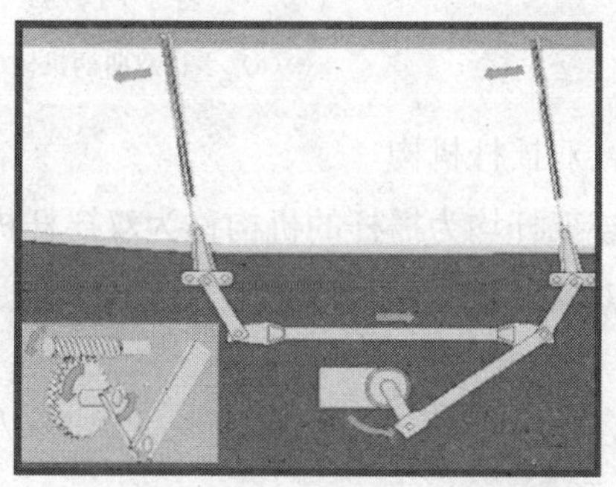

图 4—1—5 刮水器机构

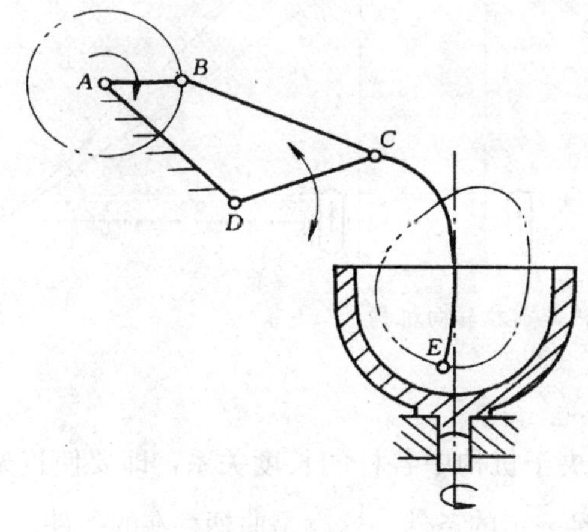

图 4—1—6 搅拌机机构

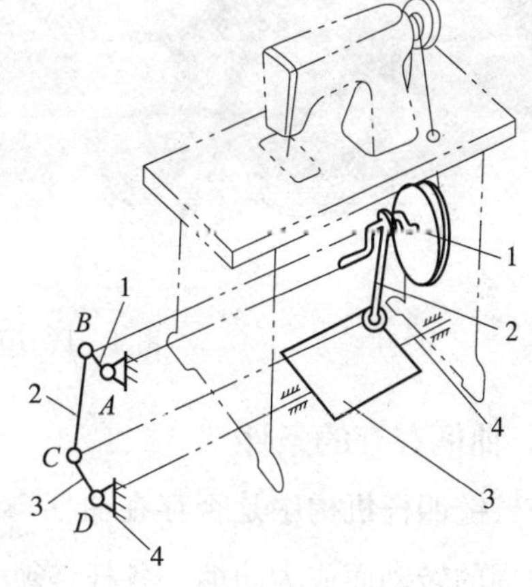

图 4—1—7 家用缝纫机的踏板机构

(2) 双曲柄机构

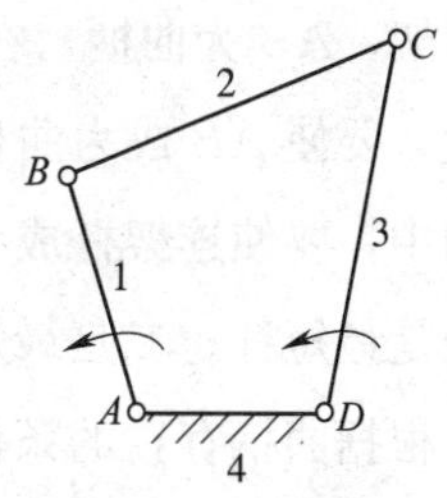

图 4—1—8 双曲柄机构 (1)

在铰链四杆机构中，若两连架杆均为曲柄时，则称为双曲柄机构，如图 4—1—8 和图 4—1—9 所示。在双曲柄机构中，若连杆与机架相等，且两曲柄的转向相同、长度也相等时，则称为平行双曲柄机构，如图 4—1—9a 所示；若两曲柄转向相反，则称为反向双曲柄机构，如图 4—1—9b 及图 4—1—2 所示。

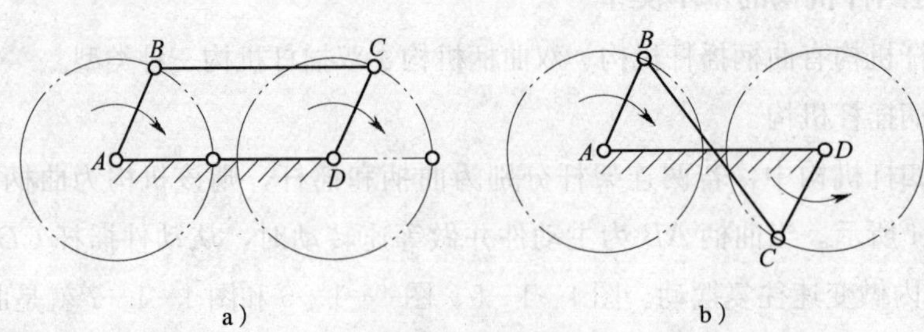

图 4—1—9　双曲柄机构（2）

（a）平行双曲柄机构　（b）反向双曲柄机构

（3）双摇杆机构

两连架杆均为摇杆的机构称为双摇杆机构，如图 4—1—10 所示的汽车前轮转向机构就是双摇杆机构的具体应用。

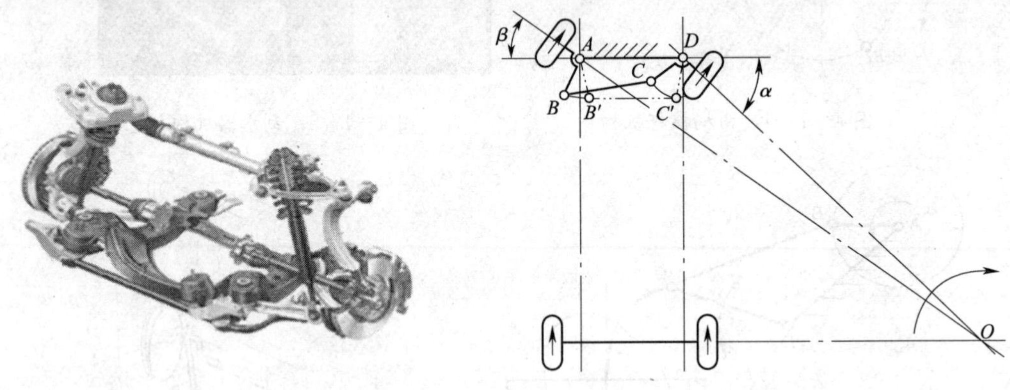

图 4—1—10　汽车前轮转向机构

3．曲柄存在的条件

在铰链四杆机构中是否存在曲柄，取决于机构中各杆的长度关系，即要使连架杆能做整周的转动而成为曲柄，各杆必须满足一定的条件，这就是曲柄存在的条件。

如图 4—1—11 中，a、b、c、d 分别表示构件 AB、BC、CD、AD 的长度，若 AD 为机架，AB 为曲柄，在 AB 转动的过程中，AB 与 BC 存在拉直共线和重叠共线两个位置。要使 AB 成为曲柄，它必须能顺利地通过这两个共线位置。由此可知，在四杆机构中，要使连架杆成为曲柄，必须同时具备两个条件，一是连架杆和机架中必须有一个是最短杆；二是最短杆和最长杆长度之和必须小于或等于其余两杆的长度之和。

根据曲柄存在的条件，还可以做出以下推论：

（1）以最短杆相邻的杆作为机架时，该机构为曲柄摇杆机构。

（2）以最短杆作为机架时，该机构为双曲柄机构。

（3）以最短杆相对的杆作为机架时，该机构为双摇杆机构。

如果铰链四杆机构中最短杆与最长杆的长度之和大于其余两杆的长度之和，则无论以哪一杆件为机架，该机构均为双摇杆机构。

二、平面四杆机构的性质

1. 急回运动特性

如图 4—1—11 所示的曲柄摇杆机构中，当曲柄 AB 沿顺时针方向以等角速度 ω 从与 BC 共线位置 AB_1 转到共线位置 AB_2 时，转过的角度 φ_1 为（$180°+\theta$）；摇杆 CD 从左极限位置 C_1D 摆到右极限位置 C_2D，设所需时间为 t_1，C 点平均速度为 v_1；当曲柄 AB 再继续转过角度 φ_2（$180°-\theta$），即从 AB_2 到 AB_1，摇杆 CD 自 C_2D 摆回到 C_1D，设所需时间为 t_2，C 点的平均速度为 v_2。由于 $\varphi_1>\varphi_2$，则 $t_1>t_2$。又因摇杆 CD 往返的摆角都是相同的，而所用的时间却不同，往返的平均速度也不相同，即 $v_1<v_2$。由此可见，当曲柄等速转动时，摇杆来回摆动的平均速度是不同的，摇杆的这种运动特性称为急回运动特性。

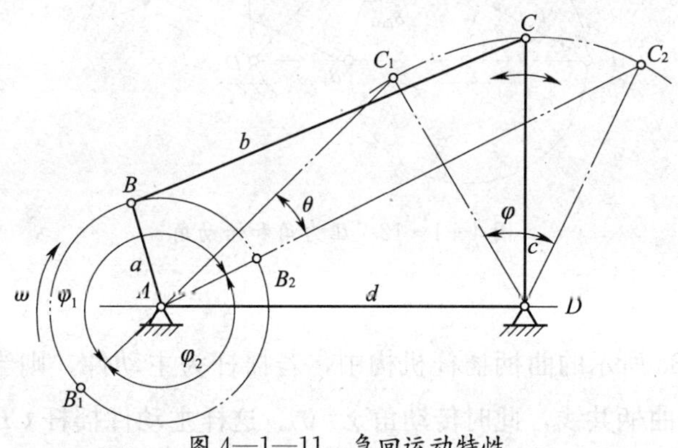

图 4—1—11　急回运动特性

为了表明摇杆急回运动特性的程度，通常用行程速比系数（又称行程速度变化系数）K 表示，K 值越大，回程越快。

$$K=\frac{v_2}{v_1}=\frac{\omega_2}{\omega_1}=\frac{\widehat{C_2C_1}/t_2}{\widehat{C_1C_2}/t_1}=\frac{t_1}{t_2}=\frac{\varphi_1}{\varphi_2}=\frac{180°+\theta}{180°-\theta} \quad (4—1—1)$$

式中，θ 称为极位夹角，即摇杆处于左、右两极限位置时，主动曲柄相应两位置所夹的锐角。由式（4—1—1）可知，行程速比系数 K 与极位夹角 θ 有关，θ 越大，K 越大。当 $\theta=0$ 时，$K=1$，说明机构无急回运动特性。由式（4—1—1）可得：

$$\theta=\frac{K-1}{K+1}\times180° \quad (4—1—2)$$

由式（4—1—2）可知，如果要得到既定的行程速比系数，只要设计出相应的极位夹角 θ 即可。

在各种机器中，应用四杆机构的急回运动特性可以节省空回行程的时间，以提高生产效率。

2．压力角和传动角

如图 4—1—12 所示的曲柄摇杆机构中，主动曲柄通过连杆 BC 传递到 C 点上的力 F 的方向与从动摇杆 CD 受力点 C 的绝对速度 v_c 的方向之间所夹的锐角 α 称为压力角。压力角 α 的余角 γ 称为传动角。力 F 可分解为沿 C 点绝对速度 v_c 方向的分力 F_t 及沿摇杆 CD 的径向力 F_n，而 F_t 则是推动摇杆运动的有效分力。α 越小，γ 越大，有效分力 F_t 越大，而 F_n 越小，对机构传动越有利，为保证机构传动良好，设计时通常要使 $\gamma_{min} \geqslant 40°$，传动力矩较大时，则要使 $\gamma_{min} \geqslant 50°$。

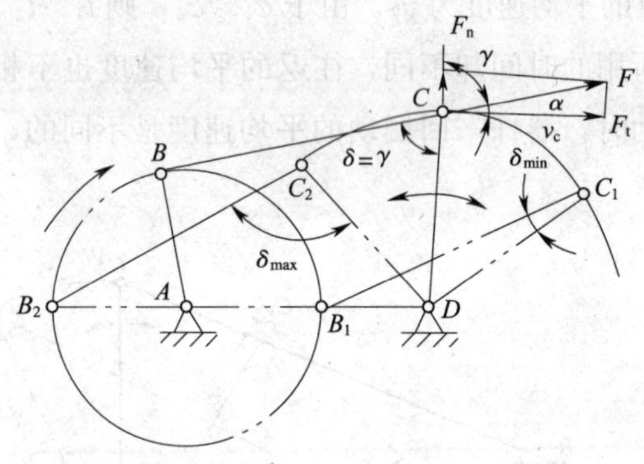

图 4—1—12　压力角和传动角

3．死点位置

如图 4—1—13a 所示的曲柄摇杆机构中，若摇杆为主动件，则当摇杆处于两个极限位置时，连杆与曲柄共线，此时传动角 $\gamma=0°$。这样主动件摇杆 CD 通过连杆作用于从动曲柄 AB 上的力恰好通过曲柄的回转中心 A，所以理论上不论作用多大的力，均不能使曲柄 AB 转动，因而产生“顶死”现象，图 4—1—13b 所示为偏置曲柄滑块机构，当滑块为主动件并处于极限位置时，机构的这种位置称为死点位置。

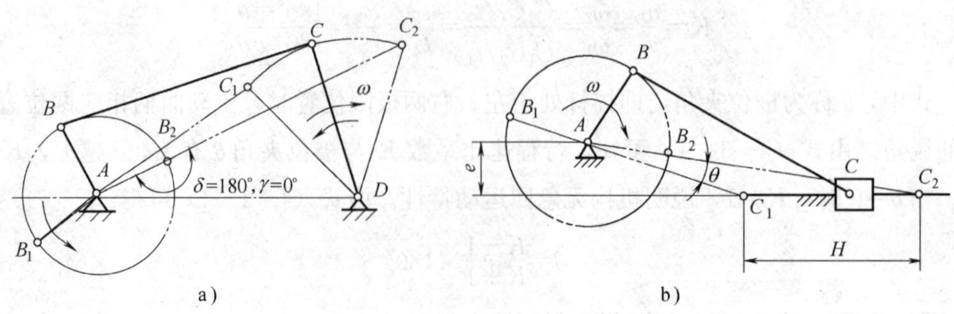

图 4—1—13　四杆机构的死点位置

机构顺利通过死点位置的方法

为了使机构能够顺利地通过死点位置，继续正常运转，常采用以下方法：

1. 利用从动曲柄本身的质量或附加一转动惯量大的飞轮，如图 4—1—14 所示，依靠其惯性作用来导向以通过死点位置。

图 4—1—14　依靠惯性作用通过死点位置

2. 采用多组机构错列通过死点位置，如图 4—1—15 所示的两组车轮的错列装置中，两组机构的曲柄错列成 90°。

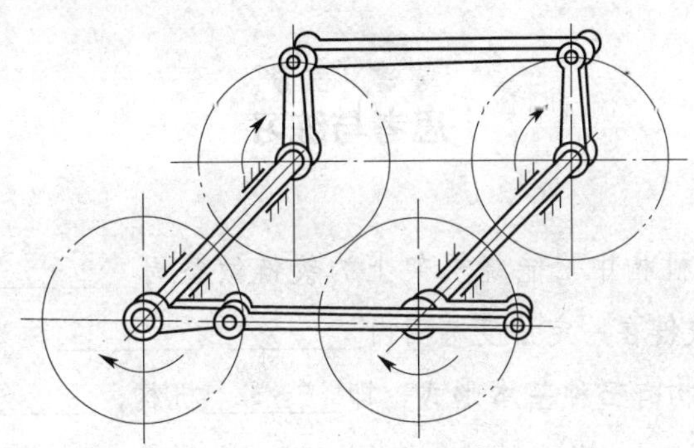

图 4—1—15　采用多组机构错列通过死点位置

3. 增设辅助构件，如图 4—1—16 所示的机车车轮联动装置，在机构中增设了一个辅助曲柄 EF 以通过死点位置。

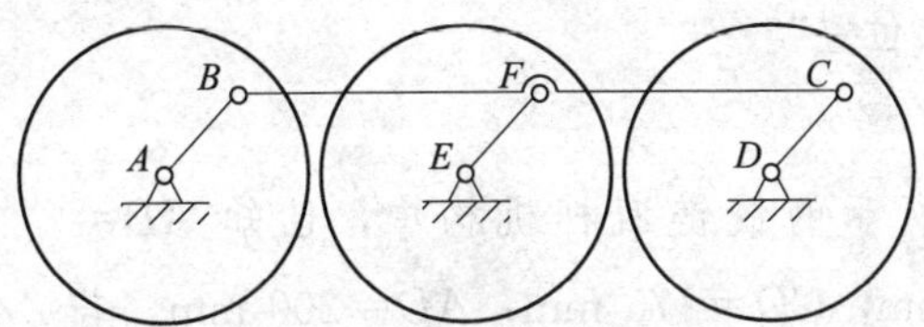

图 4—1—16　增设辅助构件通过死点位置

死点位置有不利的一面，也有其有利的一面。工程上常用机构死点位置的性质来实现某些要求。如图 4—1—17 所示的飞机起落架就是利用双摇杆机构处于死点位置来保证飞机起降安全的。图 4—1—18 所示为机床夹紧机构，使机构处于死点位置来夹紧工件。

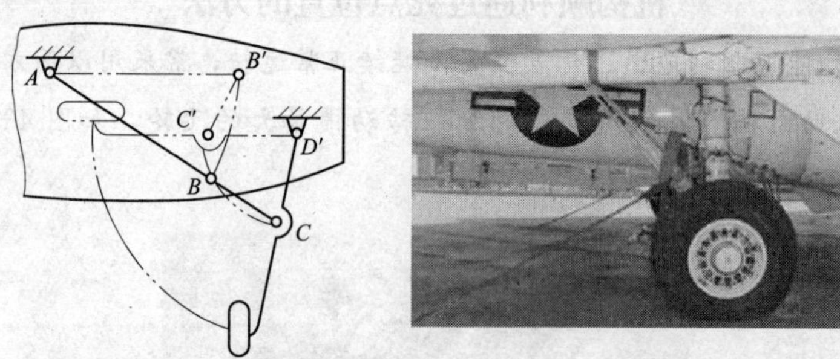

图 4—1—17　飞机起落架

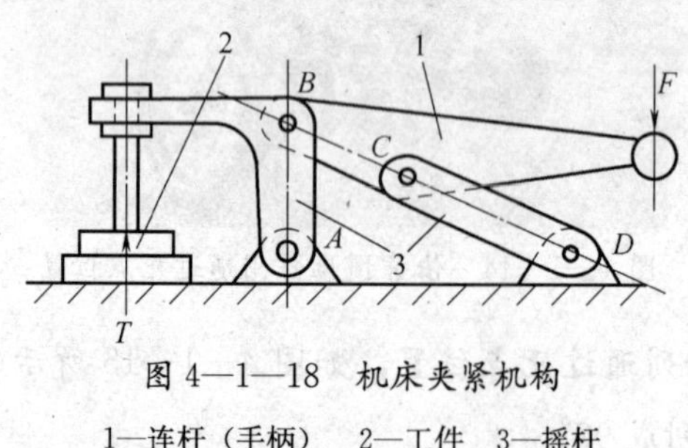

图 4—1—18　机床夹紧机构

1—连杆（手柄）　2—工件　3—摇杆

思考与练习

一、填空题

1. 在铰链四杆机构中，能绕机架上的铰链做整周________的________称为曲柄，能绕机架上的铰链在一定角度范围内________的________称为摇杆。

2. 铰链四杆机构有三种基本形式，即________机构、________机构和________机构。

二、简答题

1. 曲柄存在的条件是什么？

2. 什么是急回运动特性？用公式说明。

3. 什么是“死点位置”？

三、计算题

如图 4—1—19 所示的铰链四杆机构中，已知 $AB=130$ mm，$BC=150$ mm，$CD=175$ mm，$AD=200$ mm。若取 AD 为机架，该机构属于哪一种类型？

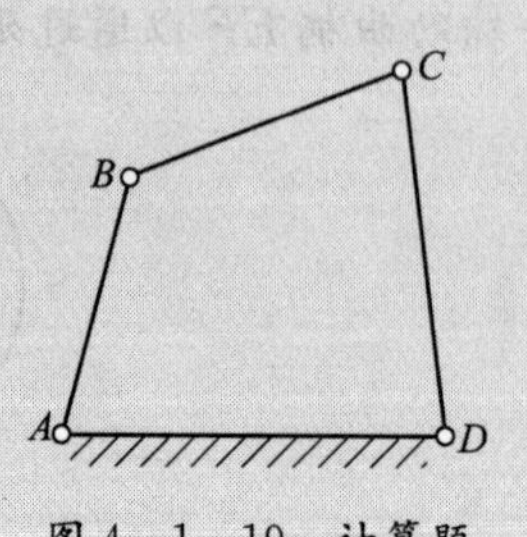

图 4—1—19　计算题

课题二　铰链四杆机构的演化

- 熟悉铰链四杆机构的演化形式。
- 掌握曲柄滑块机构的特点、工作原理与应用。
- 熟悉导杆机构的类型、工作原理与应用。

汽车发动机中的曲轴连杆机构（见图 4—2—1）是标准的平面四杆机构吗？

铰链四杆机构是平面四杆机构的基本形式，在实际机械中，平面连杆机构的形式是多种多样的，当铰链四杆机构尺寸关系做某种特殊变化或者取不同杆件为机架时，可演化为其他形式。

如图 4—2—2 所示为曲轴连杆机构工作原理，活塞受气体推动做上下往复直线运动，通过连杆 BC 带动曲轴 AB 做旋转运动，从而实现发动机的动力输出。那么，这种机构是怎样从铰链四杆机构演化而来的呢？铰链四杆机构又能演化哪些不同的机构呢？

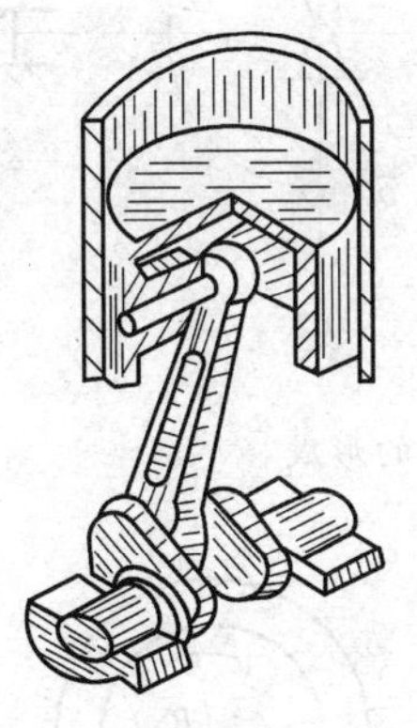

图 4—2—1　曲轴连杆机构

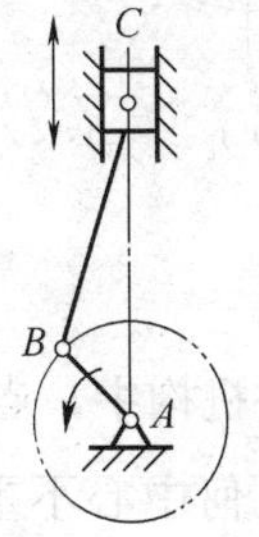

图 4—2—2　曲轴连杆机构工作原理

一、曲柄滑块机构

如图 4—2—3 所示的曲柄摇杆机构中，摇杆 3 上 C 点的轨迹为以 D 为圆心、杆 3 的长度为半径的圆弧 $\widehat{mm}$。若将转动副 D 的半径扩大，使其半径等于 L_3，并在机架

上按 C 点的近似轨迹 $\widehat{mm}$ 做成一弧形槽，摇杆 3 做成与弧形槽相配的弧形块，如图 4—2—3b 所示。此时，虽然转动副 D 的中心外形改变，但机构的运动特性并没有改变。若将弧形槽的半径增至无穷大，则转动副 D 的中心移到无穷远处，弧形槽变为直槽，转动副 D 则转化为移动副，构件 3 由摇杆变成滑块，于是曲柄摇杆机构就演化为曲柄滑块机构，如图 4—2—3c 所示。此时移动方位线 $\widehat{mm}$ 不通过曲柄回转中心，故称为偏置曲柄滑块机构。曲柄转动中心至其移动方位线 $\widehat{mm}$ 的垂直距离称为偏心距 e；当移动方位线 $\widehat{mm}$ 通过曲柄转动中心 A 时（$e=0$），则称为对心曲柄滑块机构，如图 4—2—3d 所示。曲柄滑块机构广泛应用在活塞式内燃机、空气压缩机、冲床等机械中。

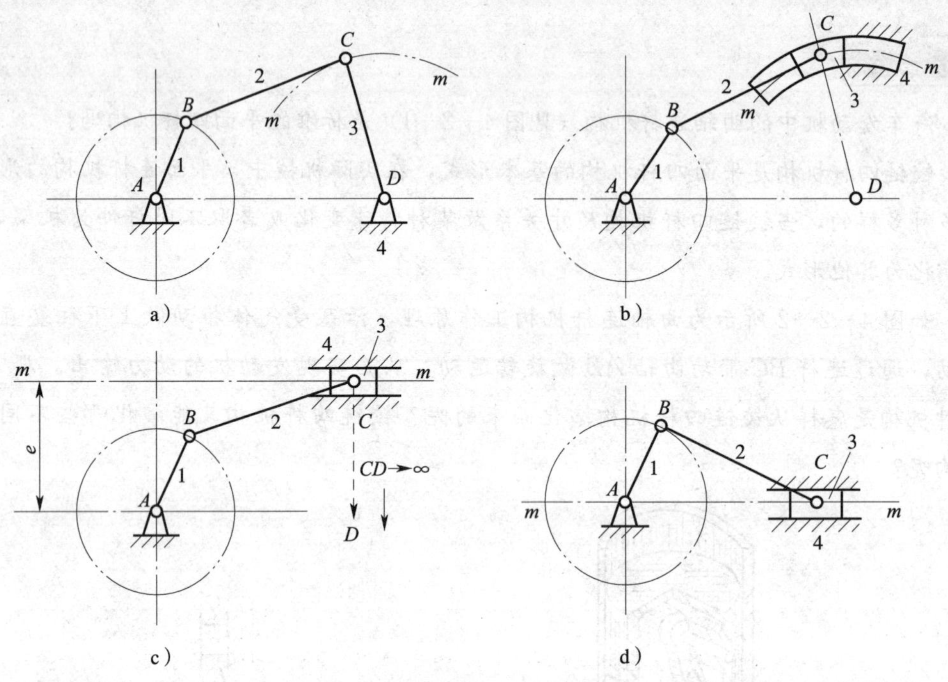

图 4—2—3　曲柄滑块机构的形成

在曲柄滑块机构中，当曲柄较短时，往往用一个旋转中心与几何中心不重合的偏心轮代替曲柄，如图 4—2—4 所示，称为偏心轮机构。构件 1 为偏心轮，偏心距 e（轮的几何中心 B 点至旋转中心 A 点的距离）相当于曲柄长度。偏心轮机构用于受力较大且滑块行程较小的剪床、冲床、颚式破碎机等机械中。

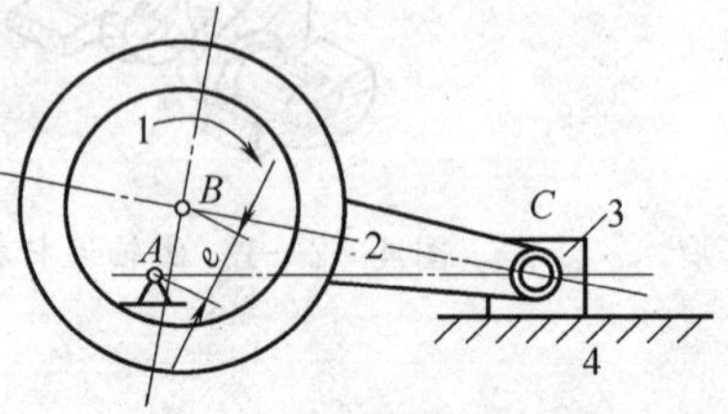

图 4—2—4　偏心轮机构

1—偏心轮　2—连杆　3—滑块　4—机架

二、导杆机构

导杆机构可看成是通过改变曲柄滑块机构中的机架而演化来的，改变曲柄滑块机构中的机架位置，即可演化出不同类型的导杆机构。

1. 曲柄导杆机构

图 4—2—5a 所示的四连杆机构中，杆件 2 的长度小于机架 1，便可以绕机架 1 做整周转动，但导杆 4 只能做摆动，称为曲柄摆动导杆机构。图 4—2—5b 所示的四连杆机构中，杆件 2 的长度大于机架 1，杆件 2 和导杆 4 都可以绕机架 1 做整周转动，称为曲柄转动导杆机构。

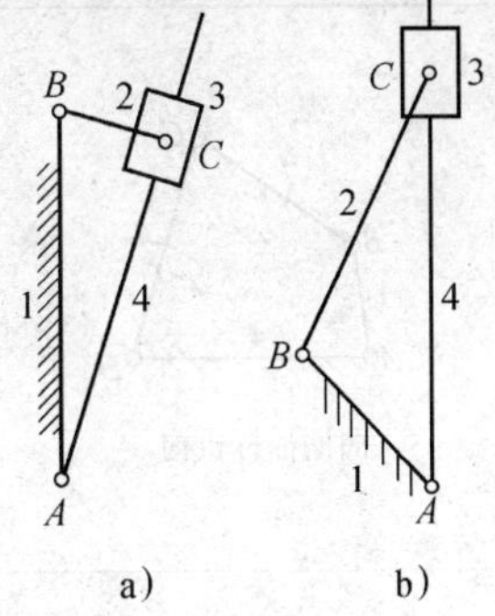

图 4—2—5　曲柄导杆机构

2. 移动导杆机构

图 4—2—6 所示的抽水唧筒机构中，杆件 2 的长度小于手柄 1。手柄 1 绕 A 点摆动，活塞杆 3 相对于抽水筒（滑块）4 做往复移动，抽水筒 4 为机架，称为定块，故称为固定滑块机构或移动导杆机构。

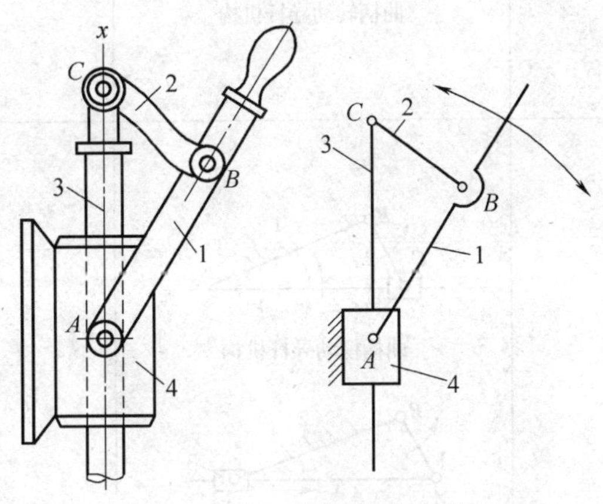

图 4—2—6　移动导杆机构

1—手柄　2—杆件　3—活塞杆　4—抽水筒

3. 曲柄摇块机构

图 4—2—7a 所示，杆件 1 的长度小于机架 2，能绕机架 2 做整圆周转动，杆件 4 与滑块 3 组成移动副，滑块 3 与机架 2 组成转动副，滑块 3 只能做定轴转动，所以称为曲柄摇块机构。图 4—2—7b 所示为曲柄摇块机构在摆动式液压泵上的应用实例。

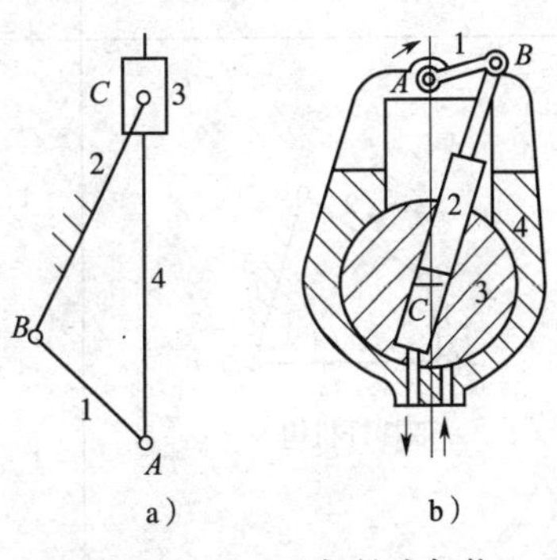

图 4—2—7　曲柄摇块机构

铰链四杆机构取不同的构件作为机架时的几种演化形式见表 4—2—1。

表 4—2—1　　铰链四杆机构的演化形式

铰链四杆机构	含一个移动副的机构	含两个移动副的机构
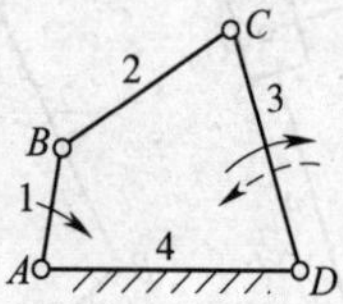 曲柄摇杆机构	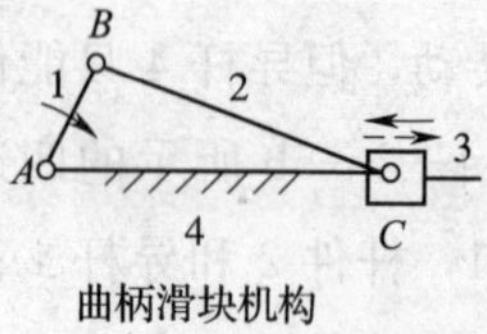 曲柄滑块机构	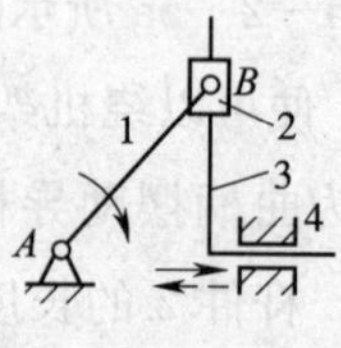 曲柄移动导杆机构
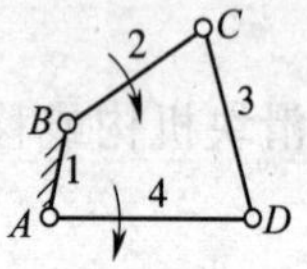 双曲柄机构	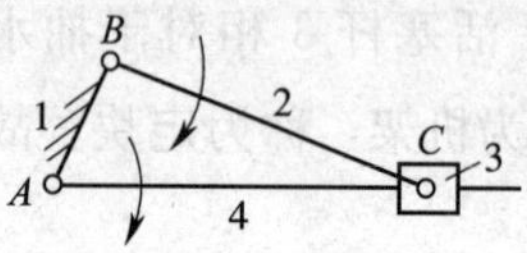 曲柄转动导杆机构	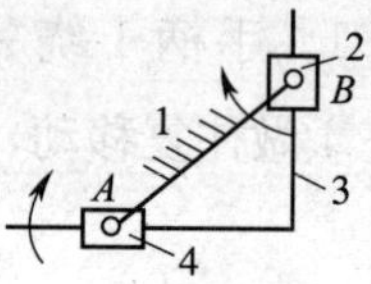 双转块机构
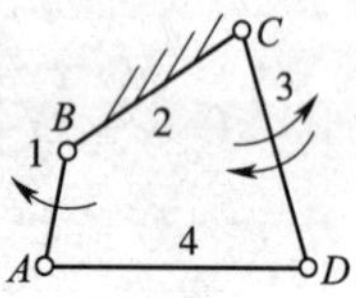 曲柄摇杆机构	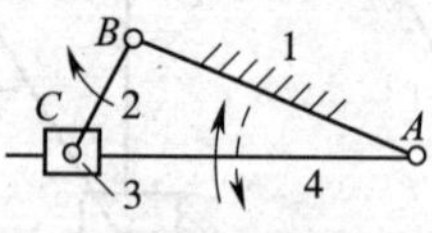 曲柄摆动导杆机构 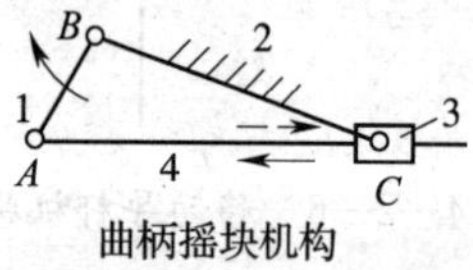 曲柄摇块机构	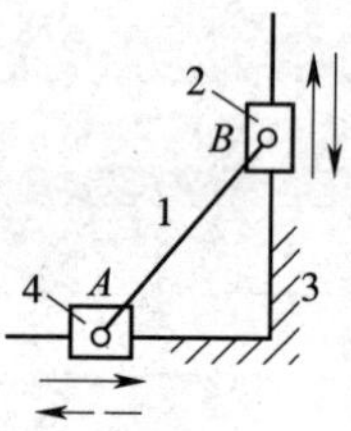 双滑块机构
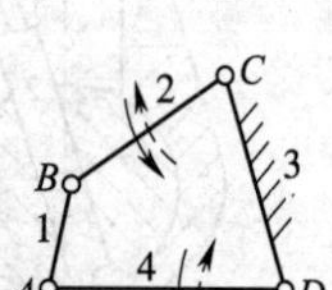 双摇杆机构	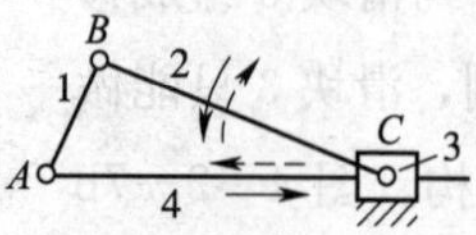 定块机构	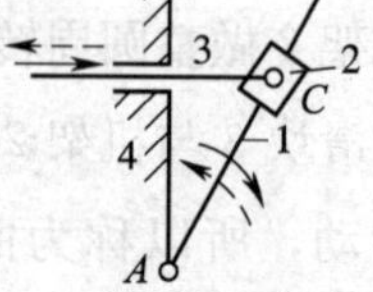 摆动导杆滑块机构

思考与练习

一、选择题

1. 铰链四杆机构中与机架相连，只能在一定角度内进行摆动的构件是（　　）。

A. 曲柄　　B. 连杆　　C. 摇杆　　D. 铰链

2. 能够实现回转运动与直线往复运动转换的平面四杆机构是（　　）。

A. 曲柄摇杆机构　　B. 曲柄滑块机构

C. 导杆机构　　D. 摇块机构

3. 当曲柄滑块机构以（　　）为主动件时会出现“死点”现象。

A. 曲柄　　B. 滑块　　C. 连杆　　D. 机架

4. 将曲柄摇杆机构的（　　）长度取无穷大时，（　　）将转化为沿直线运动的滑块，该机构成为曲柄滑块机构。

A. 曲柄　　B. 连杆　　C. 摇杆　　D. 机架

二、综合题

1. 如图 4—2—8 所示的铰链四杆机构中，已知 $AB=450$ mm，$BC=400$ mm，$CD=300$ mm，$AD=200$ mm。试问以哪个杆作为机架可以得到曲柄摇杆机构？如果以杆 BC 作为机架会得到什么机构？如果以杆 AD 作为机架会得到什么机构？

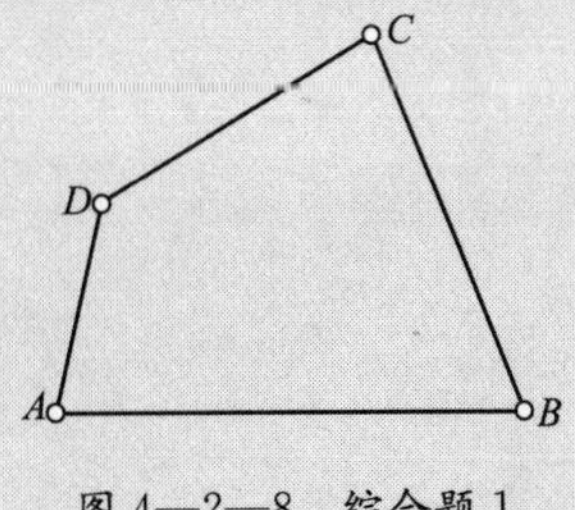

图 4—2—8　综合题 1

2. 试根据图 4—2—9 所注明的尺寸（单位为 mm）判断各铰链四杆机构的类型。

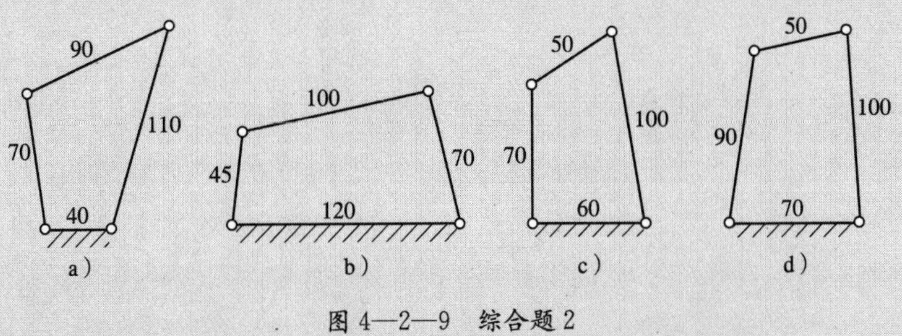

图 4—2—9　综合题 2

3. 试画出图 4—2—10 所示剪板机的机构简图，指出各杆件的名称，并说明该剪板机的工作原理。

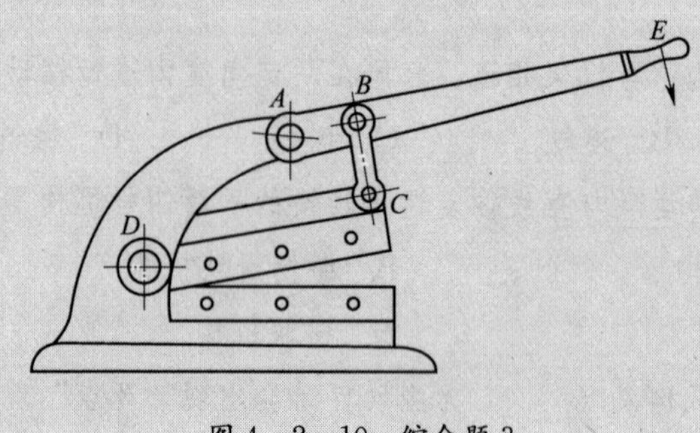

图 4—2—10　综合题 3

课题一 凸轮机构的应用和类型

- 掌握凸轮机构的组成、类型、应用和特点。
- 掌握凸轮机构的工作过程。
- 了解凸轮的材料。

凸轮机构在机械中是一种常用机构。如图 5—1—1 所示为汽车发动机的配气机构，它通过凸轮机构来控制气门的开闭、柴油机的喷油泵供油、汽油泵的供油、分电器的配电等。凸轮机构在自动化机械生产中有更为广泛的应用。那么凸轮机构是怎样控制这些机构来实现所需的运动规律和要求的呢？

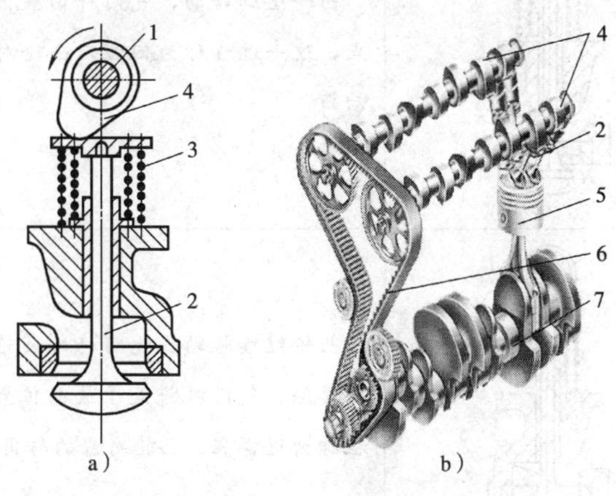

图 5—1—1 汽车发动机的配气机构

1—凸轮轴 2—气门杆 3—弹簧 4—凸轮 5—活塞 6—齿形带 7—曲轴

一、凸轮机构的工作过程

如图 5—1—1 所示，当凸轮轴 1 转动时，其轮廓将迫使气门杆 2 向下移动打开气门，可燃混合气进入气缸；当凸轮的最小半径处于与气门杆接触时，气门保持关闭。这样气门即按预定时间打开或关闭，以完成内燃机的配气功能。内燃机配气机构的工作过程见表 5—1—1。

表 5—1—1　　　　　　　　　　内燃机配气机构的工作过程

动作	图示	工作过程
推程	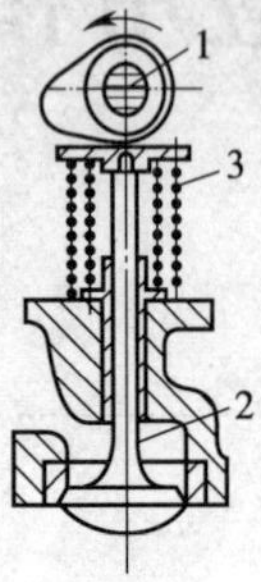	图中气门杆位于最高位置，它的上端与凸轮轮廓接触。当凸轮以等角速度逆时针转动时，气门杆在凸轮轮廓的推动下，将由最高点位置被推到最低点位置，气门杆运动的这一过程称为推程。凸轮对应的转角称为推程运动角
远停程	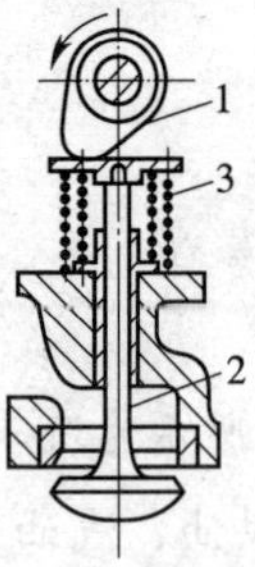	凸轮凸出段轮廓为圆弧，故凸轮转过此段圆弧时，气门杆静止不动，且气门杆停在最低位置，气门杆这一过程称为远停程。凸轮此时转过的角度称为远停程角
回程	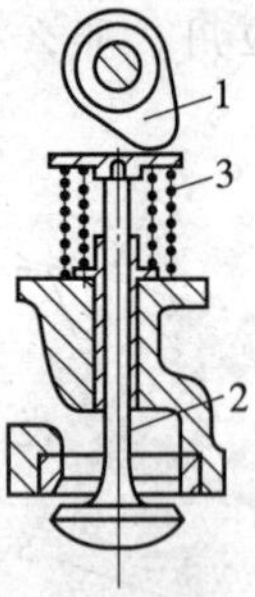	凸轮继续转动，气门杆由最低位置点回到最高位置点，这一过程称为回程，凸轮对应的转角称为回程运动角
近停程	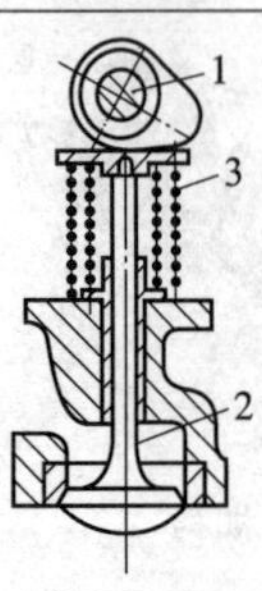	凸轮继续转动，气门杆与凸轮轮廓上最小向径的圆弧接触，气门杆将处于最高位置且静止不动，这一过程称为近停程。凸轮对应的转角称为近停程角

由表 5—1—1 可知，气门打开或关闭的时间由凸轮的形状决定。

二、凸轮机构的组成、特点与应用

想一想

在图 5—1—1 中凸轮机构的组成部分有哪些？请指出图 5—1—1 中配气机构各部分的名称。

从图 5—1—1 可知，凸轮机构主要由凸轮、从动杆、机架三个部分组成。

凸轮为主动件，做定轴等速转动，从动件做相应的运动，随凸轮轮廓的变化得到不同的运动规律，从动件按一定规律做往复移动或摆动。凸轮机构的特点及应用见表 5—1—2。

表 5—1—2　　凸轮机构的特点及应用

特点	优点	凸轮机构结构简单、紧凑，只需改变凸轮的轮廓形状，就可改变从动件的运动规律，容易实现复杂运动的要求
		凸轮机构可以高速启动，动作准确可靠
	缺点	凸轮轮廓与从动件是点接触或线接触，不便于润滑，易磨损
应用	应用于传力不大的场合，如自动机械、仪表、控制机构和调节机构中	

三、凸轮机构的类型

凸轮机构的类型很多，其各自的特点见表 5—1—3。

表 5—1—3　　各种凸轮机构的特点

类型		特点	图例
按凸轮的形状分类	盘形凸轮	绕固定轴线回转并且具有变化向径的盘形构件，是凸轮的最基本形式，结构简单，应用最广泛	
	移动凸轮	相当于转轴位于无穷远时盘形凸轮的一部分，相对于机架做往复直线移动	
	圆柱凸轮	在圆柱面上开有曲线凹槽或在圆柱端面上做出曲线轮廓	

续表

类型		特点	图例	
按从动件末端形状分类	尖顶从动件	结构简单，能准确实现任意复杂的运动规律，但容易磨损		
	滚子从动件	摩擦和磨损小，可传递较大动力。但结构较复杂，不宜用于高速传动		
	平底从动件	润滑较好，可用于高速传动，但不能用于凸轮轮廓呈凹形的场合		
按凸轮与从动件维持高副接触（锁合）的方式分类	力锁合	利用从动件的重力、弹簧力或其他外力保持从动件与凸轮接触		
	形锁合	利用高副接触的特殊几何结构保持从动件与凸轮接触		

四、凸轮的材料

凸轮的主要失效形式是磨损和疲劳点蚀，这就要求凸轮和滚子的工作表面硬度高、耐磨且具有足够的表面接触强度，并能承受较大的表面应力。在选择凸轮材料时，主要是考虑凸轮机构所承受的冲击载荷和磨损等问题。通常凸轮用 45 钢或 40Cr 钢制造，表面淬火硬度至 52～58HRC；要求更高时，可用 15 钢、20Cr 钢、20CrMnTi 钢渗碳并淬火至 56～62HRC，渗碳层深度一般为 0.8～1.5 mm；或采用可进行氮化处理的钢材，经氮化处理后，使表面硬度达到 60～67HRC，以提高凸轮表面的耐磨性。

对于轻载凸轮，也可以使用优质灰铸铁，或 45 钢调质处理到 22～26HRC。

应该注意的是凸轮机构中滚子材料的选用。滚子比凸轮容易制造，而且损坏后更换也很方便，当滚子采用与凸轮相同的材料和热处理方法时，在工作中滚子总比凸轮先磨损，故滚子可用与凸轮相同的材料制造，也可采用 20Cr 钢经渗碳处理，其表面硬度达 56～62HRC，渗碳层深度达 1～1.5 mm，或用碳素工具钢 T8 等淬硬到 55～59HRC。

思考与练习

一、填空题

1. 凸轮机构是________副机构。

2. 凸轮机构主要由________、________和________三个基本构件所组成，凸轮是________件，并做________运动。

3. 根据凸轮机构从动件的末端形状分有________从动件、________从动件和________从动件。

二、选择题

1. 能够实现从动件绕固定点摆动的凸轮机构是（　　）。

A. 盘形凸轮机构　　B. 圆柱凸轮机构　　C. 移动凸轮机构

2.（　　）的摩擦阻力较小，传力能力大。

A. 尖顶从动件　　B. 滚子从动件　　C. 平底从动件

三、简答题

1. 凸轮机构有哪些类型？

2. 凸轮的常用材料有哪些？

课题二　凸轮机构从动件的运动规律

◆ 了解凸轮机构的相关参数。

◆ 了解等速运动规律和等加速等减速运动规律。

◆ 能绘制等速运动规律和等加速等减速运动规律的位移曲线。

想一想

凸轮机构能否按预期的运动规律正常工作，主要取决于凸轮的轮廓曲线，因此，在设计凸轮轮廓曲线之前，首先应根据工作要求确定从动件的运动规律，加工凸轮的依据就是确定凸轮的轮廓曲线。那么凸轮轮廓与从动件的运动有什么样的关系呢？从动件的运动规律又有哪些？

一、凸轮轮廓曲线的基本参数

1. 基圆半径 r_b

凸轮轮廓上的最小半径 r_b 称为基圆半径，以凸轮的最小半径 r_b 所做的圆称为凸轮的基圆。

基圆半径受到以下三方面的限制：

(1) 基圆半径 r_b 应大于凸轮轴的半径。

(2) 应使机构的最大压力角 α_{max} 小于或等于许用压力角 $[\alpha]$。

(3) 应使凸轮实际轮廓线的最小曲率半径大于许用值，即 $\rho_{smin} \geqslant [\rho_s]$

2. 行程 h 和转角 δ

在图 5—2—1 所示位置，尖顶与凸轮轮廓上的 A 点相接触，从动件处于最低位置，此时为从动件上升的起始位置。凸轮以逆时针转过一个角度 δ 时，从动件将上升位移 s。当凸轮转过角度 δ_0 时，其 AB 段轮廓将从动件按一定规律推至最高位置 B'。从动件的这一过程称为推程，其对应走过的距离 h 称为从动件的行程；而凸轮转过的角度 δ 称为转角。图 5—2—1 中与推程对应的转角 δ_0 称为推程运动角；当凸轮继续转过 δ_1 时，其间凸轮的径向尺寸不变，从动件在最远位置静止不动，δ_1 称为远停程角；当凸轮继续转动 δ_2 时，从动件按一定的运动规律回到起始位置，这一过程称为回程，其对应的凸轮转角 δ_2 称为回程运动角；凸轮继续转过 δ_3 时，从动件在最近位置静止不动，δ_3 称为近停程角。

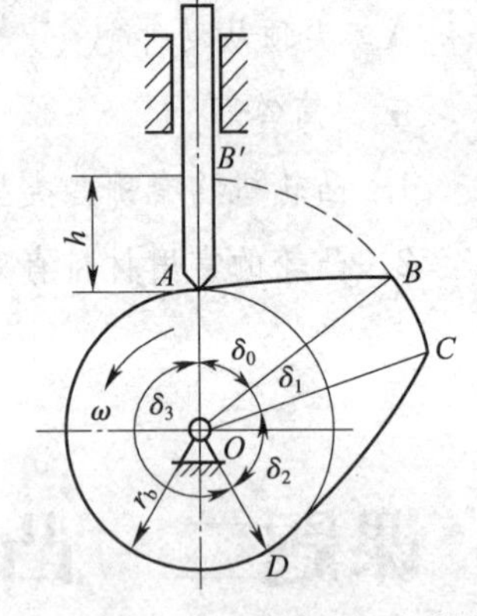

图 5—2—1 凸轮的行程与转角

3. 压力角 α

(1) 压力角的概念

如图 5—2—2 所示，凸轮机构在升程的某个位置，不计摩擦时，凸轮作用于从动杆上的推力 F_n 将沿接触点 B 的法线方向。作用力 F_n 与从动杆速度 v 所夹的锐角 α 称为凸轮机构在图示位置的压力角。显然，压力角 α 越大，推动从动杆运动的有效分力

$F_y = F_n\cos\alpha$ 越小，分力 $F_x = F_n\sin\alpha$ 越大，由此引起导轨中的摩擦阻力越大。当压力角 α 达到某一数值时，有效分力 F_y 已不能克服由 F_x 所引起的摩擦阻力，于是无论力 F_n 多大，也不能使从动杆运动，从而出现自锁。为了保证凸轮机构正常工作，并具有较高的传动效率，必须限制凸轮的最大压力角不得超过许用值 $[\alpha]$。对于移动从动杆凸轮机构，升程中，$[\alpha] \leqslant 30°$；回程中，$[\alpha] \leqslant 70°\sim80°$。

(2) 凸轮机构的压力角与凸轮基圆半径的关系

如图 5—2—3 所示，其他条件相同时，若 r_b 取得较大，则压力角较小，受力情况良好，但机构的尺寸较大；反之，基圆半径 r_b 取得越小，结构越紧凑，但压力角越大，机构的传力性能将越差。

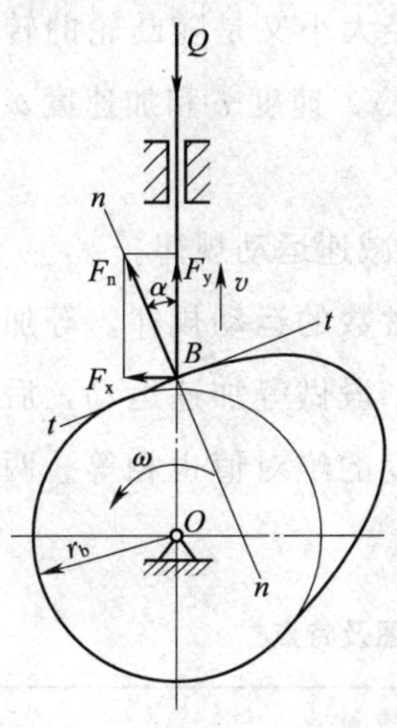

图 5—2—2　凸轮机构的压力角

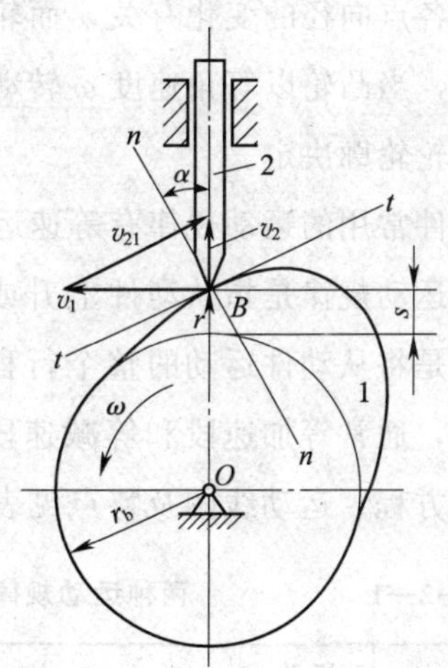

图 5—2—3　压力角与基圆半径的关系

滚子半径的选择

采用滚子从动件时，凸轮的轮廓曲线形状与滚子半径 r_T 的大小直接相关。设凸轮实际轮廓线曲率半径为 ρ'，理论轮廓线曲率半径为 ρ，滚子半径为 r_T。如图 5—2—4a 所示，对于凸轮内凹部分，$\rho' = \rho + r_T$，无论 r_T 大小如何，实际轮廓线总可以画出来。而对于凸轮外凸部分，若 $\rho > r_T$，如图 5—2—4b 所示，实际轮廓线可以画出来；若 $\rho = r_T$，如图 5—2—4c 所示，此处实际轮廓线变尖，凸轮容易磨损；若 $\rho < r_T$，如图 5—2—4d 所示，图中阴影部分表示此处实际轮廓线相交，在加工时将被切去，使从动件不能与这部分轮廓线接触，因而从动件将不能实现预期的运动规律，这种现象称为运动失真。为了避免凸轮工作轮廓线变尖或运动失真，一般要求 $r_T < 0.8\rho_{min}$，凸轮工作轮廓线的最小曲率半径一般不小于 3～5 mm。

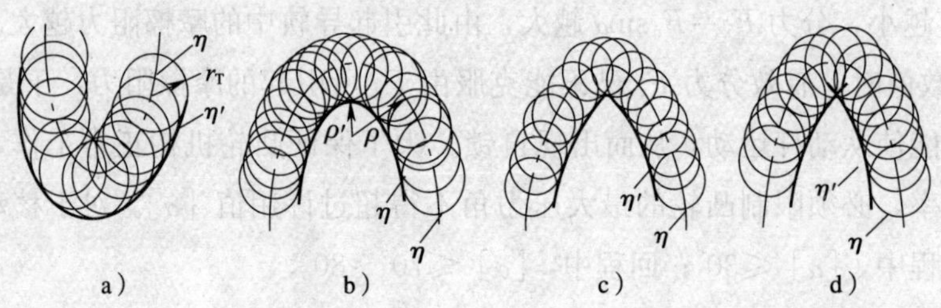

图 5—2—4　滚子半径的选择

二、从动件常用运动规律

通常，主动凸轮等速转动，从动件做往复移动或摆动。从动件的运动直接与凸轮轮廓线上各点向径的变化有关，而轮廓曲线上各点向径大小又是随凸轮的转角而变化的。因此，当凸轮以等角速度 ω 转动时，从动件的位移 s、速度 v 和加速度 a 的变化规律都由凸轮轮廓决定。

从动件常用的运动规律有等速运动规律和等加速等减速运动规律。

等速运动规律是指从动件上升或下降的速度为一常数的运动规律。等加速等减速运动规律是将从动件运动的整个行程 h 分为两段，前半段做等加速运动，后半段做等减速运动，通常等加速段和等减速段时间相等，加速度的绝对值也相等。两种运动规律的运动方程、运动线图及特点见表 5—2—1。

表 5—2—1　　两种运动规律的运动方程、运动线图及特点

运动规律	运动方程	运动线图		
			推程	回程
等速运动规律（特点：从动件运动的起始和终止位置速度有突变，使加速度达到无穷大，产生刚性冲击，适用于凸轮做低速回转、从动件质量小的场合）	$s=\frac{v}{\omega}\delta$ $v=$常数 $a=0$	位移线图	s, h, O, δ, δ_1	s, h, O, δ, δ_2
		速度线图	v, v_1, O, δ	v, v_2, O, δ
		加速度线图	a, +∞, O, δ, −∞	a, +∞, O, δ, −∞

续表

运动规律	运动方程	运动线图		
			推程	回程
等加速等减速运动规律（特点：速度曲线连续，避免了刚性冲击。加速度曲线在运动的起始、中点和终止位置发生有限突变，产生柔性冲击，适用于凸轮做中速回转、从动件质量不大的场合）	$s=\frac{a}{2\omega^2}\delta^2$ $v=\frac{a}{\omega}\delta$ $a=$常数	位移线图	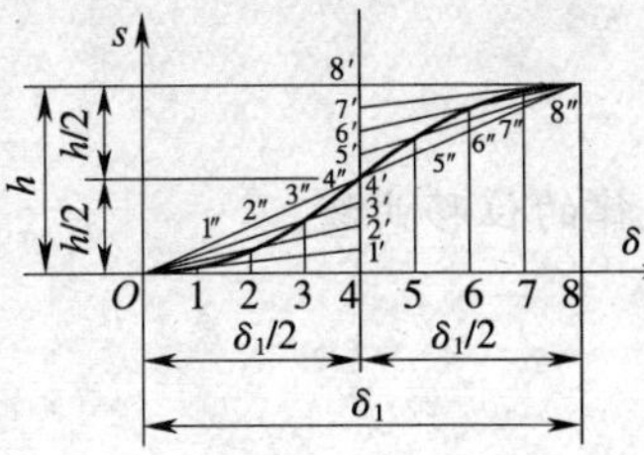	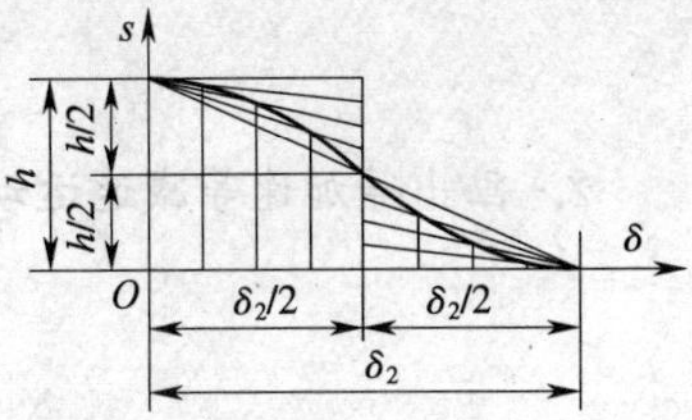
		速度线图	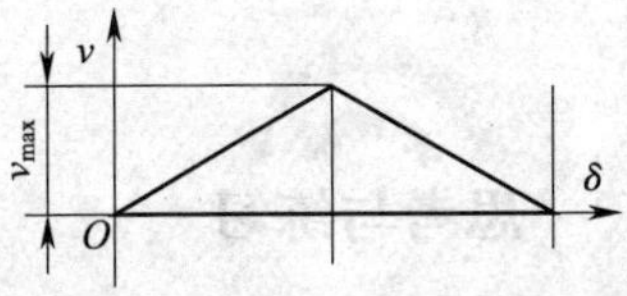	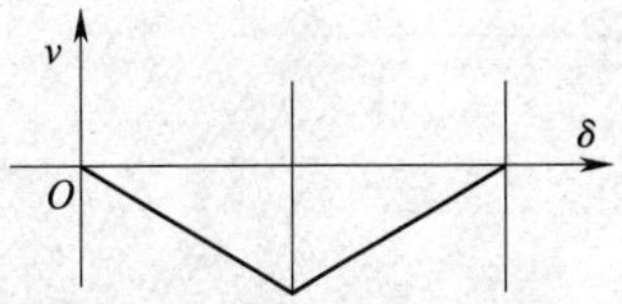
		加速度线图	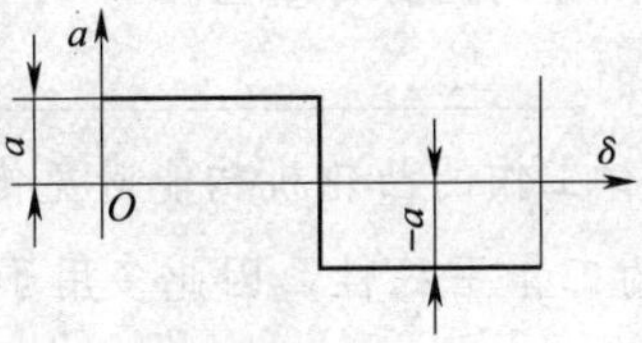	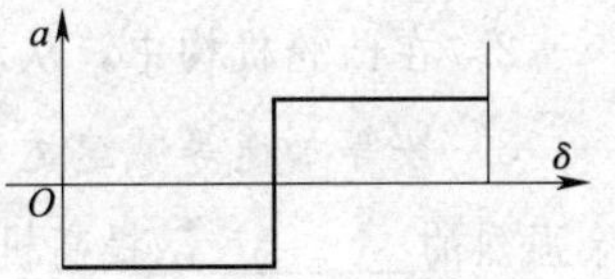

等加速等减速运动规律位移曲线见表 5—2—1，其作图方法如下：

1. 画出坐标轴，以横坐标代表凸轮转角 δ，以纵坐标代表从动件的位移 s。

2. 选取适当的长度比例尺（实际长度/图示长度）μ_1（mm/mm）和角度比例尺（实际角度/图示长度）μ_δ（°/mm），在横坐标上按角度比例尺 μ_δ 截取推程角 δ_1 及其半角$\frac{\delta_1}{2}$，在纵坐标上按长度比例尺截取行程 h 及其一半$\frac{h}{2}$。

3. 将$\frac{\delta_1}{2}$分成若干等份，现取 4 等份，得分点 1、2、3、4。将$\frac{h}{2}$取相同的等份，得分点 $1'$、$2'$、$3'$、$4'$。连接抛物线顶点 O 与各分点 $1'$、$2'$、$3'$、$4'$，得斜线 $O1'$、$O2'$、$O3'$、$O4'$，过分点 1、2、3、4 做垂线分别与斜线 $O1'$、$O2'$、$O3'$、$O4'$相交于 $1''$、$2''$、$3''$、$4''$。

4. 用平滑的曲线连接顶点 O 及各交点 $1''$、$2''$、$3''$、$4''$，即得等加速段的位移曲线。

用同样的方法可画出等减速段及回程的位移曲线。

教学互动

1. 画出等速运动规律的位移曲线。

2. 画出等加速等减速运动规律的位移曲线。

思考与练习

一、填空题

1. 以凸轮的________半径所做的圆称为基圆。

2. 在凸轮机构中，从动件的________________________________称为行程。

3. 按等加速等减速运动规律工作的凸轮机构能避免传动中突然的________，消除强烈的________，提高机构的工作平稳性，因此多用于凸轮转速________和从动件质量________的场合。

二、选择题

1. 等速运动规律的位移曲线是（　　）。

A. 一段斜直线　　B. 一段抛物线　　C. 两段抛物线

2. 等加速等减速运动规律的位移曲线是（　　）。

A. 一段斜直线　　B. 一段抛物线　　C. 两段抛物线

3. 按等速运动规律工作的凸轮机构（　　）。

A. 会产生刚性冲击　　B. 会产生柔性冲击

C. 适用于凸轮做高速转动的场合　　D. 适用于从动件质量较大的场合

4. 凸轮机构（　　）。

A. 可以任意拟定从动件的运动规律

B. 可以用在对从动件的运动规律要求严格的场合

C. 是高副机构，可以传递很大的动力，但不可高速启动

D. 不可作为间歇运动机构

模块六 理论力学基础

课题一　静力学基础

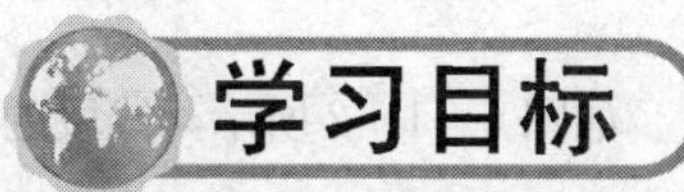

学习目标

- ◆ 理解力、平衡、刚体和约束等静力学基本概念。
- ◆ 理解静力学各公理的内涵及其应用。
- ◆ 掌握常见约束的结构、性质及相应约束反力的特征。
- ◆ 能够正确分析物体的受力情况，画出单个物体和物体系统的受力图。

想一想

如图 6—1—1 所示，翻斗处于静止状态，自卸载重汽车翻斗可绕铰链支座 A 转动，油缸推杆 BE 是二力构件，推杆 BE 受到油缸推力为 2 000 N，翻斗重 P=1 000 N，如何画出推杆 BE 和翻斗的受力图？

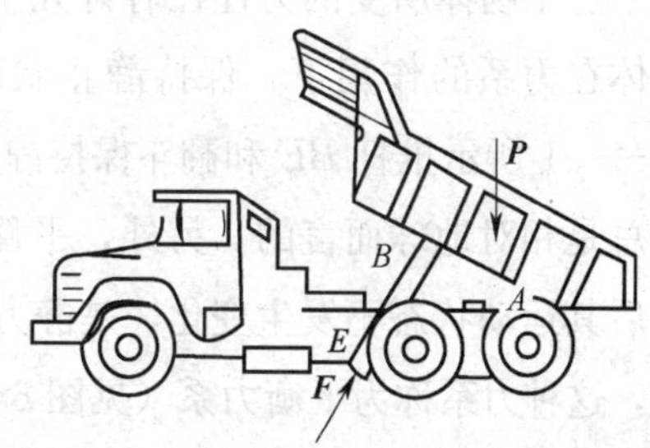

图 6—1—1　自卸载重汽车受力情况

对自卸载重汽车进行受力分析、画受力图，要掌握受力图、平衡、约束等有关基本知识。

一、静力学基本概念

1．力的概念

力是物体间相互的机械作用。力不能脱离物体而存在，即施力物体和受力物体同时存在。

力的作用效果是使物体的运动状态发生变化，称为力的外效应。而力使物体发生变形的效应称为力的内效应，工程上实际构件的变形都很微小，略去不计不但不会对研究结果产生显著影响，而且会使研究的问题大大简化。

力对物体的作用效果取决于力的三个要素：力的作用点、力的方向、力的大小。力的作用点表示力作用在物体上的部位。力的三要素任何一个要素的改变，都会使力的作用效果改变。

把力的三要素用带箭头的有向线段表示出来叫力的图示。如图 6—1—2 所示，线段的长度（按一定比例画出）表示力的大小，箭头的指向表示力的方向，线段的起始点或终止点表示力的作用点。通过力的作用点，沿力的方向的直线，叫作力的作用线。如图6—1—2a所示，表示推力 **F** 沿水平方向向左，作用点在 *A* 点，大小为 30 N；图 6—1—2b 表示重力 **G** 竖直向下，作用点在物体的重心，大小为 20 N。本书用黑体字母表示矢量，记为 **F**。

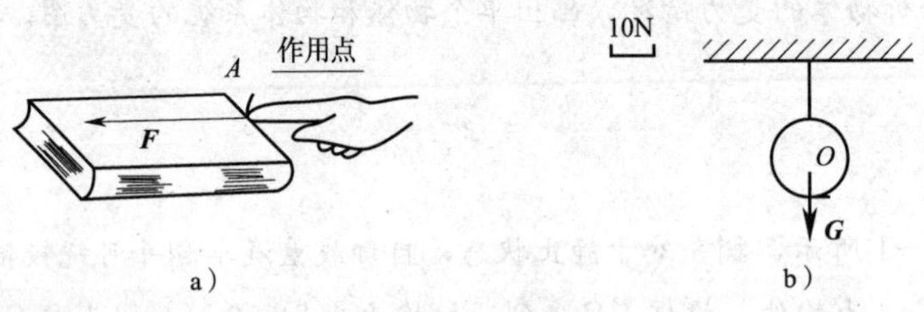

图 6—1—2　力的图示

2．平衡的概念

一个物体所受的力往往有好几个，同时作用在同一物体上的许多力称为力系。当物体在力系的作用下，保持静止状态或做匀速直线运动称物体处于平衡状态。如图 6—1—1 所示推杆 *BE* 和翻斗保持静止不动，即视为平衡状态。如果没有特殊说明，平衡总是相对地球而言的。另外，平衡只是物体机械运动中的一种特殊情况，即物体受力后其运动状态不发生变化，是静力学研究的范畴。如果物体在力系作用下处于平衡状态，这种力系称为平衡力系（见图 6—1—3），力系平衡的条件称为平衡条件。

在外力作用下形状和大小都保持不变的物体称为刚体。静力学中研究物体平衡时，都把它看作刚体，图 6—1—1 所示推杆 *BE* 和翻斗都是刚体。

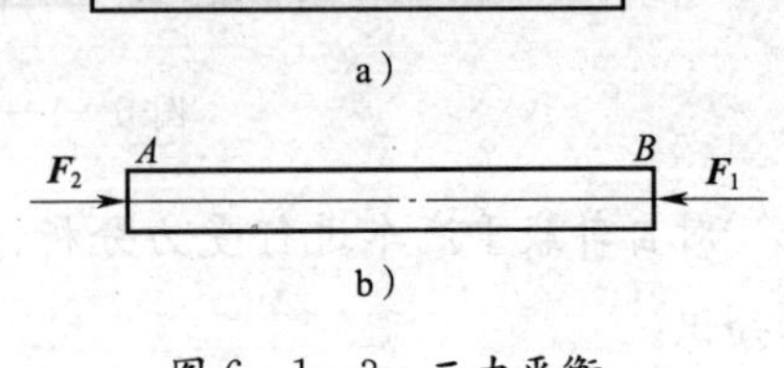

图 6—1—3　二力平衡

3. 约束的概念

引起物体运动或使物体有运动趋势的力称为主动力。如重力、拉力等。主动力是促使物体运动的力，主动力一般是已知的。

限制物体某些运动的条件称为约束，约束作用于被约束物体上的力称为约束反力。约束反力是被动力，被动力一般是未知的。如图 6—1—1 所示，铰链 A 限制自卸载重汽车的翻斗转动，铰链 A 就是翻斗的约束，铰链 A 作用于翻斗上的力，即铰链 A 对翻斗的约束反力。约束反力属于被动力，大小一般是未知的。在静力学中，主动力和约束反力组成平衡力系，约束反力的大小可利用平衡条件来定量计算。

常见约束的类型及其约束反力如下：

(1) 光滑面约束

两个相互接触的物体，不计摩擦，它们之间的约束称为光滑面约束。受此类约束的物体可在光滑的支承面上自由滑动，也可向离开支承面的方向运动。光滑面约束反作用力通过接触点，方向总是沿接触面公法线而指向受力物体。通常用符号 **N** 表示此类约束反力，如图 6—1—4 所示。

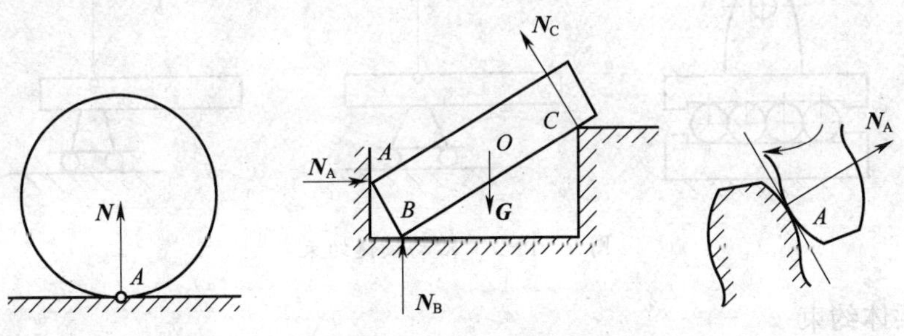

图 6—1—4 光滑面约束

(2) 铰链约束

两机构采用圆柱销所形成的连接称为铰链连接，而铰链所构成的约束称为铰链约束，如图 6—1—5 所示。常见的铰链约束有两种：

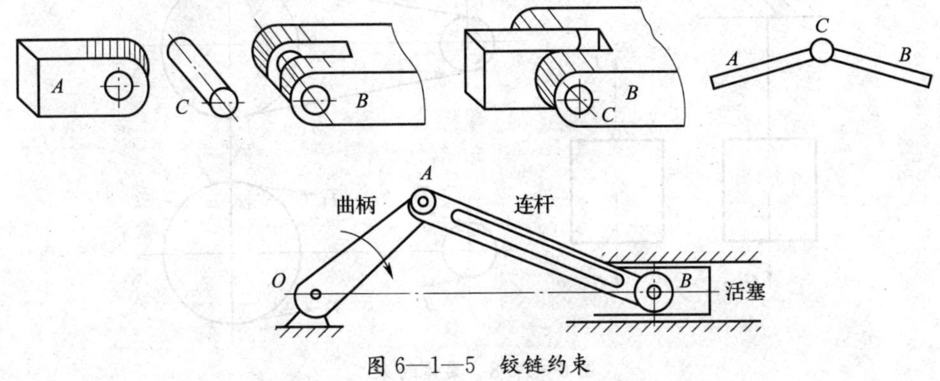

图 6—1—5 铰链约束

1）固定铰链约束。铰链支座固定不动，杆件受到固定铰链约束时，只能绕圆柱形销子转动。其约束反力必沿着接触面的公法线且通过销子中心，如图 6—1—6 所示。

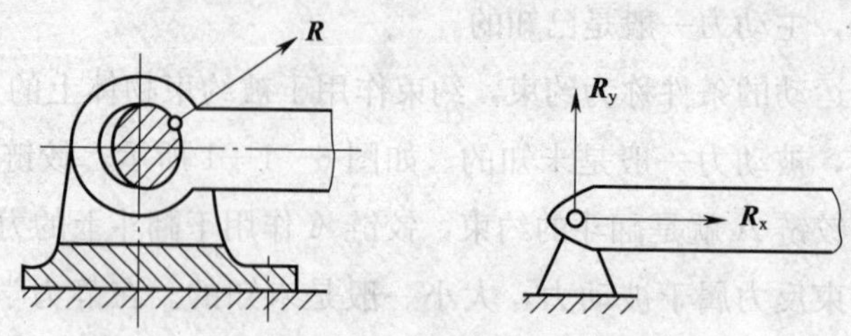

图 6—1—6　固定铰链约束

2）活动铰链约束。铰链支座可以活动的铰链约束称为活动铰链约束。杆件受到活动铰链约束，杆件做复杂的平面运动。活动铰链支座的约束反力的作用线必通过铰链中心，并垂直于支承面，如图 6—1—7 所示。

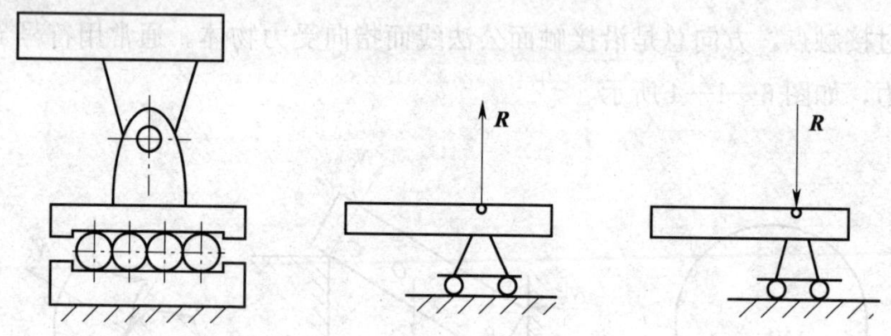

图 6—1—7　活动铰链约束

（3）柔体约束

由柔绳、链条、皮带等所组成的约束称为柔体约束。柔体约束只能承受拉力，不能承受压力。其约束反力作用于连接点，方向沿着柔体而背离物体，通常用 T 或 S 表示这类约束反力。例如钢索吊起重物，如图 6—1—8 所示。

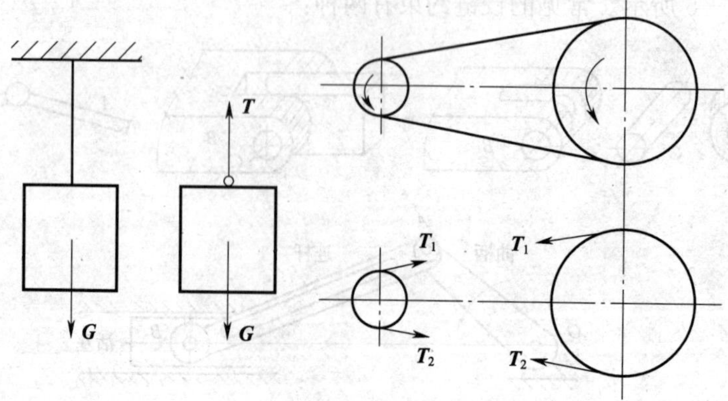

图 6—1—8　柔体约束

（4）固定端约束

一端固定，另一端为自由的支座称为固定端约束，如建筑物上的阳台。固定端约束反力将在后面章节具体分析说明，如图 6—1—9 所示。

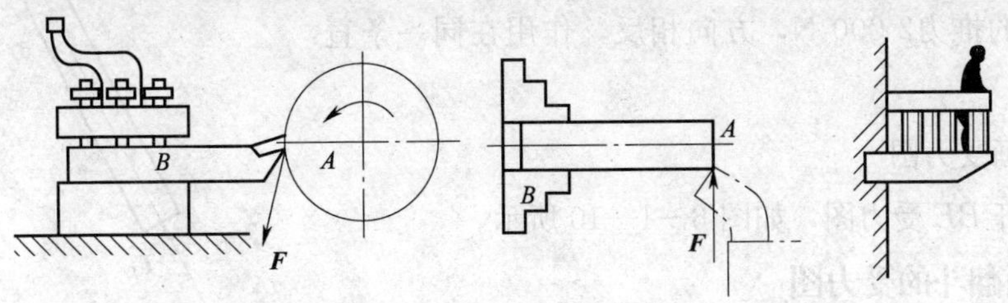

图 6—1—9　固定端约束

二、受力图的画法

为了清楚地表示物体的受力情况，首先需要把所研究的物体从周围物体中分离出来，单独画出它的简图，这种从周围物体中隔离出来的物体称为分离体，画出分离体上所有作用力的图，称为物体的受力图。

画受力图的主要步骤如下：

（1）选取研究对象

根据题目要求确定研究对象，将研究对象从与它相联系的周围物体（约束）中分离出来，用最简明的轮廓单独画出。

（2）受力分析

分析研究对象的受力情况，包括研究对象所受的主动力以及哪些物体（约束）对研究对象有力的作用。

（3）画受力图

画出作用在研究对象上的全部已知力和约束反力。

1．画推杆 *BE* 的受力图

（1）选取研究对象

选推杆 *BE* 为研究对象，画出它的简图。

（2）受力分析

推杆 *BE* 受油缸对它的推力和翻斗对它的作用力，是一个二力构件并处于平衡状态。推杆受力情况要通过二力平衡公理确定。

相关定理

二力平衡公理：刚体只受两个力作用而处于平衡状态时，这两个力的大小相等、方向相反，且作用在同一条直线上。

根据二力平衡公理，推杆 BE 在油缸 E 处受到的力 F_E，方向由 E 指向 B；在 B 处受到翻斗的约束力 F_B，方向由 B 指向 E。两个力大小相等，且都等于油缸对推杆的推力2 000 N，方向相反，作用在同一条直线上。

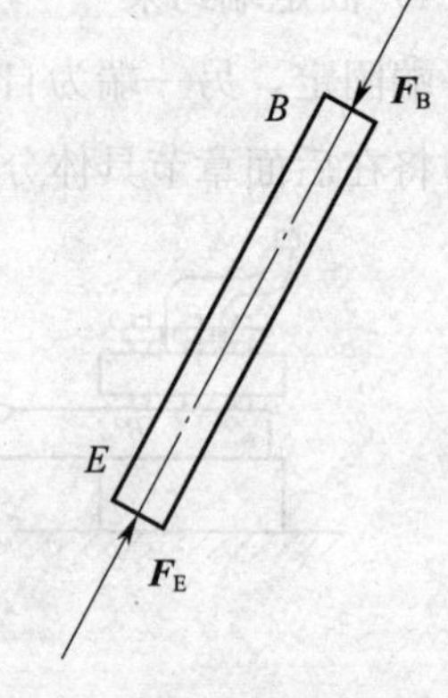

图 6—1—10　推杆 BE 的受力图

（3）画受力图

画推杆 BE 受力图，如图 6—1—10 所示。

2. 画翻斗的受力图

（1）选取研究对象

选取翻斗为研究对象，画出它的简图（见图 6—1—11）。

（2）受力分析

翻斗受到三个力的作用：翻斗自身重力 $\boldsymbol{P}$，作用于翻斗的重心，方向竖直向下，大小为翻斗的重量 P 即 1 000 N；铰链 B 为外约束，对翻斗的约束反力 $\boldsymbol{R}_B$；铰链 A 为外约束，对翻斗的约束反力 $\boldsymbol{R}_A$。

1）确定 B 处的约束反力 R_B。铰链 B 存在着推杆 BE 和翻斗之间的作用力与反作用力。铰链 B 对翻斗的作用力要通过作用与反作用公理来确定。

相关定理

作用与反作用公理：两个物体间的作用力与反作用力总是成对出现，分别作用在两个物体上，且大小相等、方向相反，作用在同一条直线上。

根据作用与反作用公理和推杆 BE 受力情况，已知推杆 BE 受到翻斗的作用力 $\boldsymbol{F}_B$ 方向沿推杆方向，大小等于油缸对推杆的作用力即 F_E 为 2 000 N，所以推杆 BE 对翻斗的作用力 $\boldsymbol{R}_B$ 方向与 $\boldsymbol{F}_B$ 相反，大小与 F_B 相等即为 2 000 N，且与 F_B 在同一条直线上。作用于翻斗上 B 点。

2）确定 A 处的约束反力 $\boldsymbol{R}_A$。铰链 A 处对翻斗的约束反力 $\boldsymbol{R}_A$ 通过铰链 A 的中心，翻斗受到 $\boldsymbol{P}$、$\boldsymbol{R}_B$、$\boldsymbol{R}_A$ 三个力作用处于平衡状态。所以铰链 A 对翻斗的作用力 $\boldsymbol{R}_A$ 的方向可以通过三力平衡汇交定理来确定。

相关定理

三力平衡汇交定理：若作用于物体同一平面上的三个不平行的力构成平衡力系，则它们的作用线必汇交于一点。

翻斗受到 $\boldsymbol{P}$、$\boldsymbol{R}_B$、$\boldsymbol{R}_A$ 三个力作用而处于平衡状态，这三个力在同一个平面内，所以 $\boldsymbol{R}_A$ 的作用线必通过 $\boldsymbol{P}$、$\boldsymbol{R}_B$ 两作用力的交点 O 和点 A，如图 6—1—11 所示。

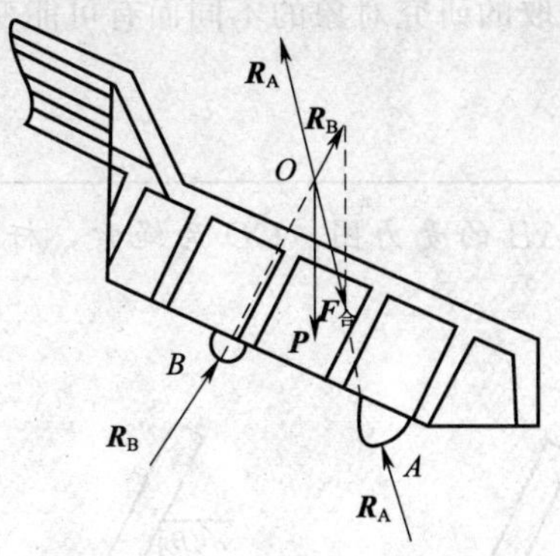

图 6—1—11　翻斗的受力图

翻斗受 $\boldsymbol{P}$、$\boldsymbol{R}_B$、$\boldsymbol{R}_A$ 三个力作用汇交于一点，可以用力的平行四边形法则进行合成。

相关定理

力的平行四边形法则：作用于物体上同一点的两个力，可以合成为一个合力。合力也作用于该点，合力的大小和方向，用这两个力为邻边所构成的平行四边的对角线确定。

翻斗受 $\boldsymbol{P}$、$\boldsymbol{R}_B$、$\boldsymbol{R}_A$ 三个交于一点的力的作用而处于平衡状态。所以 $\boldsymbol{P}$、$\boldsymbol{R}_D$、$\boldsymbol{R}_A$ 的合力为零。$\boldsymbol{R}_A$ 必定与 $\boldsymbol{P}$ 和 $\boldsymbol{R}_B$ 的合力为一对平衡力。可以先对 $P=1\ 000$ N 与 $R_B=2\ 000$ N用平行四边形法则合成，$\boldsymbol{R}_A$ 必与 $\boldsymbol{P}$、$\boldsymbol{R}_B$ 的合力大小相等，方向相反，在同一条直线上。

(3) 画受力图。画翻斗受力图，如图 6—1—11 所示。

三、画受力图的注意事项

1. 不要漏画力

研究对象所受的全部力包括已知力、约束反力，都要一个不漏地画出来。画约束反力时，要解除约束，而用约束反力来代替它的作用。

2. 不要多画力

力是物体间相互的机械作用。因此对于研究对象所受的每一个力，都要明确地指出它是哪个物体施加的，如果找不出施力物体，那么这个力就是多余的。

3. 不要错画力的方向

主动力的方向由已知条件确定，不能任意改变，约束反力的指向必须要严格地按照所受的约束类型来确定。

4．不要画物体的内力

要注意物体的内力随选取的研究对象的不同而有可能变化成外力。

教学互动

画出图 6—1—12 中杆 *AB* 的受力图。*CD* 为绳索，杆与墙、杆与地面的接触表面都是光滑的。

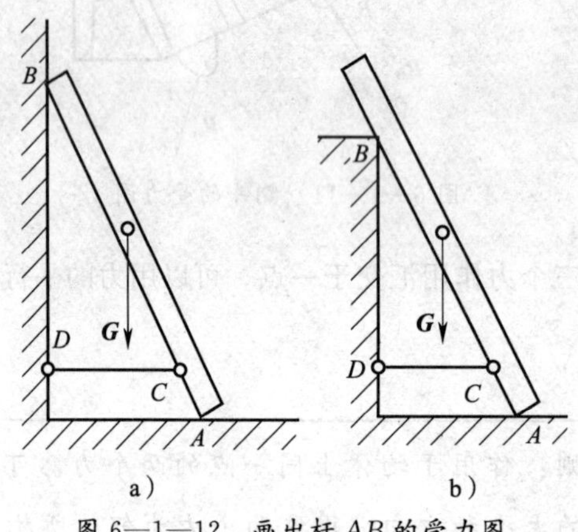

图 6—1—12　画出杆 *AB* 的受力图

思考与练习

一、填空题

1．力是________，其作用效果取决于________、________和________。

2．约束反力是________________的力，属于________力。它的作用点应在________________，它的方向应与________________。

二、名词解释

1．约束

2．平衡

三、简答题

1．什么是约束？工程上常见的约束有哪几种类型？确定约束反力的原则是什么？

2．画受力图时有哪些注意事项？

课题二　平面汇交力系及平衡

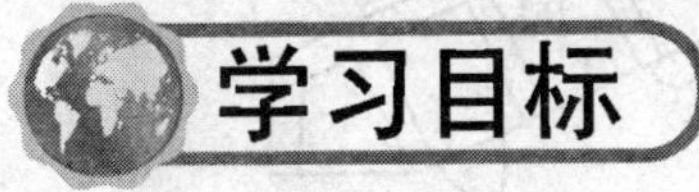

◆ 理解力的可传性原理和合力投影定理。

◆ 理解力的合成多边形法则。

◆ 熟悉任意力向坐标轴分解的方法并能正确列出平面汇交力系的平衡方程。

◆ 掌握用几何法求解平面汇交力系未知力的方法。

◆ 掌握用解析法求解平面汇交力系的未知力的方法。

如图 6—2—1 所示为汽车制动操纵装置，制动时用力 $\boldsymbol{F}$ 踩踏板，通过拉杆 CD 而使汽车制动。设 $F=100$ N，踏板和拉杆自重不计，思考如何求图示位置时拉力 Q 及铰链支座 B 的约束反力。

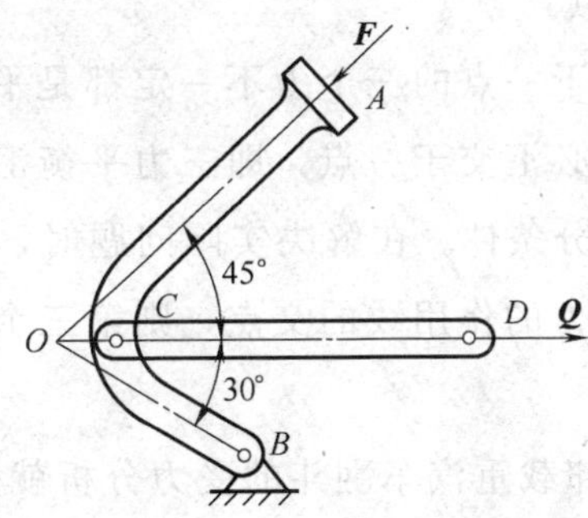

图 6—2—1　汽车制动操纵装置

对未知力进行求解，要掌握平面汇交力系、平面汇交力系的平衡、三力平衡汇交定理等有关基本知识。

一、平面汇交力系

平面汇交力系：作用于物体上各力的作用线都在同一平面内且相交于一点的力系。平面汇交力系是一种特殊的力系。例如课题一中自卸载重汽车，作用在推杆 BE 上的两

个力 $\boldsymbol{F}_{\mathrm{B}}$、$\boldsymbol{F}_{\mathrm{E}}$是平面汇交力系，作用在翻斗如图 6—2—2a 所示的三个力 $\boldsymbol{P}$、$\boldsymbol{R}_{\mathrm{B}}$、$\boldsymbol{R}_{\mathrm{A}}$也是平面汇交力系（见图 6—2—2b）。

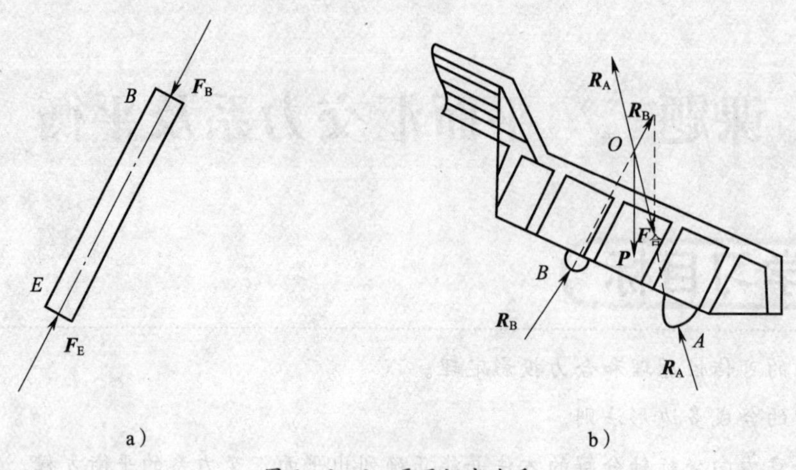

图 6—2—2　平面汇交力系

a）推杆　b）翻斗

前面课题一已经讲过，一个物体在力系的作用下保持静止状态或做匀速直线运动称该物体处于平衡状态。如果物体在力系作用下处于平衡状态，这种力系称为平衡力系，力系平衡的条件称平衡条件。平面汇交力系是力系中的一种，所以同样适用上述各种说法，下面分别讲述平面汇交力系受三个力作用而平衡的情况。

二、三力平衡汇交定理

三力平衡汇交定理：若作用于物体同一平面上的三个不平行的力构成平衡力系，则它们的作用线必汇交于一点。

同一平面内作用线汇交于一点的三个力不一定都是平衡的。但如果同一平面内三个力平衡则它们的作用线必汇交于一点，即三力平衡汇交定理是共面且不平行三力平衡的必要条件，而非充分条件。在解决实际问题时，若物体受同一平面中三力作用而平衡，并知道其中两力的作用线的交点，则第三个力的方位便可以由此定理推知。

如图 6—2—2 所示，自卸载重汽车翻斗的受力分析就是利用三力平衡汇交定理，已知两个力推知第三个力的方位。如图 6—2—3a 所示钢架受力分析，受三个力 $\boldsymbol{P}$、$\boldsymbol{R}_{\mathrm{A}}$、$\boldsymbol{R}_{\mathrm{B}}$的作用而处于平衡状态。其中 $\boldsymbol{P}$ 为已知力，方向水平向右；$\boldsymbol{R}_{\mathrm{A}}$和 $\boldsymbol{R}_{\mathrm{B}}$属于约束反力，其中，$\boldsymbol{R}_{\mathrm{B}}$应垂直于支承面，而 $\boldsymbol{R}_{\mathrm{A}}$的方向本属未定，但由三力平衡汇交定理可推知 $\boldsymbol{R}_{\mathrm{A}}$的作用线必通过 $\boldsymbol{P}$ 和 $\boldsymbol{R}_{\mathrm{B}}$的作用线的交点 D，如图 6—2—3b 所示。

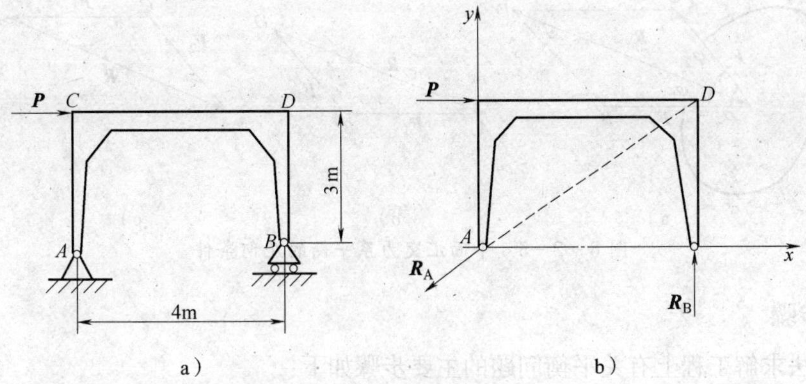

图 6—2—3　钢架受力分析

三、几何法

1. 定义

几何法是利用几何作图求解未知力的方法。

2. 平面汇交力系平衡的几何条件

（1）力的多边形法则

实际利用几何法求解未知力时，只要将力系中各力依次首尾相接地连成折线，然后用一有向线段连接折线的首、末两点，即可得一封闭的多边形，封闭边即为该力系的合力。上述方法称为力的多边形法则，如图 6—2—4 所示。

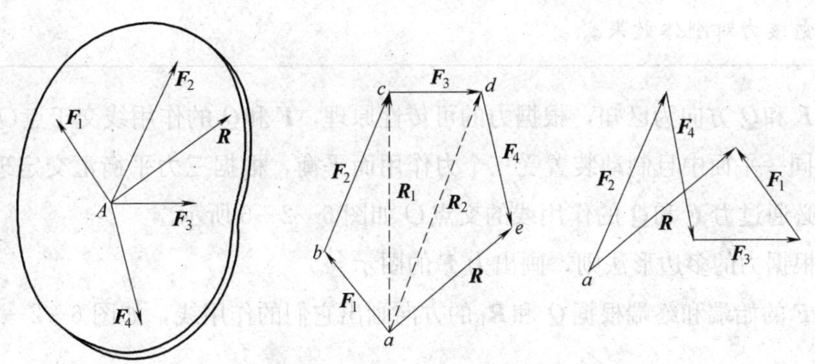

图 6—2—4　力的多边形法则

（2）平面汇交力系平衡的几何条件

如果用几何法求平面汇交力系的合力时，各力所构成的力的多边形自行封闭，即第一个力的始端与最后一个力的终端相重合，即合力等于零，则该力系为平衡力系。所以平面汇交力系平衡的几何条件：该力系的力多边形自行封闭，即合力等于零，如图 6—2—5 所示。

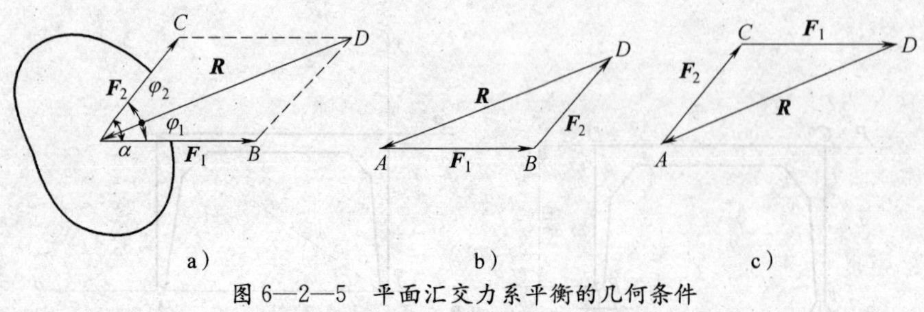

图 6—2—5　平面汇交力系平衡的几何条件

3．步骤

几何法求解工程上有关平衡问题的主要步骤如下：

（1）确定研究对象，进行受力分析，画受力图。

（2）利用力的合成多边形法则画出各力图示。

（3）利用平面汇交力系平衡的几何条件画出未知力（包括大小和方向）。

4．用几何法求解汽车制动操纵装置的未知力

（1）确定整个制动装置（包括踏板和拉杆）为研究对象

受力分析如下：整个制动装置受到三个力，即踩踏板的主动力 $\boldsymbol{F}$、拉杆拉力 $\boldsymbol{Q}$ 和支座反力 $\boldsymbol{R}_{\mathrm{B}}$ 的作用而处于平衡状态。

相关定理

力的可传性原理：作用于刚体某点的力，可以沿其作用线移到刚体上任意一点，而不会改变该力对刚体效果。

上述 $\boldsymbol{F}$ 和 $\boldsymbol{Q}$ 方向为已知，根据力的可传性原理，$\boldsymbol{F}$ 和 $\boldsymbol{Q}$ 的作用线交于点 O。$\boldsymbol{R}_{\mathrm{B}}$、$\boldsymbol{F}$ 与 $\boldsymbol{Q}$ 处于同一平面中且制动装置受三个力作用而平衡，根据三力平衡汇交定理可得 $\boldsymbol{R}_{\mathrm{B}}$ 的作用线必通过力 $\boldsymbol{F}$ 和 $\boldsymbol{Q}$ 的作用线的交点 O 如图 6—2—6 所示。

（2）根据力的多边形法则，画出力 $\boldsymbol{F}$ 的图示

在力 $\boldsymbol{F}$ 的始端和终端根据 $\boldsymbol{Q}$ 和 $\boldsymbol{R}_{\mathrm{B}}$ 的方向画出它们的作用线，如图 6—2—7 所示。

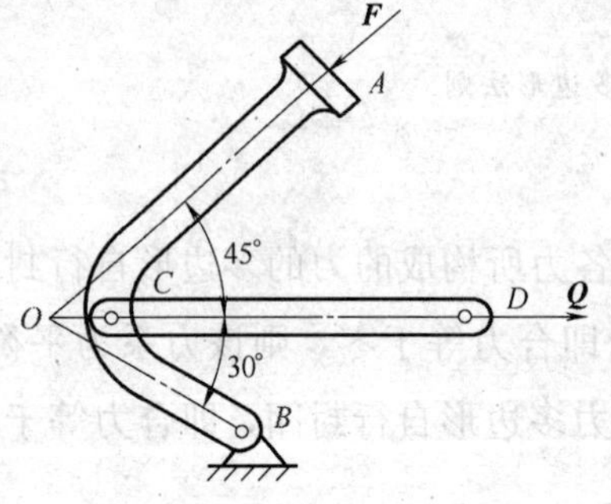

图 6—2—6　汽车制动操纵装置的受力求解

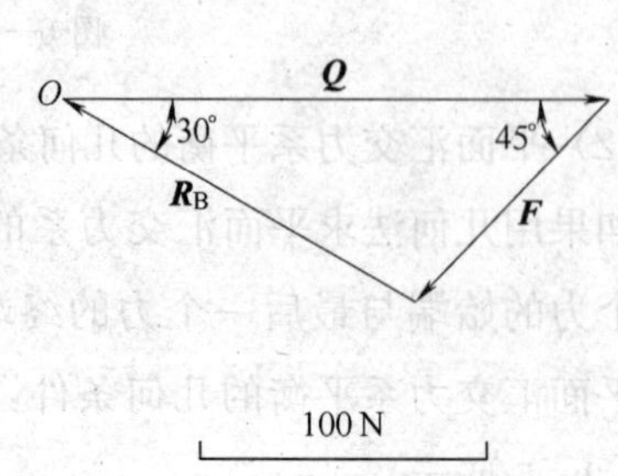

图 6—2—7　力 $\boldsymbol{F}$ 的图示

（3）$\boldsymbol{F}$、$\boldsymbol{Q}$、$\boldsymbol{R}_B$为平面汇交平衡系

而平面汇交力系的平衡条件：各力首尾相连组成的力的多边形自行封闭。由此确定力 $\boldsymbol{R}_B$、$\boldsymbol{Q}$ 的图示。根据相应的比例尺算出 $\boldsymbol{R}_B$、$\boldsymbol{Q}$。

R_B＝141 N　　方向如图 6—2—7 所示；

Q＝193 N　　方向如图 6—2—7 所示。

相关定理

一个物体所受的力往往有好几个，同时作用在同一物体上的许多力称为力系。

按照作用在物体上的力系中的各力的作用线是否在同一平面内，可将力系分为平面力系和空间力系。凡各力作用线在同一平面内的力系称为平面力系；凡各力的作用线不在同一平面内的力系，称为空间力系。

平面力系中按照各力作用线是否相交或平行，可以将平面力系分为平面汇交力系、平面平行力系、平面力偶系、平面任意力系。

四、解析法

1．定义

解析法是通过力在坐标轴上的投影来分析力系的合成并利用平衡条件来求解未知力的方法。

2．平面汇交力系平衡的解析条件

（1）力在坐标轴上的投影

设在直角坐标系 xOy 平面内，有一已知力 $\boldsymbol{F}$，此力与 x 轴所夹的锐角为α，如图 6—2—8 所示，过力 $\boldsymbol{F}$ 的两端 A 和 B 分别向 x、y 轴引垂线，得垂足 a、b 和 a'、b'。线段 ab 和 $a'b'$分别为力 $\boldsymbol{F}$ 在 x 轴和 y 轴上的投影，用 F_x和 F_y表示。必须注意：

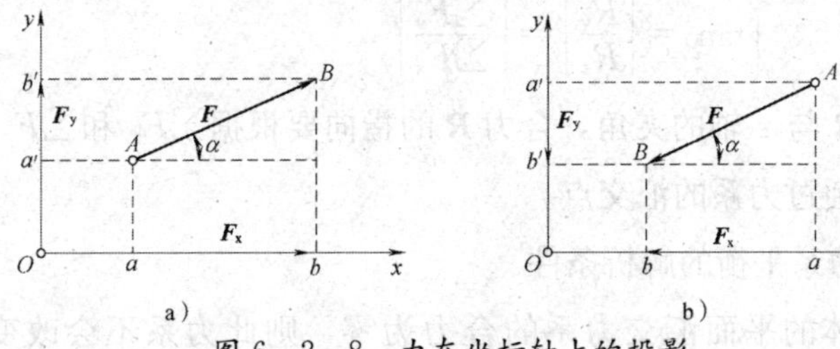

图 6—2—8　力在坐标轴上的投影

1）力在坐标轴上的投影是代数量，它有正负之分。当投影的指向与坐标轴的正向一致时，力的投影取正值，如图 6—2—8a 所示，即：

$$\begin{cases} F_x = F\cos\alpha \\ F_y = F\sin\alpha \end{cases}$$

反之取负值，如图 6—2—8b 所示，即：

$$\begin{cases}F_x=-F\cos\alpha\\F_y=-F\sin\alpha\end{cases}$$

2）力在坐标轴上投影的特殊情况：当力与坐标轴垂直时，力在该坐标轴上的投影为零。当力与坐标轴平行时，其投影的绝对值与该力的大小相等。

3）已知力 $\boldsymbol{F}$ 在坐标轴上的投影 F_x 和 F_y，则力 $\boldsymbol{F}$ 的大小和 $\boldsymbol{F}$ 与 x 轴的夹角 α 分别为：

$$\begin{cases}F=\sqrt{F_x{}^2+F_y{}^2}\\\tan\alpha=\left|\dfrac{F_y}{F_x}\right|\end{cases}\qquad(6—2—1)$$

力 $\boldsymbol{F}$ 的指向应根据 F_x 和 F_y 的正负号确定。

(2) 平面汇交力系的合力

相关定理

合力投影定理：合力在任一轴上的投影等于各分力在同一轴上的投影代数和。

应用合力投影定理可求平面汇交力系合力的大小和方向。设有平面汇交力系 $\boldsymbol{F}_1$、$\boldsymbol{F}_2$、…、$\boldsymbol{F}_n$，且各力在 x 轴上的投影为 F_{1x}、F_{2x}、…、F_{nx}，各力在 y 轴上的投影 F_{1y}、F_{2y}、…、F_{ny}；合力 $\boldsymbol{R}$ 在 x 轴、y 轴上的投影分别为 R_x、R_y，由合力投影定理得：

$$\begin{cases}R_x=F_{1x}+F_{2x}+\cdots+F_{nx}=\sum F_x\\R_y=F_{1y}+F_{2y}+\cdots+F_{ny}=\sum F_y\end{cases}$$

由式（6—2—1）可计算合力 $\boldsymbol{R}$ 的大小和与 x 轴的夹角分别为：

$$\begin{cases}R=\sqrt{R_x^2+R_y^2}=\sqrt{(\sum F_x)^2+(\sum F_y)^2}\\\tan\alpha=\left|\dfrac{R_y}{R_x}\right|=\left|\dfrac{\sum F_y}{\sum F_x}\right|\end{cases}$$

其中 α 为合力 $\boldsymbol{R}$ 与 x 轴的夹角，合力 $\boldsymbol{R}$ 的指向要根据 $\sum F_x$ 和 $\sum F_y$ 的正负号确定，合力 $\boldsymbol{R}$ 的作用点仍通过力系的汇交点。

(3) 平面汇交力系平衡的解析条件

若作用于某刚体的平面汇交力系的合力为零，则此力系不会改变该刚体的运动状态。即平面汇交力系平衡的充分必要条件：力系的合力等于零。因为合力 $R=\sqrt{(\sum F_x)^2+(\sum F_y)^2}$，要使 $R=0$，必须 $\sqrt{(\sum F_x)^2+(\sum F_y)^2}=0$，即：

$$\begin{cases}\sum F_x=0\\\sum F_y=0\end{cases}\qquad(6—2—2)$$

平面汇交力系平衡的解析条件：力系中各力在两个坐标轴每一轴上的投影代数和分别等于零。式（6—2—2）称为平面汇交力系的平衡方程，用这两个独立的方程，可以求解两个独立的未知量。

3．步骤

解析法求解工程上有关平衡问题的主要步骤如下：

（1）确定研究对象，进行受力分析，画出受力图。

（2）选取坐标轴，画在受力图上，计算各力在每个坐标轴上的投影即分力。

（3）列出平衡方程，求解未知力（包括大小和方向）。

五、用解析法求解汽车制动操纵装置的未知力

【例】 如图 6—2—9 所示为汽车制动操纵装置的受力图，已知 $F=100$ N，试求 R_B 和 Q。

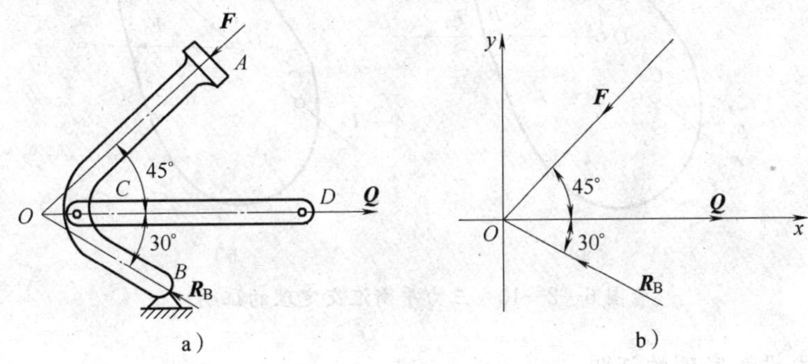

图 6—2—9　汽车制动操纵装置的受力图

解：（1）确定整个制动装置（包括踏板和拉杆）为研究对象。受力分析如下：整个制动装置受到三个力，即踩踏板的主动力 $\boldsymbol{F}$，拉杆拉力 $\boldsymbol{Q}$ 和支座反力 $\boldsymbol{R}_B$ 的作用而处于平衡状态。其中 $\boldsymbol{F}$ 和 $\boldsymbol{Q}$ 方向为已知，$\boldsymbol{R}_B$ 方向待定。根据三力平衡汇交定理可得 $\boldsymbol{R}_B$ 的作用线必通过 $\boldsymbol{F}$ 和 $\boldsymbol{Q}$ 的作用线的交点 O。画其受力如图 6—2—9a 所示。

（2）选取坐标轴，如图 6—2—9b 所示，计算诸力在坐标轴 x、y 上的投影。

（3）列平衡方程，求解未知力。

$\sum F_x=Q-R_B\cos30°-F\cos45°=0$

$\sum F_y=R_B\sin30°-F\sin45°=0$

解得：

$$R_B=\frac{F\sin45°}{\sin30°}=\frac{100\times0.707}{0.5}=141.4\ (\text{N})$$

将 R_B 的值代入方程解得：

$Q=R_B\cos30°+F\cos45°=141.4\times0.866+100\times0.707=193.2$（N）

知识链接

一、三力平衡汇交定理的证明

证明：设物体上 A、B、C 三点有共面且不平行的三个力 $\boldsymbol{F}_1$、$\boldsymbol{F}_2$、$\boldsymbol{F}_3$ 作用，如图6—2—10a 所示。首先根据力的可传性原理，将其中任意二力 $\boldsymbol{F}_1$、$\boldsymbol{F}_2$ 分别沿其作用线移到它们的交点 O 处，并求出 $\boldsymbol{F}_1$、$\boldsymbol{F}_2$ 的合力 R，则 $\boldsymbol{F}_3$ 应与 $\boldsymbol{R}$ 平衡。再根据二力平衡公理，$\boldsymbol{R}$ 与 $\boldsymbol{F}_3$ 必在同一直线上，所以 $\boldsymbol{F}_3$ 必须通过 O 点。于是 $\boldsymbol{F}_1$、$\boldsymbol{F}_2$、$\boldsymbol{F}_3$ 均通过 O 点，如图 6—2—10b 所示。

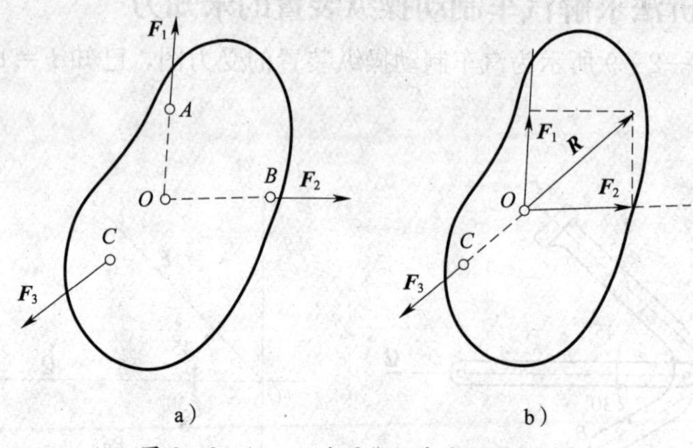

图 6—2—10　三力平衡汇交定理的证明

二、合力投影定理的证明

证明：设有作用于刚体上的平面汇交力系 $\boldsymbol{F}_1$、$\boldsymbol{F}_2$、$\boldsymbol{F}_3$，如图 6—2—11a 所示。首先连续使用力的三角形法则求出其合力 $\boldsymbol{R}$，如图 6—2—11b 所示。可以看出，求合力 $\boldsymbol{R}$ 时，只要依次首尾相连各已知矢量，形成折线 $ABCD$，然后用一个矢量连接折线首、末两点 AD，就可得合力 $\boldsymbol{R}$。其中封闭的折线 $ABCD$ 称为力的多边形。利用力多边形

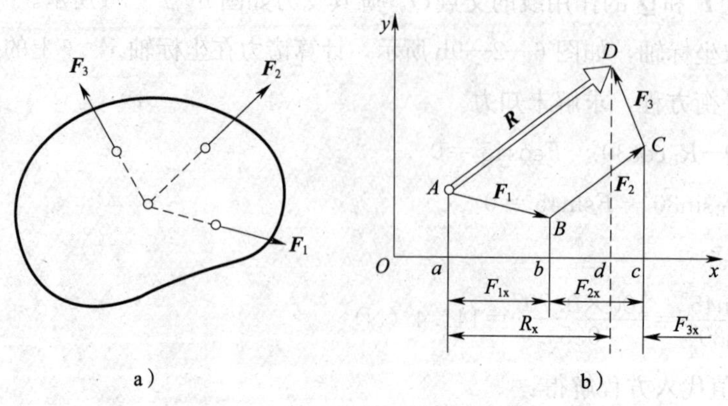

图 6—2—11　合力投影定理的证明

求合力的作图规律，称为力的多边形法则。其次，在力多边形 $ABCD$ 所在平面内取直角坐标 xOy，并将力系中诸力向 x 轴投影，可得诸力在 x 轴上的投影为：$F_{1x}=ab$；$F_{2x}=bc$；$F_{3x}=-cd$；$R_x=ad$，如图 6—2—11b 所示。由此得到，力系的合力在 x 轴上的投影与诸分力在 x 轴上投影的关系为：

$$ad=ab+bc-cd$$

即：
$$R_x=F_{1x}+F_{2x}+F_{3x}=\sum F_x$$

同理可得，合力与诸分力在 y 轴上的投影关系为：

$$R_y=F_{1y}+F_{2y}+F_{3y}=\sum F_y$$

这就证明了合力投影定理。

思考与练习

一、填空题

1. 合力投影定理指的是合力在任一轴上的投影等于________在同一轴上的投影的________。

2. 用扳手拧螺母产生的绕螺母中心 O 的转动效应，不仅与力的________有关，而且与螺母中心 O 到力的作用线的________有关，此外还与力的作用________有关。

3. 合力对 O 点的矩，等于力系中________对 O 点之矩的________，称为合力矩定理.

二、选择题

1. 球 A 重 $\boldsymbol{G}$，悬挂于绳端。球对绳的拉力为 $\boldsymbol{T}$，绳对球的拉力为 $\boldsymbol{T}'$。试指出属于二力平衡的二力是（　　），属于作用力与反作用力的二力是（　　）。

A. $\boldsymbol{G}$、$\boldsymbol{T}$　　B. $\boldsymbol{G}$、$\boldsymbol{T}'$　　C. $\boldsymbol{T}$、$\boldsymbol{T}'$

2. 举重时，双手匀速向上推杠铃，推力为 $\boldsymbol{T}$；杠铃向下压在手上的压力为 $\boldsymbol{Q}$。杠铃终将被举起，试分析此二力的关系是（　　）。

A. $\boldsymbol{T}$ 大于 $\boldsymbol{Q}$

B. $\boldsymbol{T}$ 和 $\boldsymbol{Q}$ 等值、反向、共线，符合二力平衡公理

C. $\boldsymbol{T}$ 和 $\boldsymbol{Q}$ 等值、反向、共线，但分别在两个物体上（手、杠铃），符合作用与反作用公理

三、名词解释

1. 平面汇交力系

2. 三力平衡汇交定理

3. 合力投影定理

四、画图题

试画出图 6—2—12 中杆 AB 的受力图。CD 为绳索，杆与墙、杆与地面的接触表面都是光滑的。

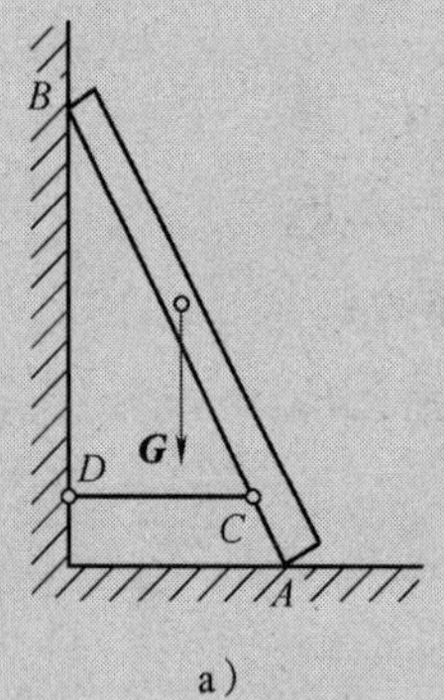

a）

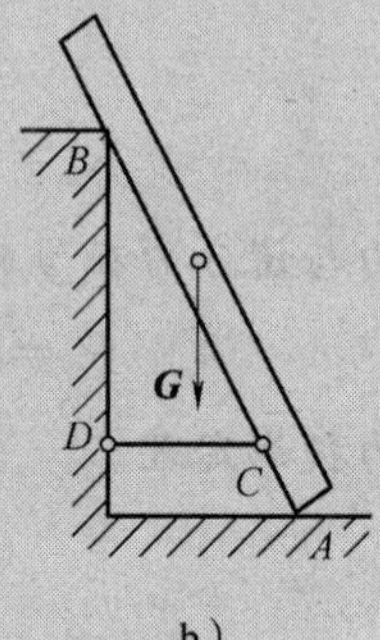

b）

图 6—2—12 杆 AB 受力分析

课题三 力矩与力偶

学习目标

- ◆ 理解力矩、力矩的平衡条件、合力矩定理。
- ◆ 理解力偶、力偶矩、平面力偶系的合成与平衡。
- ◆ 能够进行力矩、力偶矩计算。
- ◆ 能够运用力矩平衡条件及平面力偶系平衡条件进行的简单计算。
- ◆ 掌握运用力的平移定理解决实际问题。

如图 6—3—1 所示，驾驶员双手操作转向盘。

问题一：驾驶员双手如何用力才能保持转向盘静止不动？

问题二：驾驶员双手如何用力才能使转向盘转动？

问题三：如果驾驶员双手施加的力增大一倍，双手之间的距离减少一半，转向盘的转动如何变化？

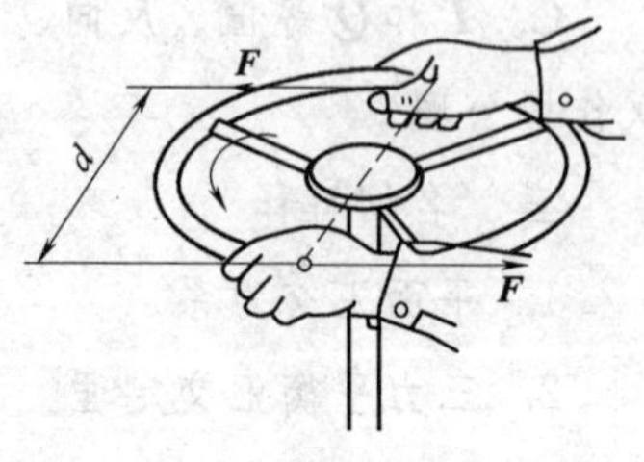

图 6—3—1 汽车转向盘操作分析

问题四：驾驶员为什么不单手而用双手操作转向盘？

要完成汽车转向盘的操作分析，需要掌握力矩、力矩的平衡条件、力偶、力的平移定理等有关基本知识。

一、力矩

1. 力矩

如图 6—3—2 所示，扳手在拧紧螺母或松开螺母时，作用在扳手上的力 **F** 与螺母轴线垂直。力 **F** 使扳手连同螺母产生的绕 O 点的转动效果，不仅与力 **F** 的大小有关，还与螺母中心 O 到力 **F** 作用线的垂直距离 h 有关。显然，力 **F** 的值越大，螺母拧的越紧或越容易松动，距离 h 越大时越省力。而且拧紧螺母和松开螺母的旋转方向是相反的。因此，我们以乘积 $F \cdot h$ 并冠以正负号作为力 **F** 使物体绕 O 点转动效果的度量，称为力 **F** 对 O 点的矩，简称力矩。用符号 $m_o(\boldsymbol{F})$ 表示，即：

$$m_o(\boldsymbol{F}) = \pm Fh$$

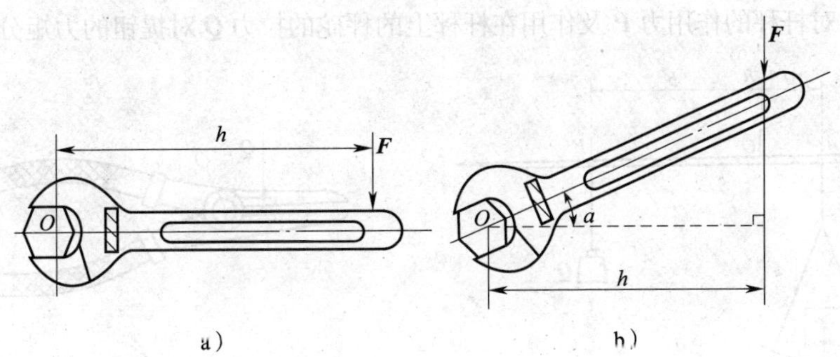

图 6—3—2　力对点的矩

式中 O 点称为力矩中心，简称矩心，垂直距离 h 称为力臂。力使物体逆时针转动时力矩为正值，如图 6—3—3a 所示；反之为负值，如图 6—3—3b 所示。力矩的单位取决于力和力臂的单位。在国际单位制中，力矩的单位是 N · m。

【例】 如图 6—3—4 所示，用一撬棒撬一重物，力 **F** 与撬棒垂直，$F = 200$ N，$L = 40$ cm，试求力 **F** 对 O 点作用的力矩。

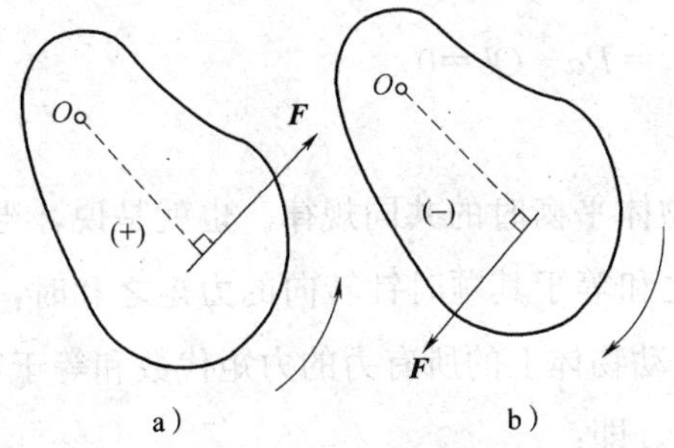

图 6—3—3　力矩的转向

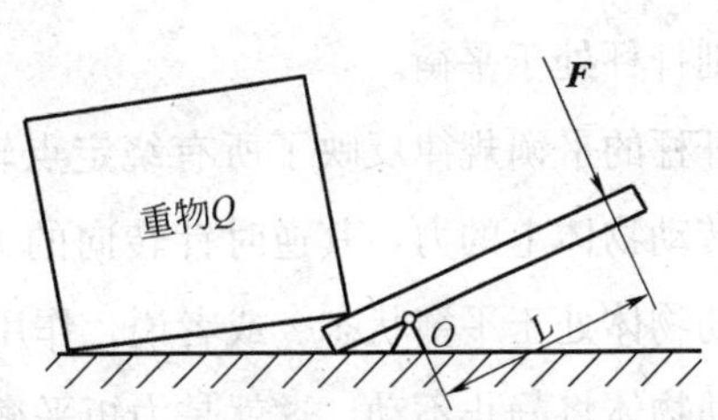

图 6—3—4　撬棒撬重物力 **F** 对 O 点作用力矩

解：支点 O 为转动中心，即矩心，力 $\boldsymbol{F}$ 与撬棒垂直，所以力 $\boldsymbol{F}$ 到 O 点的距离就是力臂。力 $\boldsymbol{F}$ 对支点的力矩为：

$$m_o(\boldsymbol{F})=FL=-200\times0.4=-80\ (\mathrm{N\cdot m})$$

2．力矩的性质

（1）力 $\boldsymbol{F}$ 对点 O 的矩，不仅取决于力的大小，同时与力臂的大小有关。力臂不同，力矩随之改变。

（2）力 $\boldsymbol{F}$ 的作用点沿其作用线移动时，力 $\boldsymbol{F}$ 对任一点矩不变，因为力和力臂的大小均未改变。

（3）力的大小为零，或力的作用线通过矩心（即力臂等于零），则力矩为零。

二、力矩的平衡条件

在日常生活中常遇到绕某一固定点（轴）转动物体的平衡问题。如图 6—3—5 所示的杆秤、钳子，这些物体常称为杠杆，它们的平衡实际上就是力矩平衡问题。如图 6—3—5a 所示，重物对杆秤的作用力 $\boldsymbol{P}$ 及作用在杆秤上的秤砣的拉力 $\boldsymbol{Q}$ 对提钮的力矩分别为：

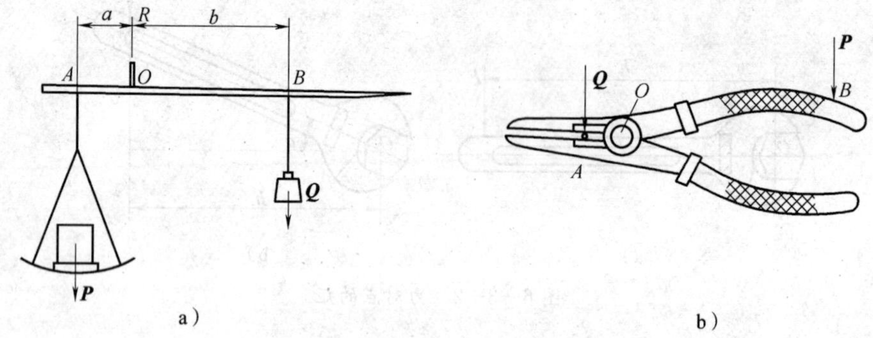

图 6—3—5　力矩的平衡实例

a）杆秤　b）钳子

$$m_o(P)=Pa$$

$$m_o(Q)=-Qb$$

当 $Pa=Qb$ 时，有：

$$m_o(P)+m_o(Q)=Pa-Qb=0$$

则杆秤处于平衡。

杆秤的平衡规律反映了所有绕定点转动物体平衡时的共同规律。也就是说，当作用于转动物体上的力，其逆时针转向的力矩之和等于其顺时针转向的力矩之和时，那么转动物体处于平衡状态。或者说，作用于转动物体上的所有力的力矩代数和等于零，则转动物体将静止不动。这就是力矩平衡条件。即：

$$\sum m_o(F)=0$$

三、力偶

1. 力偶的概念

在实践中，我们经常遇到某物体受到大小相等，方向相反，但不在同一条作用线上的两平行力作用，从而使物体转动的情况。例如：汽车驾驶员转动方向盘，如图 6—3—6a 所示；钳工用丝锥攻螺纹，如图 6—3—6b 所示。这种大小相等，方向相反，作用线平行，但不在同一直线上的两个力组成的力系称为力偶。如图 6—3—7a 所示，记作（$\boldsymbol{F}$，$\boldsymbol{F}'$）。力偶中两力之间的垂直距离 d 称为力偶臂，力偶所在的平面称为力偶的作用面。

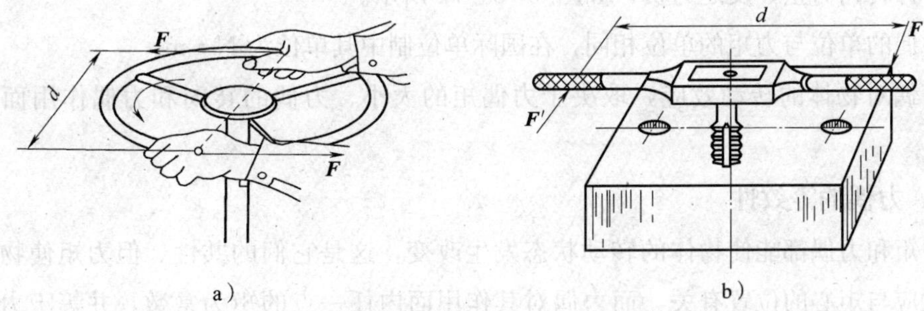

图 6—3—6　力偶的实例

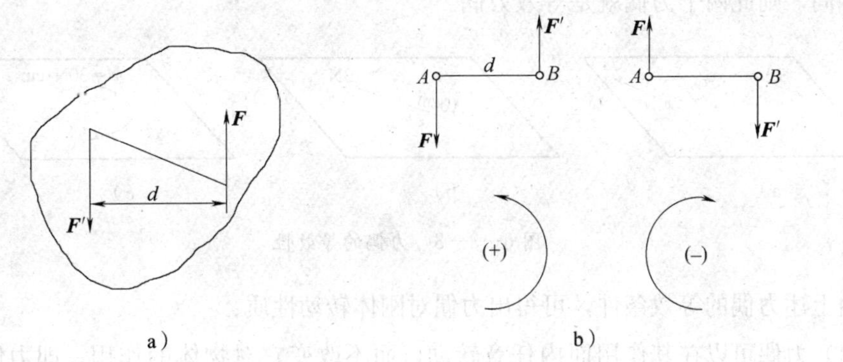

图 6—3—7　力偶的定义和转向

2. 力偶的性质

（1）力偶的合力为零

因为组成力偶的两个力在其作用面内任一坐标轴上投影的代数和等于零。

（2）力偶只能用力偶来平衡

由于力偶对刚体只有转动效应，没有移动效应，所以力偶不能用一个力来代替，也不能用一个力来平衡。

力和力偶是力学中两个基本的物理量。

3．力偶矩

由经验得知，物体受力偶作用时产生的转动效果，不仅与力偶中力 $\boldsymbol{F}$ 的大小成正比，而且也与力偶臂 d 大小成正比。力 $\boldsymbol{F}$ 与力偶臂 d 越大，转动效果也越显著。另外，由于力偶在其作用面内的转向不同，作用效果也不同。因此，与力矩一样，可用乘积 Fd 前加上正负号来度量力偶对物体的转动效应，我们把它称为力偶矩。

力偶（F，F'）的力偶矩，以符号 m_o（$\boldsymbol{F}$，$\boldsymbol{F}'$）表示，或简写为 m，则：

$$m=\pm Fd$$

即力偶矩的大小等于力的大小与力偶臂的乘积，其正负号表示力偶的转向，并规定逆时针转向为正，反之为负，如图 6—3—7b 所示。

力偶的单位与力矩的单位相同，在国际单位制中其单位为 N·m。

力偶对物体的转动效应，取决于力偶矩的大小、力偶的转向和力偶作用面的方向。

4．力偶的等效性

力矩和力偶都能使物体的转动状态发生改变，这是它们的共性。但力矩使物体的转动效应与矩心的位置有关，而力偶对其作用面内任一点的矩为常数，并等于力偶矩本身，如图 6—3—8 所示。从图 6—3—8 可以看出：只要两个力偶的力偶矩的大小和转向相同，则此两个力偶就是等效力偶。

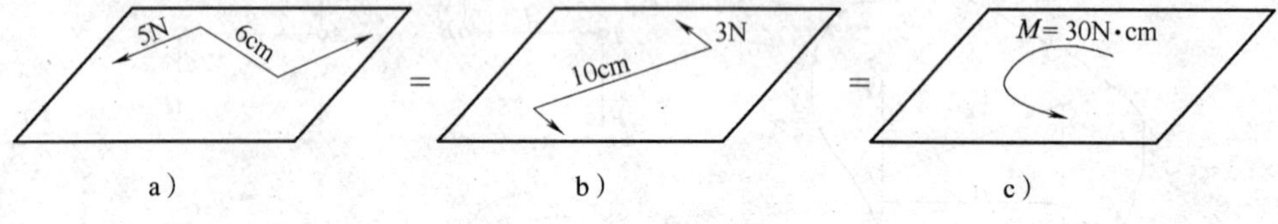

图 6—3—8　力偶的等效性

由上述力偶的等效条件，可得出力偶对刚体转动性质：

（1）力偶可以在其作用面内任意转动，而不改变它对物体的作用。即力偶对物体的作用与它在作用面内的位置无关。

（2）只要保持力偶矩不变，可以同时改变力偶中力的大小和力偶臂的长短，而不改变力偶对物体的作用。

以上性质也可直接由经验证实。例如：汽车驾驶员转动方向盘时，不论将力偶加在 A、B 位置还是加在 C、D 位置，对转向盘的作用效应不变，如图 6—3—9 所示；如果驾驶员双手施加的力增大一倍，而两力之间的距离减少一半，则对转向盘的作用效应仍然不变。

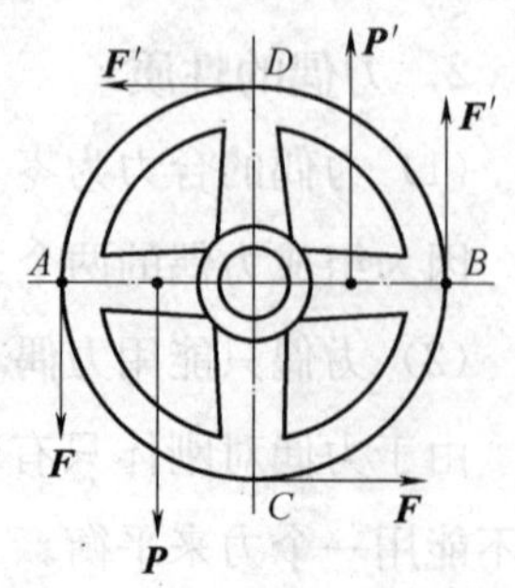

图 6—3—9　力偶等效的实例

力偶除可以用力和力偶臂表示外，还可以直接用力偶矩 m 来表示。如图 6—3—8c 所示用带箭头的弧线表示力偶，箭头的方向表示力偶的转向，弧线旁边的字母表示力偶矩的大小。

四、力的平移定理

力的平移定理：若将作用在刚体上某点的力平行移到刚体上另一点，要求不改变原力的作用效果，则必须附加一个力偶，其力偶矩等于原力对新作用点的矩。这个力偶称为附加力偶，此附加力偶的力偶矩为：

$$m=m_o(F)=-Fd$$

例如，用丝锥攻螺纹时，一只手用力，设力 $\boldsymbol{F}$ 作用在丝锥铰杠的 B 点，丝锥往往容易折断，如图 6—3—10a 所示；而双手用力，一推一拉丝锥却不容易折断，如图 6—3—10b 所示，这是为什么呢？假设在丝锥中心点 O 处加一对平衡力 $\boldsymbol{F}'$、$\boldsymbol{F}''$，如图 6—3—10c 所示，并使该两力与力 $\boldsymbol{F}$ 平行且大小相等，即令 $F'=-F''=F$。这样并不影响原力 $\boldsymbol{F}$ 对丝锥的作用，因此三个力 $\boldsymbol{F}$、$\boldsymbol{F}'$、$\boldsymbol{F}''$ 对丝锥的作用与原来一个力 $\boldsymbol{F}$ 的单独作用等效。从另一方面分析，这三个力又可看作是一个作用于 O 点的力 $\boldsymbol{F}'$ 和一个力偶（$\boldsymbol{F}$，$\boldsymbol{F}''$）；也就相当于把作用在 B 点的力 $\boldsymbol{F}$ 平移到 O 点，但同时附加了一个力偶（$\boldsymbol{F}$，$\boldsymbol{F}''$）。由此可见，若在丝锥铰杠 B 端用一个力 $\boldsymbol{F}$ 攻螺纹，其实际效应就相当于一个力和一个力偶的同时作用。力偶（$\boldsymbol{F}$，$\boldsymbol{F}''$）使丝锥转动，而力 $\boldsymbol{F}'$ 却直接作用在丝锥上，它将引起丝锥弯曲甚至折断，如图 6—3—10d 所示。

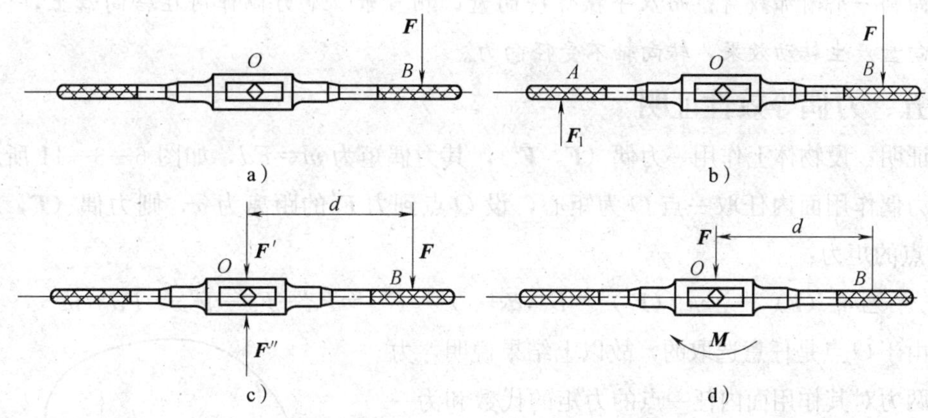

图 6—3—10　力的平移定理的应用

工程应用

现在来解决图 6—3—1 中转向盘的操作提出的四个问题。

问题一：驾驶员双手如何用力才能保持转向盘静止不动？

分析：汽车转向盘是转动物体，转向盘保持静止不动，说明转向盘处于平衡状态，也就是作用于转向盘所有的力矩代数和等于零，即符合力矩的平衡条件$\sum m_o(F)=0$。

转向盘是有固定转动轴的物体，受到左右两手作用在转向盘上的两个力矩的作用。左右两手作用在转向盘上的力矩应大小相等，方向相反，而且左右两手作用在转向盘上的力臂大小相等，所以两手作用在转向盘上的两力大小应相等，方向应相同。

问题二：双手如何用力才能使转向盘转动？

分析：双手使转向盘转动，两手作用力大小相等，方向相反，作用线平行，但不在同一条直线上，相当于有力偶作用在转向盘上。双手作用在转向盘上的力偶矩大小等于两手作用在转向盘上的力F和两手间距离的乘积。

问题三：如果驾驶员双手施加的力增大一倍，双手之间的距离减少一半，转向盘的转动如何变化？

分析：驾驶员双手施加的力增大一倍，但双手之间的距离减少一半，驾驶员双手作用在转向盘上力偶矩的大小和方向不变。根据等效力偶定义，如果两个力偶的力偶矩大小相等，转向相同，则这两个力偶对物体就有相同的转动效应。

问题四：驾驶员为什么不单手而用双手操作转向盘？

分析：根据力的平移定理，单手操作转向盘，其实际效应就相当于一个力和一个力偶同时作用在转向盘上，力偶使转向盘转动，而力却直接作用在转向盘的转向轴上，给转向轴一个附加载荷；而双手操作转向盘，相当于一个力偶作用在转向盘上，仅仅使转向盘产生转动效果，转向轴不受径向力。

五、力偶等效性证明

证明：设物体上作用一力偶（$\boldsymbol{F}$，$\boldsymbol{F}'$），其力偶矩为$m=Fd$，如图 6—3—11 所示。在该力偶作用面内任取一点O为矩心，设O点到力$\boldsymbol{F}'$的距离为x，则力偶（$\boldsymbol{F}$，$\boldsymbol{F}'$）对O点的矩为：

$$\sum m_o(\boldsymbol{F})+\sum m_o(\boldsymbol{F}')=F(d+x)-F'x=Fd+Fx-F'x=Fd=m$$

由于O点是任意选取的，故以上结果说明，力偶中两力对其作用面内任一点的力矩的代数和为一常数，并等于力偶矩。也就是说，力偶对物体的转动效果完全取决于力偶矩的大小和转向，而与矩心的位置无关。于是得到等效力偶的概念：如果两个力偶的力偶矩大小相等，转向相同，则这两个力偶对物体就有相同的转动效果，称为等效力偶。

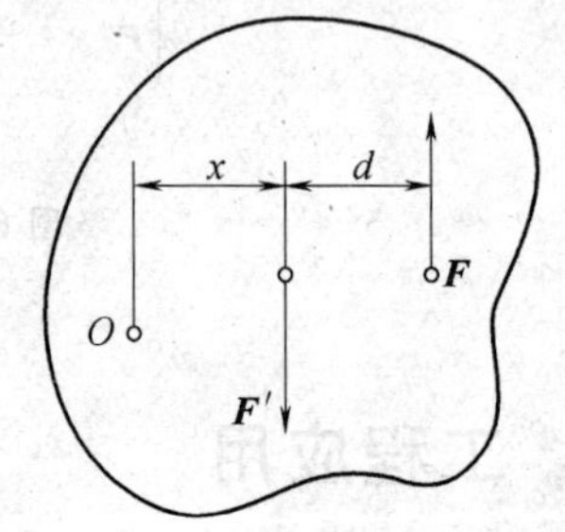

图 6—3—11　力偶对作用面内任一点的矩为常数的证明

六、力矩与力偶的比较（见表 6—3—1）

表 6—3—1　　力矩与力偶的比较

内容	力矩	力偶
对刚体的作用效果	转动	转动
计算公式	m_o（$\boldsymbol{F}$）$=\pm Fh$	m_o（$\boldsymbol{F}$，$\boldsymbol{F}'$）$=\pm F\alpha$
单位	N·m	N·m
转向正、负规定	逆时针转为正，反之为负	逆时针转为正，反之为负
有无固定转动中心	有（矩心）	无
能否在转动平面内移动和转动	不能	可以

思考与练习

一、判断题

1. 力 $\boldsymbol{F}$ 对任一点的矩，不会因力 $\boldsymbol{F}$ 的作用点沿其作用线移动而改变。（　　）

2. 力偶可以用一个力来代替，也可以用一个力来平衡。（　　）

二、名词解释

1. 力矩

2. 力偶

三、问答题

1. 什么是力对点的矩？合力对某点的矩与分力对该点的矩之间有什么定量关系？

2. 力偶的两力大小相等，方向相反，这与作用力和反作用力有什么不同？与二力平衡又有什么不同？

四、计算题

1. 汽车起重机如图 6—3—12 所示，吊起重物的力 G=10 kN，求钢丝绳 AC 和杆 BC 所受的力（不计杆质量）。

2. 汽车的制动踏板受力 F=150 N 作用，如图 6—3—13 所示。试求 AB 杆所受压力 $\boldsymbol{Q}$ 的值及支座 O 的约束反力。

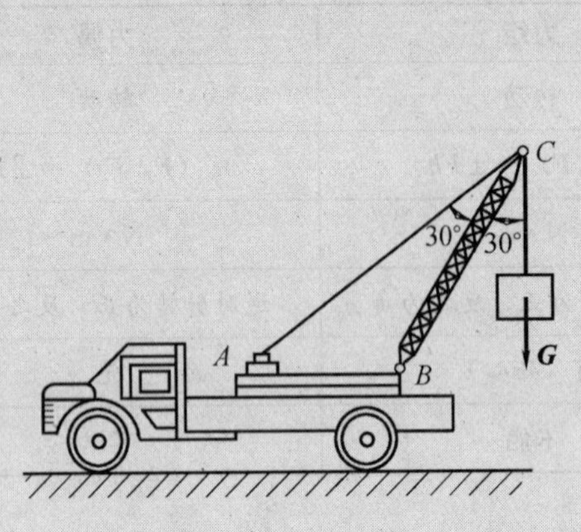

图 6—3—12 汽车起重机受力分析

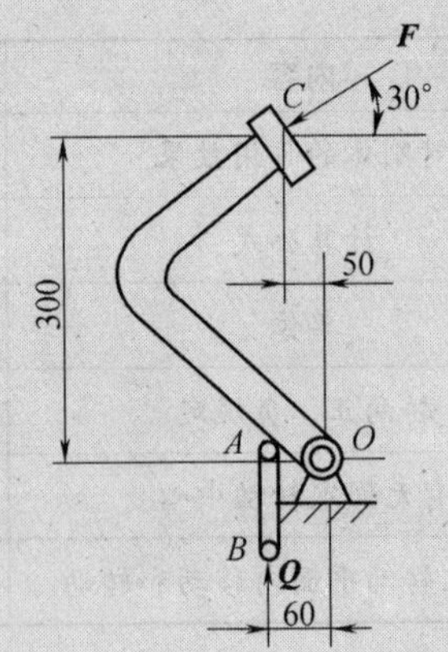

图 6—3—13 制动踏板受力分析

课题四 平面任意力系及平衡

学习目标

◆ 理解平面任意力系的概念和平衡条件。
◆ 掌握平面任意力系的解题步骤。
◆ 掌握平面任意力系的受力求解方法。

想一想

汽车挂车如图 6—4—1 所示。载荷和车共重G= 120 KN，重心在 C 点，牵引钩平行于斜坡面。已知：a=1.6 m，b=1.4 m，e=1.2 m，h=1.4 m，θ=15°，不计摩擦。试求挂车平衡时牵引钩的拉力 $\boldsymbol{T}$ 和 A、B 轮对地面的压力。

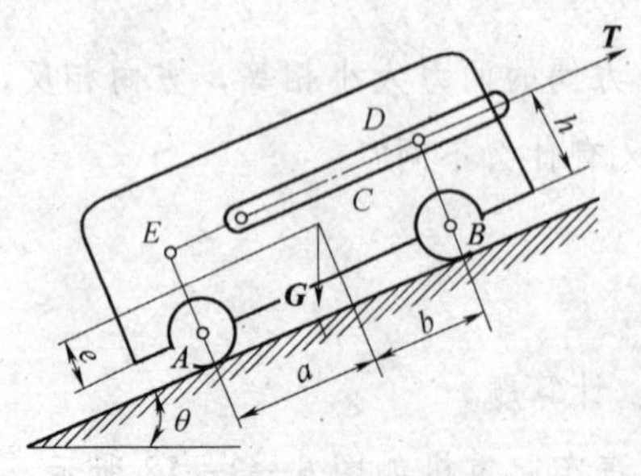

图 6—4—1 汽车挂车

对汽车挂车的受力求解，要掌握平面任意力系及其平衡条件等有关基本知识。

一、平面任意力系

1．平面任意力系的概念

作用于物体上的各力的作用线都在同一平面内且任意分布的力系称为平面任意力系。例如，悬臂式起重机，如图 6—4—2 所示，其水平横梁 AB 受到自重 $\boldsymbol{G}$、载荷 $\boldsymbol{Q}$、拉力 $\boldsymbol{T}$ 和铰链 A 的约束反力 $\boldsymbol{R}_{\mathrm{Ax}}$、$\boldsymbol{R}_{\mathrm{Ay}}$ 作用。这些力组成一个平面任意力系。再例如，一辆在直线道路上行驶的汽车，如图 6—4—3 所示，它受到重力 $\boldsymbol{G}$、空气阻力 $\boldsymbol{R}$ 和地面对前后轮的约束反力 $\boldsymbol{N}_1$、$\boldsymbol{N}_2$ 的作用。这些力可以简化为作用于汽车对称平面内的一组力系，该力系组成一个平面任意力系。

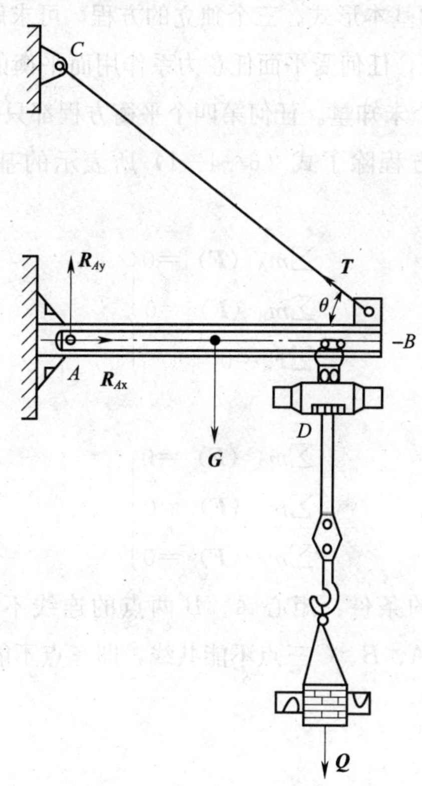

图 6—4—2 悬臂式起重机的受力分析

2．平面任意力系的解题步骤

（1）确定研究对象，进行受力分析，画出其受力图。

（2）选取坐标轴，画在受力图上，计算力系中诸力在每个坐标轴上的投影。

（3）根据平面任意力系的平衡条件，列平衡方程，求解未知量。

（4）计算结果分析。

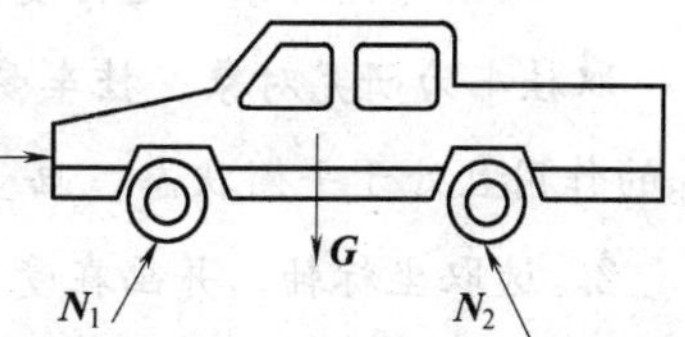

图 6—4—3 直线道路上行驶的汽车的受力分析

二、平面任意力系的平衡条件

平面任意力系的平衡条件：力系中所有的力在两个不同方向的坐标轴 x、y 上投影的代数和都等于零；力系中所有的力对力系所在平面内任意点 O 的力矩的代数和等于零，即：

$$\left.\begin{aligned}\sum \boldsymbol{F}_x&=0\\\sum \boldsymbol{F}_y&=0\\\sum m_o(\boldsymbol{F})&=0\end{aligned}\right\}\qquad(6—4—1)$$

式（6—4—1）称为平面任意力系平衡方程。它由两个投影式和一个力矩式组成，它是平面任意力系平衡方程的基本形式。三个独立的方程，可求解平衡时平面任意力系中三个未知量。值得注意的是，任何受平面任意力系作用而平衡的物体，最多能列出三个独立的平衡方程，求出三个未知量。任何第四个平衡方程都只能用来验证计算结果。

平面任意力系的平衡方程除了式（6—4—1）所表示的基本形式外，还有二力矩式，写为：

$$\left.\begin{aligned}\sum m_A(\boldsymbol{F})&=0\\\sum m_B(\boldsymbol{F})&=0\\\sum \boldsymbol{F}_x&=0\end{aligned}\right\}\qquad(6—4—2)$$

三力矩式，写为：

$$\left.\begin{aligned}\sum m_A(\boldsymbol{F})&=0\\\sum m_B(\boldsymbol{F})&=0\\\sum m_C(\boldsymbol{F})&=0\end{aligned}\right\}\qquad(6—4—3)$$

使用式（6－4－2）的条件：矩心 A、B 两点的连线不能与 x 轴垂直；使用式（6—4—3）的条件：矩心 A、B、C 三点不能共线，即三点不能在同一直线上。

工程应用

前面已经学过了平面任意力系的解题步骤和平衡条件，下面对汽车挂车的受力进行求解。

1. 确定研究对象，进行受力分析，画出其受力图。

取挂车为研究对象。挂车受到重力 $\boldsymbol{G}$、牵引钩拉力 $\boldsymbol{T}$、地面对车轮的约束反力 $\boldsymbol{N}_A$、$\boldsymbol{N}_B$的作用且处于平衡状态。画受力图如图 6—4—4 所示。

2. 选取坐标轴，并画在受力图上，计算力系中诸力在每个坐标轴上的投影。

选坐标轴如图，让 x 轴和 y 轴分别与未知力 $\boldsymbol{N}_A$、$\boldsymbol{N}_B$和 $\boldsymbol{T}$ 垂直。将重力 $\boldsymbol{G}$ 分解为 G_x 和 G_y，其中

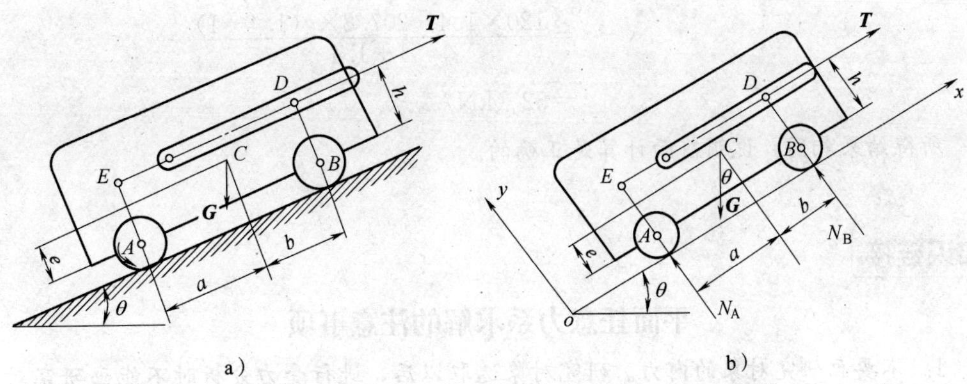

图 6—4—4　汽车挂车受力求解

$$G_x = G\sin15° = 120\ 000 \times 0.258 = 31\ (\text{kN})$$

$$G_y = G\cos15° = 120\ 000 \times 0.966 = 116\ (\text{kN})$$

3. 据平面任意力系的平衡条件，列平衡方程，求解未知量。

取两未知力 $\boldsymbol{T}$ 与 $\boldsymbol{N}_A$ 的交点 E 为矩心，列平衡方程，求解未知量。

$\sum F_x = 0$　　$T - G_x = 0$　　(6—4—4)

$\sum F_y = 0$　　$N_A + N_B - G_y = 0$　　(6—4—5)

$\sum m_E(F) = 0$　　$N_B(a+b) - G_x(h-e) - G_y a = 0$　　(6—4—6)

由式（6—4—4）得：

$$T = G_x = 31\ (\text{kN})$$

由式（6—4—5）得：

$$N_B = \frac{G_x(h-e) + G_y a}{a+b}$$

$$= \frac{31\ 058 \times (1.4 - 1.2) + 11\ 591 \times 1.6}{1.6 + 1.4}$$

$$= 64\ (\text{kN})$$

将 N_B 值代入式（6—4—6）得：

$$N_A = G_y - N_B = 52\ (\text{kN})$$

4. 计算结果分析。

通过以上计算得到钢索拉力 $T = 31$ kN，地面轨道对车轮的约束反力 $N_A = 52$ kN，$N_B = 64$ kN。根据作用与反作用公理，A、B 轮对地面的压力分别为 $N_A = 52$kN，$N_B = 64$kN，其方向与 $\boldsymbol{N}_A$、$\boldsymbol{N}_B$ 相反，作用在地面上。另外，此题的计算结果是否正确，可取另一对未知力 $\boldsymbol{T}$ 和 $\boldsymbol{N}_B$ 的交点 D 为矩心列一力矩式方程来进行验证，即：

$$\sum m_D(F) = 0 - N_A(a+b) - G_x(h-e) + G_y b = 0$$

$$N_A = \frac{G_y b - G_x(h-e)}{a+b}$$

$$=\frac{120\times1.4-207.8\times(1.4-1)}{1+1.4}$$

$$=52\ (\text{kN})$$

所得结果相同，说明前面计算是正确的。

知识链接

平面任意力系求解的注意事项

1. 不要画研究对象的内力。研究对象选取以后，进行受力分析时不能画研究对象内部构件之间的相互作用力。

2. 尽量使每个未知力只在一个轴上有投影，在另一个轴上投影为零。例如任务实施中，求力在每个坐标轴上的投影时选取的x轴和y轴，分别与未知力$\boldsymbol{N}_A$、$\boldsymbol{N}_B$及$\boldsymbol{T}$垂直。

3. 选取矩心时，可以选未知力的交点作为矩心，尽量让一个方程只出现一个未知量；避免解联立方程，以给解题带来方便。例如任务实施中列平衡方程时，选$\boldsymbol{T}$与$\boldsymbol{N}_A$的交点E为矩心。

4. 进行计算结果分析时，如果求得未知力的数值为正值，说明解题时假设力的方向与实际方向相同；如果求得未知力的数值为负值，说明解题时假设力的方向与实际方向相反。如果求得的未知力偶为正值，说明解题时假设的转向与实际方向相同；如果求得的未知力偶为负值，说明解题时假设的转向与实际方向相反。

思考与练习

一、多选题

下列动作中，属于力的作用的有（　　）；属于力矩的作用的有（　　）；属于力偶的作用的有（　　）。

A. 用扳手拧紧螺母　　B. 司机用双手转动转向盘

C. 夯打地基　　D. 用丝锥攻螺纹

E. 用手指旋转水龙头　　F. 用羊角锤起钉子

G. 锻锤冲击锻件　　H. 踏自行车脚蹬子

H. 双手握自行车车把掌握方向

二、简答题

1. 平面任意力系的平衡条件是什么？

2. 说明平面任意力系的解题方程和步骤。

模块七 材料力学基础

课题一 杆件变形的基本形式

学习目标

◆ 了解衡量构件承载能力的主要指标。

◆ 熟悉拉压变形、剪切变形、扭转变形、弯曲变形特点。

◆ 掌握强度、刚度、稳定性的概念。

◆ 能够判断机器部分杆件受力变形的形式。

想一想

如图 7—1—1 所示为汽车转向机构示意图。试分析转向轴、转向直拉杆、主销、转向横拉杆、前梁的受力变形的种类及衡量它们承载能力的指标。

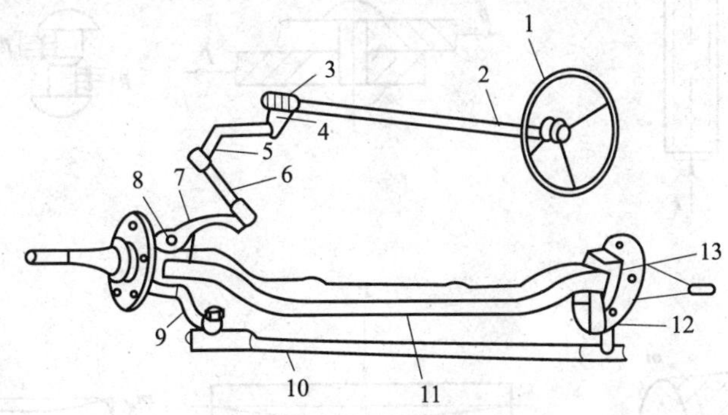

图 7—1—1　汽车转向机构示意图

1—转向盘　2—转向轴　3—蜗杆　4—齿扇　5—转向器　6—转向直拉杆
7—转向直拉杆臂　8—主销　9、12—转向节臂　10—转向横拉杆　11—前梁　13—转向节

一、杆件

长度远大于横截面尺寸的构件称为杆件。如图 7—1—2 所示汽车发动机配气机构的推杆就是杆件的实例。

在不同形式的外力作用下，杆件的变形可能为四种基本变形中的一种，也可能为几种基本变形的组合。杆件的四种基本变形形式为：

1. 拉伸或压缩

杆件两端受大小相等、方向相反、作用线与杆件轴线重合的一对外力的作用而产生的变形，称为拉伸或压缩变形，表现为杆件的长度伸长或缩短（见图 7—1—3a）。

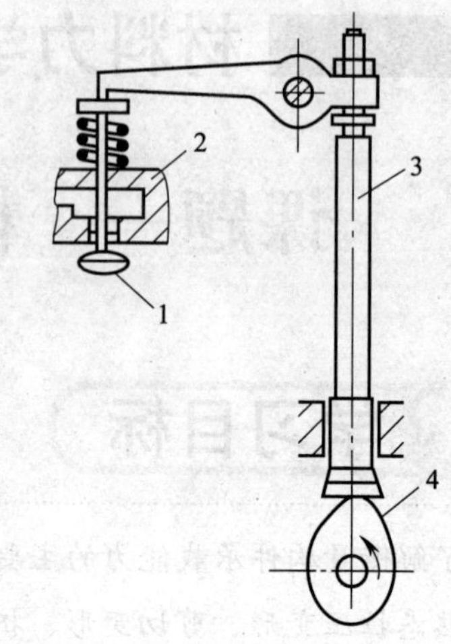

图 7—1—2　汽车发动机配气机构

1—气阀　2—燃烧室　3—推杆　4—凸轮

2. 剪切

杆件受大小相等、方向相反、作用线相距很近的一对横向力作用而产生变形，称为剪切变形，表现为受剪切的杆件的两部分沿外力作用方向发生相对的错动（见图 7—1—3b）。

3. 扭转

杆件两端受大小相等、方向相反、作用面垂直于杆轴线的一对力偶作用而产生变形，称为扭转变形，表现为杆件的任意两个横截面发生绕轴线的相对转动（见图 7—1—3c）。

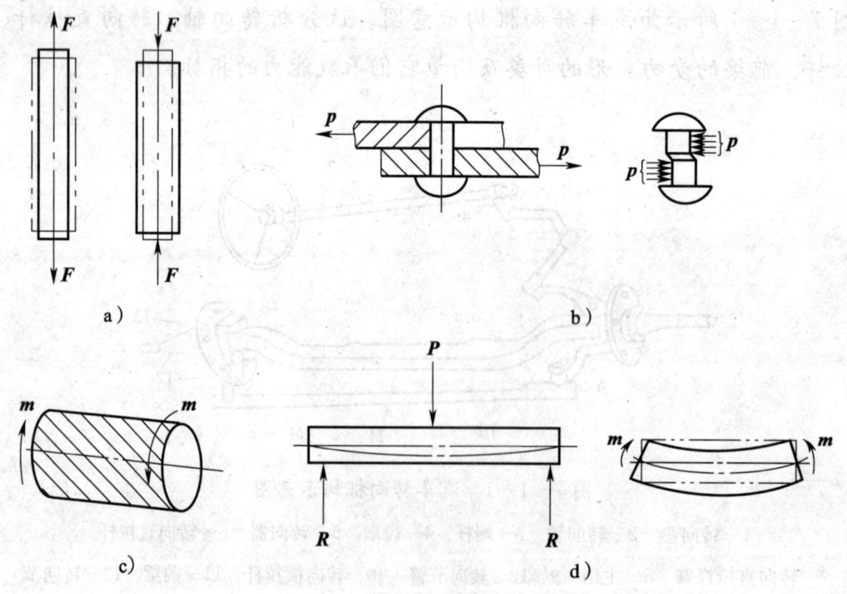

图 7—1—3　几种基本变形形式

a）拉伸（压缩）变形　b）剪切变形　c）扭转变形　d）弯曲变形

4．弯曲

杆件两端受一对大小相等，方向相同，作用面处于杆件的包含杆轴线的纵向平面内的力偶作用或受垂直于杆件轴线的横向力作用而产生变形，称为弯曲变形。表现为杆件轴线由直线变为曲线（见图 7—1—3d）。

二、衡量构件承载能力的主要指标

为保证构件的正常工作，在载荷作用下的构件应有足够的承载能力。构件的承载能力主要由以下三方面来衡量：

1．强度

强度是指构件在载荷作用下抵抗破坏的能力。如汽车发动机工作时，连杆就不应折断。

2．刚度

刚度是指构件在载荷作用下抵抗变形的能力。如图 7—1—4 所示变速器，工作时如转轴的变形过大，就会影响齿轮间的正常啮合。

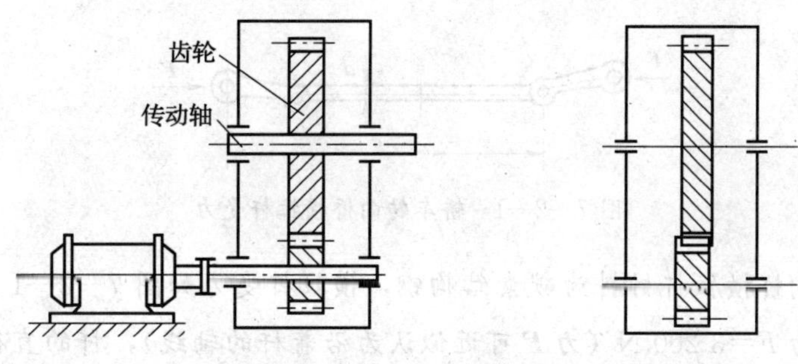

图 7—1—4　变速器

3．稳定性

稳定性是指构件保持其原有平衡形态的能力。如图 7—1—2 所示的汽车发动机配气机构，推杆在压力作用下不应被压弯而丧失直线形态。

思考与练习

1. 杆件变形的基本形式有哪些？
2. 衡量构件承载能力的主要指标有哪些？

课题二　拉伸与压缩

◆ 掌握拉伸与压缩、内力及轴力的概念。

◆ 能够用截面法求解内力。

◆ 掌握应力、正应力和许用应力的概念。

◆ 掌握拉（压）杆的强度计算方法。

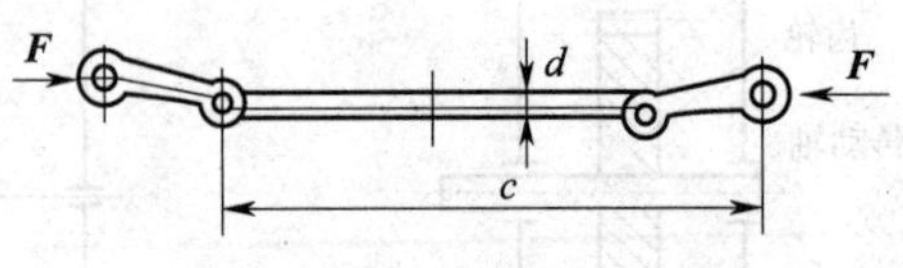

图 7—2—1　轿车转向桥横拉杆受力

某轿车转向桥横拉杆材料为碳素结构钢，横拉杆受力如图 7—2—1 所示。横拉杆两端所受压力为 F=3 200 N（力 $\boldsymbol{F}$ 可近似认为沿着杆的轴线），杆的直径 d=17 mm，屈服极限 σ_s=235 MPa、屈服安全系数 n_s=2.0。试校核横拉杆的强度。碳素结构钢的弹性模量 E=200 GPa，横拉杆的长度假设为 L=600 mm，求线应变 ε 及绝对变形 ΔL。

校核横拉杆的强度，要通过横拉杆所受压力求出横拉杆内部轴力及其正应力，并校核横拉杆的强度，求解应变和绝对变形需要用到胡克定律。

完成上述任务首先应掌握内力、应力、应变、材料的力学性能、许用应力等有关基本知识。

一、轴向拉伸、压缩时横截面上的内力

1. 拉伸与压缩的概念

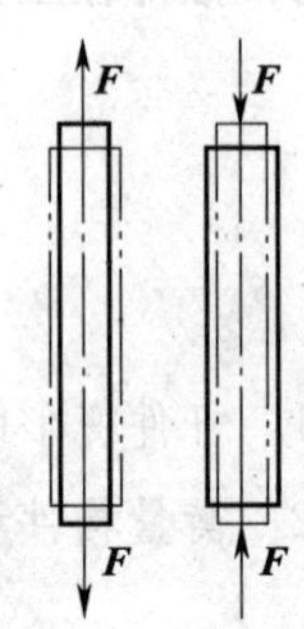

图 7—2—2　拉伸（压缩）变形

在汽车上，很多构件在工作时会受到拉伸或压缩的作用，如转向机构的横拉杆、发动机的连杆等。这些受力构件的共同特点：作用于杆件上外力的合力作用线与杆件的轴线重合，杆件的变形是沿轴线方向的伸长或缩短（见图 7—2—2）。这种变

形形式称为轴向拉伸或轴向压缩，这类杆件称为拉压杆。

2．内力

对于所研究的构件来说，其他构件作用于其上的力均为外力。构件受到外力作用而变形时，构件内部相连两部分的相互作用力称为内力。内力的大小及其在构件内的分布方式会影响构件的强度、刚度和稳定性，所以，正确分析内力是解决构件强度、刚度和稳定性问题的基础。求解构件内力一般采取截面法。

3．截面法求杆件的轴力

如图 7—2—3 所示，用截面假想地把杆件分成两部分，以显示并确定内力的方法称为截面法。截面法是杆件基本变形中求内力的普遍方法。截面法求内力的步骤如下：

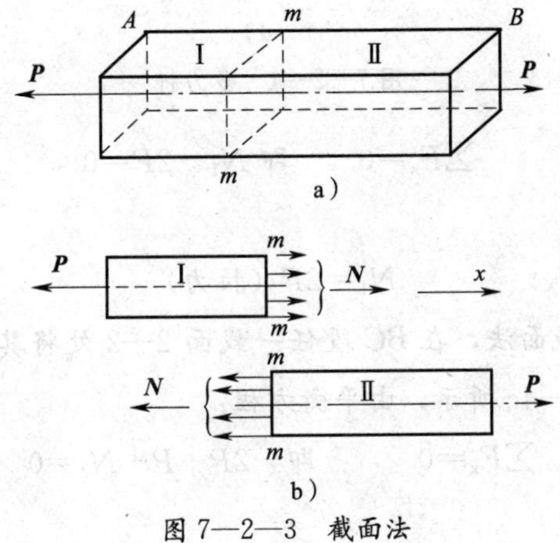

图 7—2—3　截面法

（1）截开

沿需要求内力的截面处，假想地把杆件切成两部分。

（2）替代

在截开的截面处取一部分为研究对象，移去另一部分，并用内力代替移去部分对研究对象的作用，画出研究对象的受力图。

（3）求解

列出研究对象的平衡方程，由已知外力求出未知内力。

求多力杆的内力

在如图 7—2—4a 所示多力杆上，作用有三个轴向外力。利用截面法来求多力杆的内力。

由于在杆的 B 处作用有外力，杆件 AB 段和 BC 段的轴力将不相同，因而需分段研究。在 AB 段的任一截面 1—1 处将杆件假想切开，并选择左段为研究对象，画出受力图如图 7—2—4b 所示，由平衡方程：

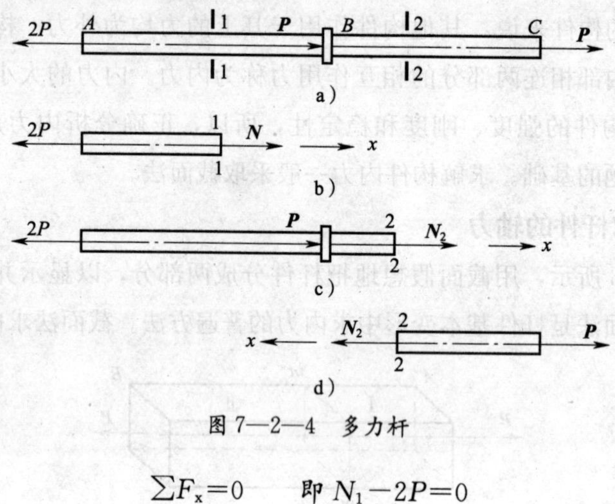

图 7—2—4　多力杆

$$\sum F_x=0 \quad \text{即} N_1-2P=0$$

得 AB 段轴力：

$$N_1=2P\text{（拉力）}$$

对于 BC 段，仍用截面法，在 BC 段任一截面 2—2 处将其切开，选左段为研究对象，画受力图如图 7—2—4c 所示，由平衡方程：

$$\sum F_x=0 \qquad \text{即}-2P+P+N_2=0$$

得 BC 段轴力：

$$N_2=P\text{（拉力）}$$

在计算 BC 段的轴力时，同样也可选择切开后的右段为研究对象，画出受力图如图 7—2—4d 所示，由平衡方程求得 BC 段轴力：

$$\sum F_x=0 \qquad \text{即} N_2-P=0$$

$$N_2=P\text{（拉力）}$$

可见，杆件被假想切开后，无论选择哪 一段为研究对象，计算结果均相同，显然取右段为研究对象较简单。在实际计算中，通常选取作用外力较少的一段作为研究对象。

在假设杆件某一截面轴力时，若不易确定其是拉力（箭头指向截面外），还是压力（箭头指向截面内），则可假设轴力为拉力。计算结果若为正值，则表明轴力实际方向与假设方向相同；为负值，则表明轴力实际方向与假设方向相反。

二、轴向拉伸、压缩时的正应力和线应变

1. 正应力

确定了轴力，还不能判断杆件的受力强度。

如图 7—2—5 所示螺栓，拧紧时两头产生拉力，用截面法求出的各截面的轴力总

是相等的，但当外力 $\boldsymbol{F}$ 逐渐增大时，断裂处必在较细的一段上，这说明构件的强度不仅与轴力的大小有关，还与构件的横截面面积有关。因此，必须用单位面积上的内力来衡量构件的受力程度。构件在外力作用下，单位面积上的内力，称为应力。可以认为构件的内力是连续分布在每一个截面上的，杆件受拉（压）作用时，内力在横截面上是均匀分布的。所以，拉（压）杆任一截面上的应力也是均匀分布的。如果拉（压）杆的轴力 $\boldsymbol{N}$ 垂直于横截面，则应力也垂直于横截面，这样的应力称为正应力，以符号 σ 表示。

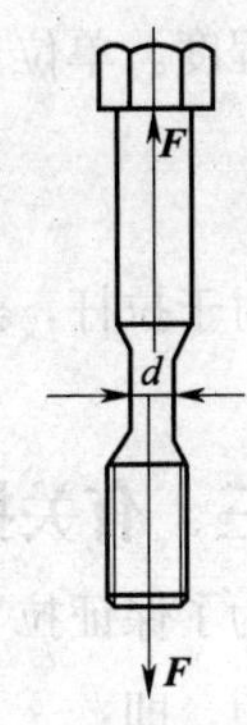

图 7—2—5　螺栓

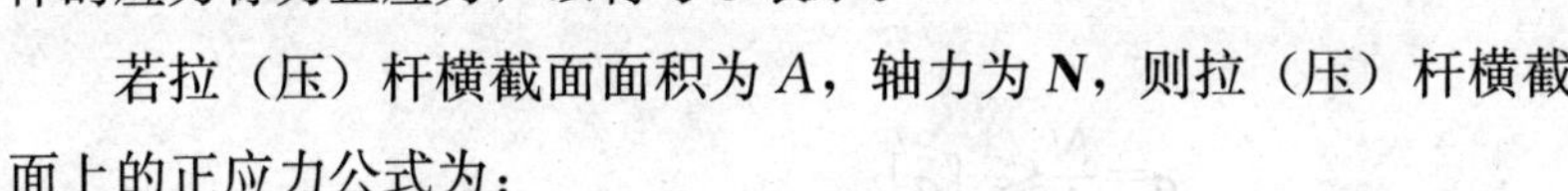

若拉（压）杆横截面面积为 A，轴力为 $\boldsymbol{N}$，则拉（压）杆横截面上的正应力公式为：

$$\boldsymbol{\sigma}=\frac{\boldsymbol{N}}{A} \tag{7—2—1}$$

$\boldsymbol{\sigma}$ 的正负规定与轴力 $\boldsymbol{N}$ 相同。

应力的国际制单位为 N/m^2，称为帕斯卡 Pa。有时用 N/mm^2，称为 MPa。

$$1\ \text{MPa}=10^6\ \text{Pa}$$

【例】 某柴油机连杆螺栓（见图 7—2—5），装配时拧紧产生的拉力 $\boldsymbol{F}=8.7$ kN，螺栓最细段直径 $d=8.5$ mm。试求螺栓最小横截面上的正应力。

解： 由于螺栓只在两端受拉力 F 作用，用截面法可求得螺栓最细处横截面的轴力 $N=8.7$ kN。

该螺栓最细段横截面的面积为：

$$A=\frac{\pi d^2}{4}=\frac{3.14\times 8.5^2}{4}=56.7\ (\text{mm}^2)$$

由式（7—2—1）得螺栓最细段横截面上的正应力为：

$$\sigma=\frac{N}{A}=\frac{8.7\times 10^3}{56.7}=153\ (\text{N/mm}^2)\ =153\ (\text{MPa})$$

2．线应变

设试件原长为 L，受轴向拉力或压力变形后的长度为 L_1（见图 7—2—6），则有：

$$\Delta L=L_1-L$$

ΔL 称为杆件的绝对变形。对于拉杆，ΔL 为正值；对于压杆，ΔL 为负值。

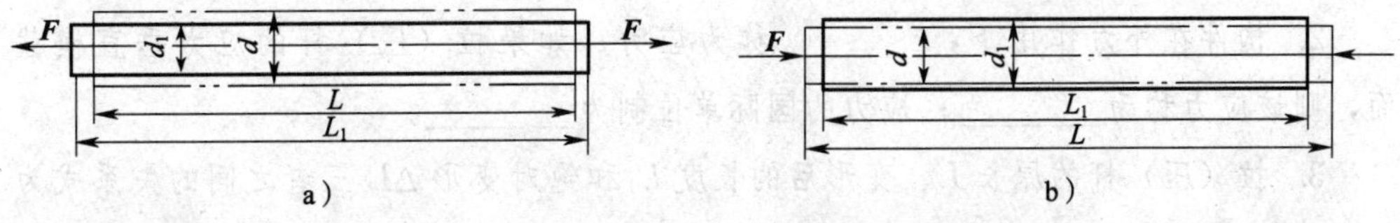

图 7—2—6　拉、压杆变形

一般情况下消除试件试验段长度的影响，用单位长度的变形 $\Delta L/L$ 来度量材料的变形程度。单位长度的变形称为相对变形（或称线应变），用 ε 表示，即：

$$\varepsilon=\frac{\Delta L}{L}$$

对于拉杆，ε 为正值；对于压杆，ε 为负值。ε 为一无量纲的量，通常用百分比表示。

三、有关拉伸或压缩的强度条件的应用

为了保证拉（压）杆不致因强度不够而破坏，必须使其工作应力不超过材料的许用应力，即：

$$\sigma=\frac{N}{A}\leqslant[\sigma]$$

上式称为拉（压）杆的强度条件。

根据以上条件，可以进行下列形式的有关强度条件的计算：

1. 校核强度

当已知杆件尺寸、许用应力和所受外力时，检验其是否满足强度条件的要求。

2. 选择杆件截面尺寸

如果已知杆件所受外力和许用应力，对于等截面拉（压）杆来说，其所需横截面面积应满足：

$$A\geqslant\frac{N}{[\sigma]}$$

3. 决定承载能力

如果已知杆件尺寸和许用应力，可以确定该杆所能承受的最大轴力，其值为：

$$N\leqslant[\sigma]A$$

思考与练习

一、填空题

1. 受轴向拉伸或压缩的杆件，其受力特点是________；其变形特点是________。

2. 构件在外力作用下，________称为应力；如果拉（压）杆的应力垂直横截面，则该应力称为________；应力的国际单位制为________。

3. 拉（压）杆的原长 L、变形后的长度 L_1 和绝对变形 ΔL 三者之间的关系式为________；杆件的相对变形 ε 的计算式为________。

二、选择题

1. 如图 7—2—7 所示三个杆件尺寸、形状、材料均相同，所受载荷 **P** 的大小及方向也都相同，只是作用点不同，则三根直杆的内力及变形情况为（　　）。

A. 三根直杆的内力相同

B. 三根直杆的变形相同

C. 三根直杆的内力及变形均各不相同

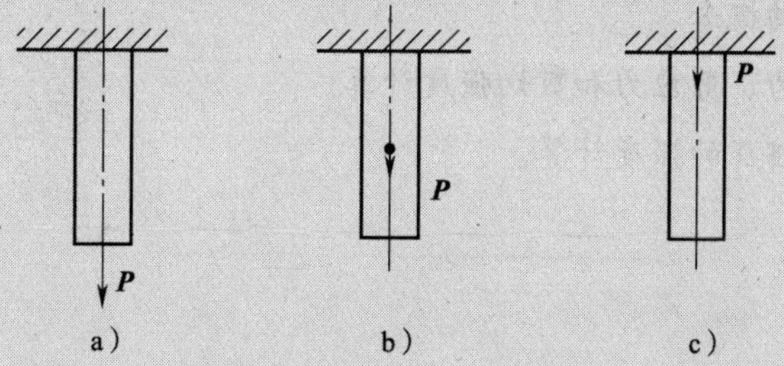

图 7—2—7　杆件受力比较

2. 长度、截面面积相同的两杆，一是钢杆，一是铜杆，若受同样大小的拉力作用，则此两杆的内力（　　），应力（　　），变形（　　），许用应力（　　）。

A. 相同　　B. 不同　　C. 无法比较

三、计算题

1. 试用截面法计算如图 7—2—8 所示杆件指定截面上的内力大小。

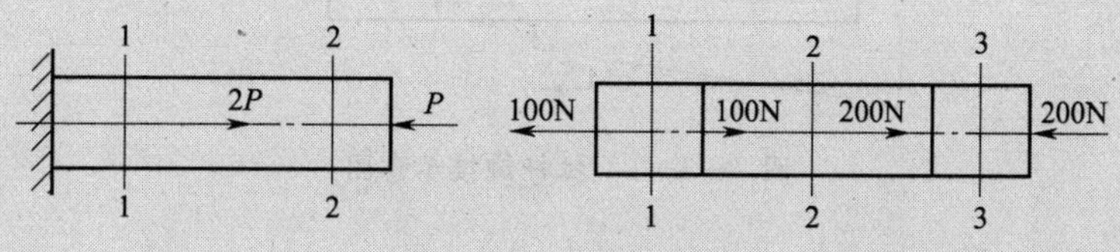

图 7—2—8　杆件内力计算

2. 截面为圆的阶梯形钢杆，如图 7—2—9 所示。已知其拉力 $F=39\ 200$ N，试计算各段钢杆横截面上的正应力。

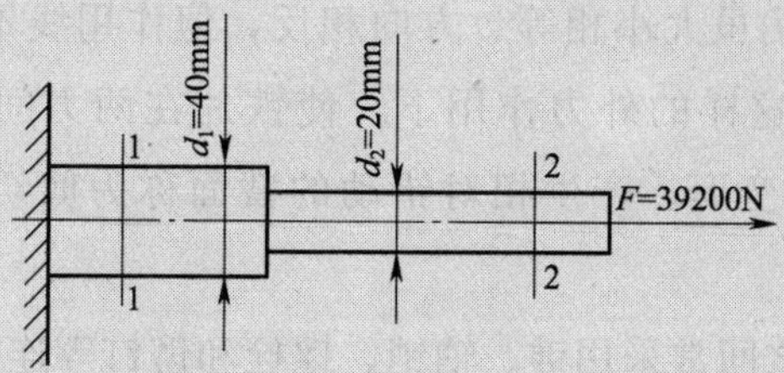

图 7—2—9　阶梯形钢杆正应力计算

课题三　剪切与挤压

学习目标

- ◆ 掌握剪切与挤压的概念。
- ◆ 掌握剪切时的内力、剪应力和剪切强度计算。
- ◆ 能够进行剪切与挤压的强度计算。

想一想

如图 7—3—1 所示拉杆，用四个直径相同的铆钉固定在格板上。已知外力 $P=80$ kN，铆钉直径 $d=16$ mm，铆钉材料的许用剪应力 $[\tau]=100$ MPa。若格板厚度为 $t=10$ mm，许用挤压应力 $[\sigma_{jy}]=300$ MPa。问铆钉是否能够保证拉杆能安全正常工作？

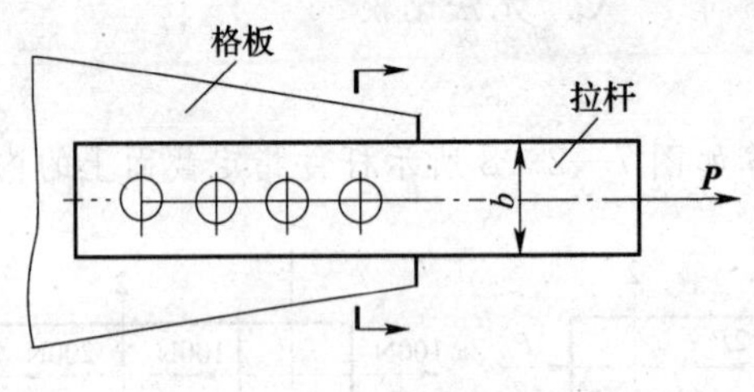

图 7—3—1　拉杆铆接示意图

一、剪切强度

1. 剪切的概念

当用剪刀裁剪薄铁片时，薄铁片的变形与拉（压）变形截然不同。这是因为两个刀刃对薄铁片的两个力虽大小相等、方向相反，但作用线不在一条直线上，而是有一很近的距离。故在这样的外力作用下，使铁片在两力间的截面处发生相对错动，这种变形称为剪切变形。产生相对错动的截面称为剪切面，它总是与外力作用线平行的。

汽车上的许多构件之间常采用键、轴销、螺栓和铆钉等连接件相连，这些连接件都是受剪切零件的实例。如图 7—3—2 所示连接两块钢板的精制螺栓，当外力过大时，螺栓将沿横截面 m—m 被剪断。所以，在使用连接螺栓时，必须考虑其剪切强度问题。

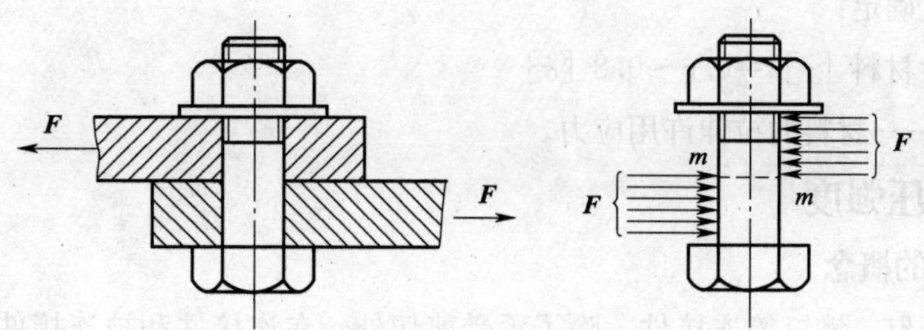

图 7—3—2　螺栓的剪切

2．剪切时的内力和剪应力

轴销的受力情况如图 7—3—3 所示。现在，用截面法分析轴销的内力。沿受剪切面 1—1 将轴销假想切开，并保留左段研究其平衡。可以看出，由于外力 **F** 垂直于轴销的轴线，因此，在受剪面 1—1 上，必存在一个大小等于$\frac{F}{2}$，而方向则与其相反的内力 **Q**。内力 **Q** 的作用线位于所切横截面上，称为剪力。

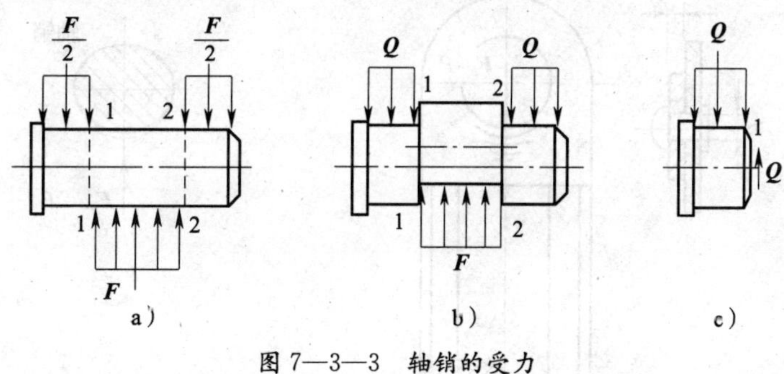

图 7—3—3　轴销的受力

在工程设计中，通常假定与剪力 **Q** 相应的剪应力 τ 在剪切面上是均匀分布的，则剪切面上的剪应力为：

$$\tau=\frac{Q}{A}=\frac{F}{2A}$$

式中　A——剪切面的面积，mm^2；

τ——剪应力，单位与正应力相同，即为 MPa。

3．剪切时的强度条件

为了保证连接构件在工作时不被剪断，应将构件的工作剪应力 τ 限制在材料的许用剪应力 $[\tau]$ 之内，即要求：

$$\tau=\frac{Q}{A}\leqslant[\tau]$$

上述关系称为连接件的剪切强度条件。

常用材料剪切许用应力 $[\tau]$ 可以从有关设计手册中查得，对于金属材料也可按如下的经验公式确定：

钢质塑性材料 $[\tau]=0.6\sim0.8[\sigma]$

式中　$[\sigma]$——材料的拉伸许用应力。

二、挤压强度

1. 挤压的概念

螺栓、销钉、铆钉等连接件，除了承受剪切外，在连接件和被连接件的接触面上将相互压紧，这种现象称为挤压。对于如图 7—3—4 所示耳片接头，除应考虑轴销的剪切强度外，由于轴销与耳片孔相互挤压，当挤压力过大时，孔壁边缘将受压起“皱”，而轴销则将局部被压“扁”（当轴销与耳片为相同材料时）。显然，这种由于挤压而引起的显著塑性变形一般也是不允许的。所以，在实际应用中，还必须考虑连接件的挤压强度。构件上产生挤压变形的表面称为挤压面。挤压面就是两构件的接触面，一般垂直于外力作用线。

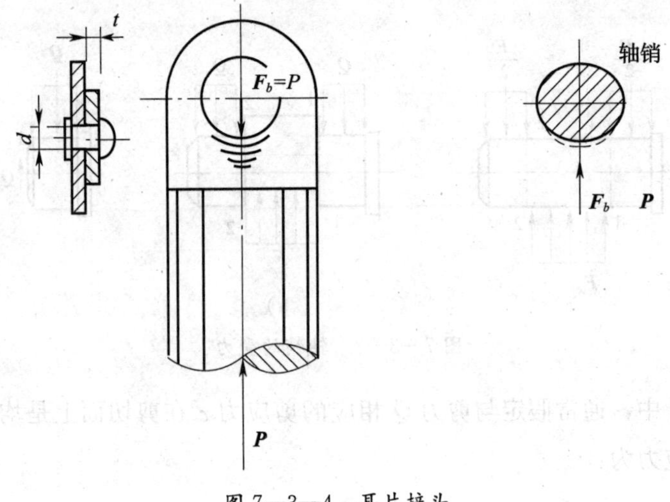

图 7—3—4　耳片接头

2. 挤压应力和挤压面

挤压应力（实为挤压面上的压强）为挤压作用引起的应力，用符号 σ_{jy} 表示。挤压应力不同于杆件压缩中的压缩应力。压缩应力遍及整个杆件的内部，在横截面上是均匀分布的；挤压应力只分布于两零件相互接触的局部区域，在接触面上的分布也较复杂。在工程上，可假设在挤压面上应力是均匀分布的。设 $\boldsymbol{P}$ 为挤压面上的作用力，A_{jy} 为挤压面面积，则：

$$\sigma_{jy}=\frac{\boldsymbol{P}}{A_{jy}}$$

挤压面一般有平面和曲面两种，在图 7—3—5a 所示键连接中，挤压面为平面，挤

压面的面积 A_{jy} 就是传力的接触面积（见图 7—3—5b），即 $A_{jy}=\frac{h}{2}L$。螺栓、铆钉、销钉等一类圆柱形连接件（见图 7—3—6a），其杆部与板的接触面近似为半圆柱面。为了简化计算，一般取通过圆柱直径的平面面积（即圆柱的正投影面面积），作为挤压面的计算面积（见图 7—3—6b），即：

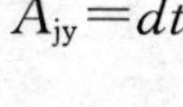

$$A_{jy}=dt$$

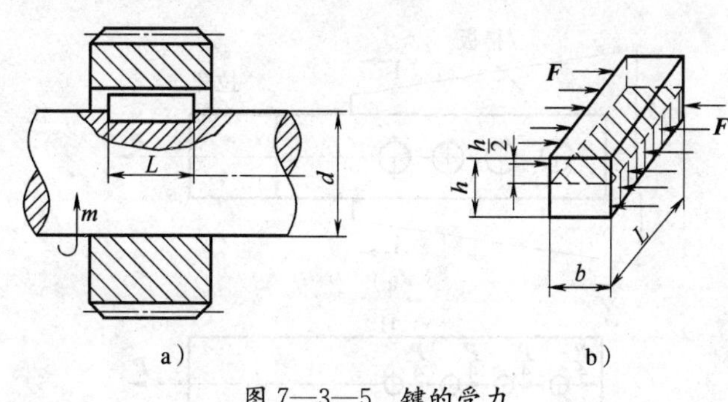

图 7—3—5　键的受力

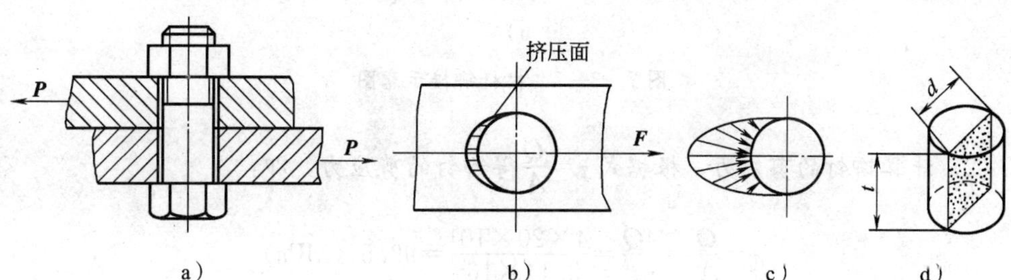

图 7—3—6　螺栓的挤压面

3. 挤压时的强度条件

为了防止挤压破坏，挤压面上的最大挤压应力不得超过连接件材料的许用挤压应力 $[\sigma_{jy}]$，即要求：

$$\sigma_{jy}=\frac{P}{A_{jy}}\leqslant[\sigma_{jy}] \qquad (7—3—1)$$

式（7—3—1）为连接件的挤压强度条件。材料的许用挤压应力可从有关手册查得，对于钢质构件，许用挤压应力一般可取：

$$[\sigma_{jy}]=1.7\sim2.0\,[\sigma]$$

式中　$[\sigma]$ ——材料的拉伸许用应力。

工程应用

试对拉杆进行剪切与挤压的强度校核（式中 $P=80$ kN，$d=16$ mm，$[\tau]=100$ MPa，

$t=10$ mm，$[\sigma_{jy}]=300$ MPa)。

1. 校核拉杆的剪切强度

(1) 计算铆钉的剪力 Q，因铆钉直径相同，而外力作用线通过铆钉群剪切面的形心（见图 7—3—7）。故可假定各铆钉剪切面上的剪力相同，即：

$$Q=\frac{P}{4}=\frac{80}{4}=20\ (\text{kN})$$

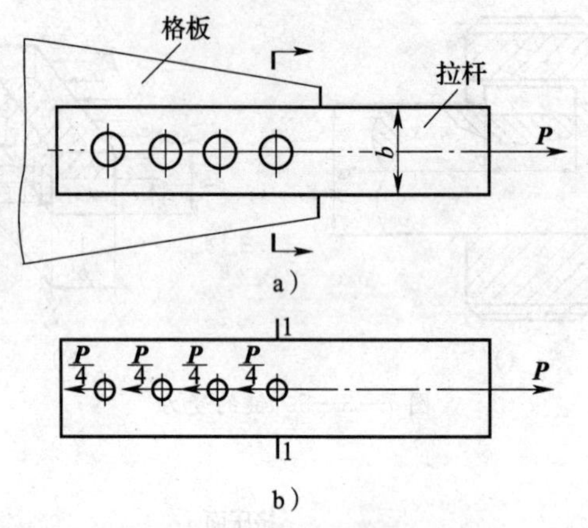

图 7—3—7　拉杆铆接示意图

(2) 计算铆钉的剪应力，根据式 $\tau=\frac{Q}{A}$ 得铆钉的剪应力，即：

$$\tau=\frac{Q}{A}=\frac{4Q}{\pi d^2}=\frac{4\times20\times10^3}{3.14\times16^2}=99.5\ (\text{MPa})$$

因为 $\tau<[\tau]$，所以铆钉满足剪切强度条件。

2. 校核拉杆的挤压强度

(1) 单个铆钉所受挤压力 F 为：

$$F=\frac{P}{4}=\frac{80}{4}=20\ (\text{kN})$$

(2) 铆钉挤压应力 σ_{jy} 为：

$$\sigma_{jy}=\frac{F}{A_{jy}}=\frac{F}{t\cdot d}=\frac{20\times10^3}{10\times16}=125\ (\text{MPa})$$

因为 $\sigma_{jy}<[\sigma_{jy}]$，所以铆钉满足挤压强度要求。

知识链接

剪切和挤压计算时应注意的问题

1. 必须取出剪切构件，明确研究对象，绘出全部外力，确定外力大小。从而正确确定受剪面上剪力的大小。

2. 必须正确确定剪切面和挤压面。剪切面在两相邻外力作用线之间，与外力平行，挤压面即外力的作用面，与外力垂直。

3. 挤压面为半圆弧面时，可将构件的直径截面视为挤压面（计算挤压面）。

思考与练习

一、填空题

1. 构件受剪切作用时的受力特点是________。变形特点是________。

2. 挤压作用是指________的现象，而________面就叫作挤压面，以符号________表示。

二、选择题

1. 校核图 7—3—8 所示结构中铆钉的剪切和挤压强度时，剪切面面积是（　　），挤压面面积是（　　）。

图 7—3—8　铆钉强度校核

A. $\frac{\pi d^2}{4}$　　B. dt　　C. $2dt$

D. πd^2　　E. $3dt$　　F. πdt

2. 在校核材料的剪切和挤压强度时，当其中有一个超过许用值时，强度则（　　）。

A. 不够　　B. 足够　　C. 无法判断

课题四　扭　转

◆ 掌握扭转和扭矩的概念。

◆ 掌握扭矩的计算并绘制扭矩图。

◆ 能够进行圆轴扭转时的应力计算和强度校核。

传动轴受力情况如图 7—4—1 所示。已知材料的许用剪应力 [τ] =40 MPa，许用扭转角 [θ] =0.5°/m，材料的剪切弹性模量 $G=8\times10^4$ MPa，如何设计轴的直径？

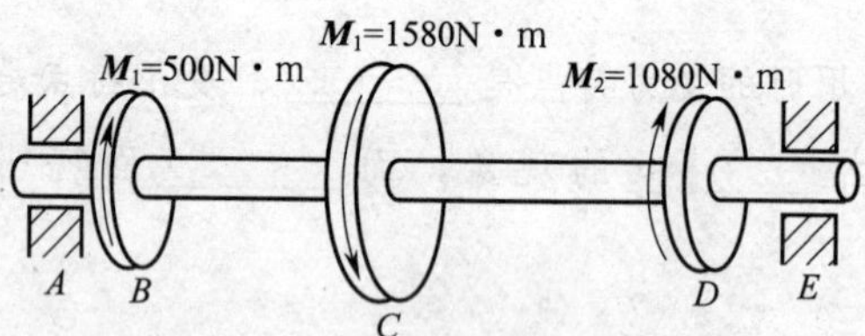

图 7—4—1 传动轴受力情况

一、扭转的概念

如图 7—4—2 所示传动轴，在其两端垂直于杆件轴线的平面内，作用一对大小相等、方向相反的力偶。在上述力偶作用下，传动轴各横截面绕杆件轴线作相对转动。又如汽车转向轴，驾驶员通过转向盘把力偶作用于转向轴的一端，而转向轴的另一端则又受到来自转向器的阻抗力偶的作用。

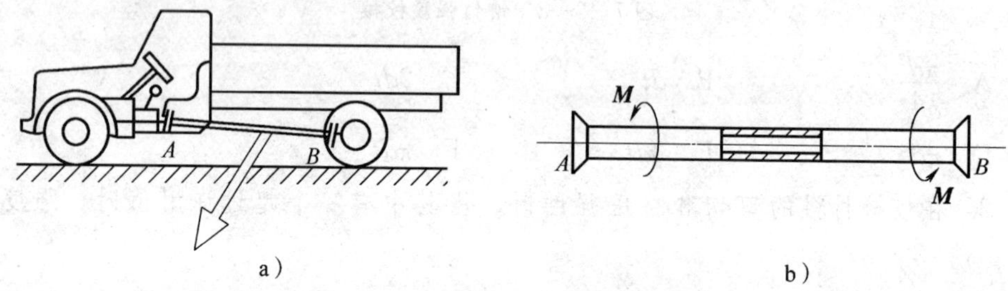

图 7—4—2 汽车底盘下的传动轴的扭转变形

可以看出，这些受力构件的共同特点：构件为等直圆杆，并在垂直于杆件轴线的平面内作用有力偶。在这种情况下，杆件各横截面绕轴线做相对转动（见图 7—4—3）。这种变形形式称为扭转，凡是以扭转变形为主要变形的构件称为轴。

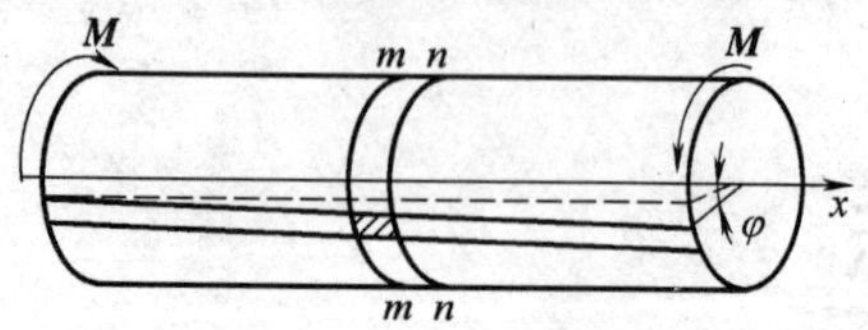

图 7—4—3 轴的扭转变形

二、扭转时横截面上的内力

1. 扭矩

圆轴在外力偶矩作用下，截面上将产生内力。为了求出内力，仍采用截面法。

【例】如图 7—4—4a 所示装有四个带轮的传动轴，在四个带轮上分别作用有主动力偶矩 M_1 和从动力偶矩 M_2、M_3、M_4，外力偶矩分别为 $M_1=110\ \text{N}\cdot\text{m}$，$M_2=60\ \text{N}\cdot\text{m}$，$M_3=20\ \text{N}\cdot\text{m}$，$M_4=30\ \text{N}\cdot\text{m}$。

若计算 AB 段内任一截面上的内力，可假想在段内沿任一截面 1—1 截开，取左边部分为研究对象（见图 7—4—4b），为了保持该段轴的平衡，则截面上必出现一个与外力偶矩 M_1 方向相反的内力偶矩 M_{n1}，称为扭矩。它的大小可运用平衡方程式 $\sum M_i=0$

求得：
$$M_1-M_{n1}=0$$

所以
$$M_{n1}=M_1$$

同样，在轴的 BC 段内，扭矩为（见图 7—4—4c）：

$$\sum M_i=0\qquad 即\ M_1-M_2-M_{n2}=0$$

故
$$M_{n2}=M_1-M_2$$

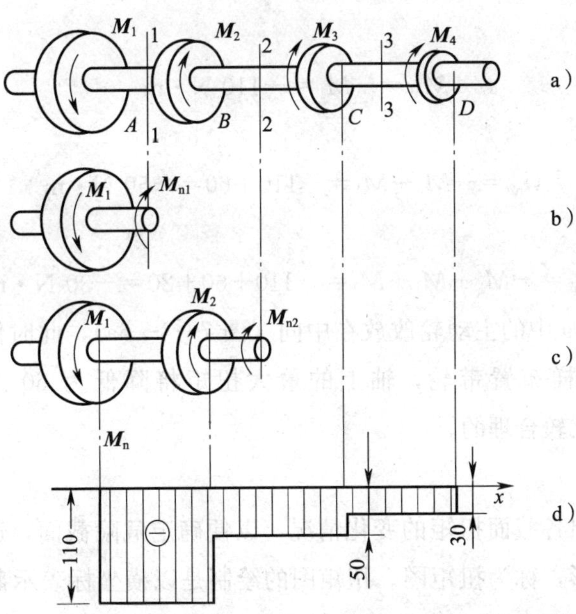

图 7—4—4　传动轴的扭矩

通过上面的计算，可得如下计算扭矩的规律：某一截面上的扭矩，等于截面一侧（左或右）轴上所受外力偶矩的代数和。

为了使截面两侧求出的扭矩具有相同的正负号，对扭矩的正负号做如下规定：以右手拇指表示截面外法线方向，若扭矩转向与其他四指转向相同时扭矩取正号；反之取负号。于是，外力偶矩正负号的规定应与扭矩相反。即右手拇指表示截面外法线方向，外力偶矩转向与其他四指转向相同时取负号；反之取正号。这样，正的外力偶矩产生正的扭矩，即外力偶矩代数和为正时扭矩为正（见图 7—4—5a、b）；反之为负（见图 7—4—5c、d）。

按照上述规律，可以计算出轴上各段截面上的扭矩分别为：

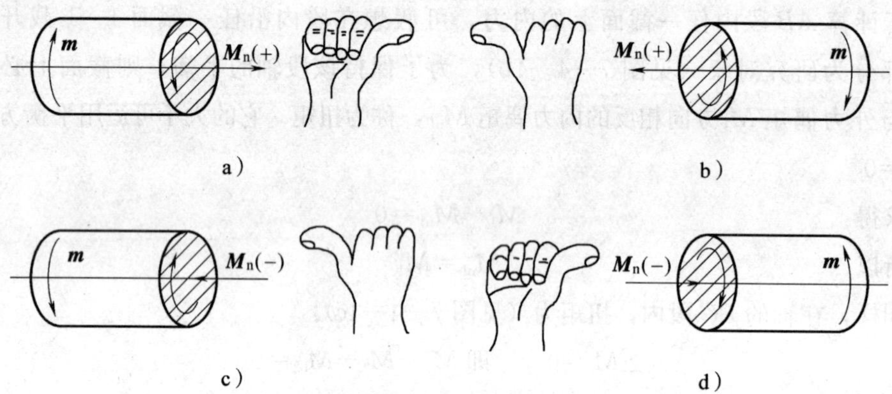

图 7—4—5　扭矩符号的规定

1—1 截面上

$$M_{n1}=-M_1=-110\ \mathrm{N\cdot m}$$

2—2 截面上

$$M_{n2}=-M_1+M_2=-110+60=-50\ \mathrm{N\cdot m}$$

3—3 截面上

$$M_{n3}=-M_1+M_2+M_3=-110+60+20=-30\ \mathrm{N\cdot m}$$

若把图 7—4—4a 中的主动轮改放在中间（图 7—4—6a），此时做出的扭矩图如图 7—4—6b 所示。这样布置带轮，轴上的最大扭矩将降低为 60 N·m，显然，图 7—4—6a的布局是比较合理的。

2．扭矩图

为了清楚地看出各截面扭矩的变化情况，以便确定危险截面，通常把扭矩随截面位置的变化绘成图形，称为扭矩图。扭矩图的绘制是以横坐标表示截面位置，以纵坐标表示相应截面的扭矩。把上面的计算结果按适当比例绘于图上，即得扭矩图如图 7—4—4d 所示。从扭矩图上可以明显看出危险截面在轴的 AB 段，最大扭矩 $|M_{max}|=M_1=110\ \mathrm{N\cdot m}$。

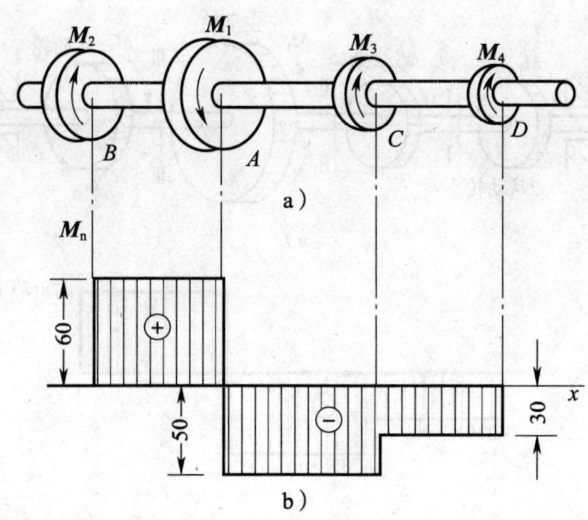

图 7—4—6　把图 7—4—4a 中的主动轮改放在中间的扭矩

【例】 传动轴如图 7—4—7a 所示。已知轴的转速 $n=200$ r/min，主动轮 1 输入功率 $P_1=20$ kW，三个从动轮 2、3 及 4 输出功率分别为 $P_2=5$ kW、$P_3=5$ kW 和 $P_4=10$ kW，试绘制扭矩图。

解： ①计算作用在轮 1、2、3 和 4 上的外力偶矩 M_1、M_2、M_3 和 M_4

根据功率、转速、外力偶矩之间的关系，求得：

$$M_1=9\ 550\frac{P_1}{n}=9\ 550\times\frac{20}{200}=955\ \text{N}\cdot\text{m}$$

$$M_2=9\ 550\frac{P_2}{n}=9\ 550\times\frac{5}{200}=239\ \text{N}\cdot\text{m}$$

$$M_3=M_2=239\ \text{N}\cdot\text{m}$$

$$M_4=9\ 550\frac{P_4}{n}=9\ 550\times\frac{10}{200}=478\ \text{N}\cdot\text{m}$$

②计算各段扭矩

根据计算扭矩的规律，可得

2—3 段：　$M_{n1}=-M_2=-239\ \text{N}\cdot\text{m}$

3—1 段：　$M_{n2}=-M_2-M_3=-478\ \text{N}\cdot\text{m}$

1—4 段：　$M_{n3}=-M_2-M_3+M_1$

$$=-239-239+955=478\ \text{N}\cdot\text{m}$$

③绘制扭矩图

以横坐标表示断面位置，以纵坐标表示相应截面上的扭矩，按一定比例尺分三段：2—3 段，3—1 段，1—4 段。

画扭矩图，如图 7—4—7b 所示。

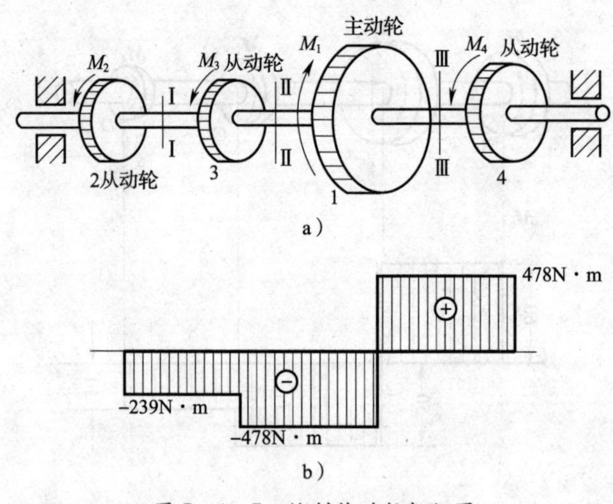

图 7—4—7　绘制传动轴扭矩图

三、圆轴扭转时的变形和应力

1. 圆轴扭转时的变形

圆轴扭转时，其横截面上的应力不是均匀分布的，这一点可以通过圆轴扭转变形的几何关系得到论证。

在圆轴的表面上做纵向线和圆周线（见图 7—4—8），在其两端作用扭转力偶，使其变形，可以观察到下列现象：

（1）所有圆周线的形状、大小及相互距离均无变化。

（2）所有纵向线都倾斜了同一角度，使原来的矩形格子变成同样大小的平行四边形。

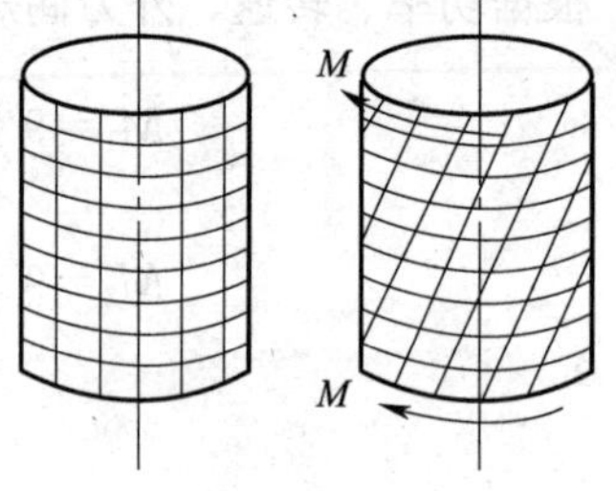

图 7—4—8　圆轴扭转变形现象分析

根据以上现象，可以认为圆轴在扭转变形时，各横截面仍为垂直于轴线的平面，只是绕轴线相对转动。圆轴横截面上的半径仍为直线，其长度也不变。

如图 7—4—8 所示，扭转变形时，理论分析表明：圆轴扭转时圆轴单位长度上的扭转角（用符号 θ 表示）的计算公式为：

$$\theta=\frac{\varphi}{l}=\frac{M_n}{GI_p}$$

上式中单位扭转角的单位是弧度/米（rad/m），工程上常用度/米（°/m）来表示单位扭转角，即

$$\theta=\frac{M_n}{CI_p}\cdot\frac{180}{\pi} \qquad (7—4—1)$$

式中　M_n——横截面上的扭矩，N · mm；

l——两横截面间的距离，mm；

G——轴材料的剪切弹性模量，MPa；

I_p——横截面对圆心的极惯性矩，mm^4。

由式（7—4—1）可知，在扭矩一定的情况下，GI_p 越大，单位长度上的扭转角越小，可见 GI_p 反映了圆轴抗抵扭转变形的能力，称为抗扭刚度。对于 I_p 有：

圆截面 $$I_p=\frac{\pi d^4}{32}\approx 0.1d^4$$

圆环截面 $$I_p=\frac{\pi}{32}(D^4-d^4)\approx 0.1(D^4-d^4)$$

或 $$I_p=\frac{\pi}{32}D^4(1-\alpha^4)\approx 0.1D^4(1-\alpha^4)$$

其中 $$\alpha=\frac{d}{D}$$

2．圆轴扭转时的应力

从圆轴扭转变形的情况来分析，可得出以下结论：

（1）扭转变形时，相邻横截面之间发生了绕轴线的相对转动，说明各横截面之间发生了相对错动，这实质上是剪切变形。所以横截面上必有剪应力存在，且剪应力组成的合力必为力偶。

（2）扭转变形时，因截面半径长度不变，故剪应力方向必垂直于半径，而截面半径仍为直线，表明离截面中心越远处的应变越大，因而剪应力也越大。

（3）扭转变形时，因轴上所有圆周线的相互距离均无变化，所以横截面上没有正应力。

综上所述，圆轴扭转时，横截面上剪应力的分布规律为横截面上某点的剪应力与该点至圆心的距离成正比，圆心处剪应力为零，圆周上剪应力最大，剪应力沿截面半径呈直线规律分布（见图 7—4—9）。

如图 7—4—9 所示，扭转变形时，在轴的边缘处所受的工作剪应力最大。理论分析表明：圆轴扭转时横截面上的最大剪应力（用符号 τ_{max} 表示）的计算公式为：

$$\tau_{max}=\frac{M_n}{W_n} \quad (7—4—2)$$

式中 τ_{max}——横截面上最大剪应力，MPa；

M_n——横截面上的扭矩，N·mm；

W_n——抗扭截面模量，mm^3。

由式（7—4—2）可知，W_n 越大，τ_{max} 就越小，而 W_n 只与横截面形状和尺寸有关。因此，W_n 是表示横截面抵抗扭转能力的一个几何量。对于实心圆轴，若直径为 D，则：

$$W_n=\frac{\pi D^3}{16}\approx 0.2D^3$$

对于空心轴，若外径为 D，内径为 d，则：

$$W_n=\frac{\pi D^3}{16}（1-\alpha^4）\approx 0.2D^3（1-\alpha^4）$$

其中 $\alpha=\frac{d}{D}$。

【例】 驾驶员单手加在转向盘上的最大切向力 $F=F'=300$ N（见图 7—4—10），转向盘的直径 $D'=520$ mm，转向盘下的转向轴为空心圆管，其外径 $D=32$ mm，内径 $d=24$ mm，试计算轴内的最大剪应力 τ。

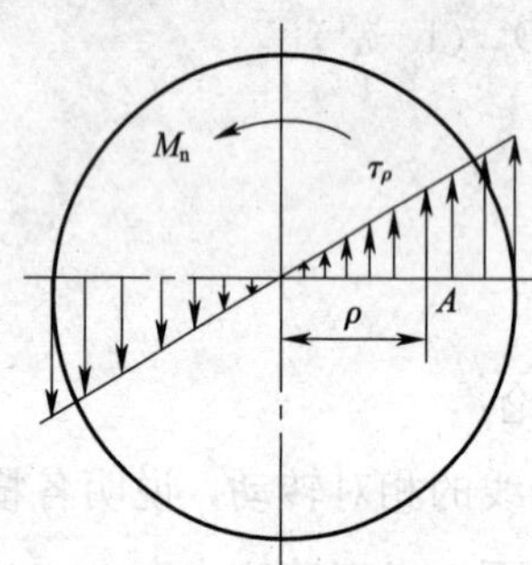

图 7—4—9　圆轴横截面上剪应力分布规律

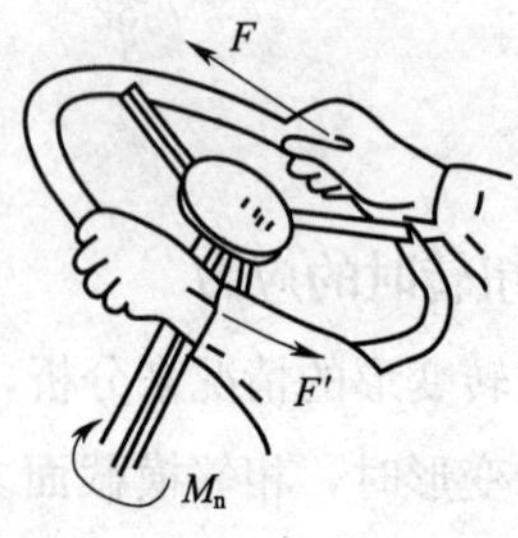

图 7—4—10　转向盘受力

解： 驾驶员作用在转向盘上的外力偶矩为：

$$m=FD'=300\times 0.52=156\ （N·m）$$

由截面法可求得横截面上的扭矩为：

$$M_n=m=156\ （N·m）$$

转向轴的抗扭截面模量为：

$$W_n=\frac{\pi D^3}{16}\left[1-\left(\frac{d}{D}\right)^4\right]=\frac{3.14}{16}\times 32^3\left[1-\left(\frac{24}{32}\right)^4\right]=4\,400\ （mm^3）$$

由式（7—4—2）得：

$$\tau_{max}=\frac{M_n}{W_n}=\frac{156\times 10^3}{4\,400}=35.5\ （MPa）$$

四、圆轴扭转时的强度和刚度条件

1．强度条件

要使轴扭转时具有足够的强度，就应使轴横截面上的最大剪应力不超过其许用剪应力，即

$$\tau_{max}=\frac{M_n}{W_n}\leqslant[\tau]\qquad（7—4—3）$$

式（7—4—3）称为圆轴扭转时的强度条件。必须注意，M_n应是全轴中危险截面上的扭矩，所以在进行扭转强度计算时，必须画出扭矩图。

2．刚度条件

圆轴扭转时，不仅要满足强度条件，还应有足够的刚度。否则将会影响机械的传动性能，也会使机器在运转中产生较大的振动。因此，工程上要求轴的最大单位扭转角不超过许用的单位扭转角［θ］，即：

$$\theta_{max}=\frac{M_n}{GI_p}\times\frac{180}{\pi}\leqslant[\theta] \qquad (7—4—4)$$

式（7—4—4）就是圆轴扭转时的刚度条件。同样，M_n 也应是危险截面上的扭矩（绝对值）。

圆轴扭转的强度和刚度条件可以解决三类问题，即设计截面尺寸，校核强度、刚度和求允许传递的功率或力偶矩。

工程应用

根据所学知识设计如图 7—4—11 所示轴的直径。

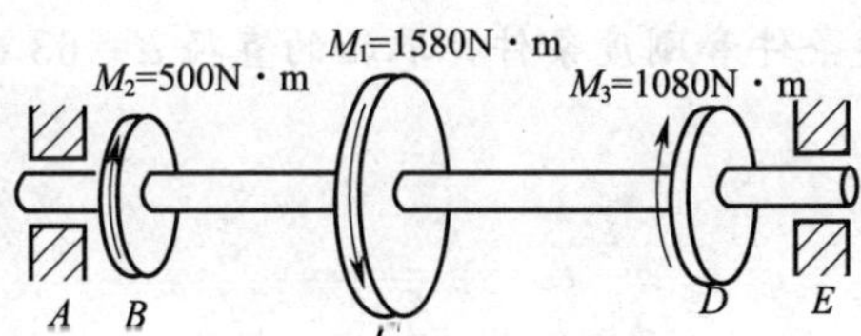

图 7—4—11　设计轴的直径

1．画扭矩图

按计算扭矩的规律算得各段扭矩为：

BC 段　　$M_n^{BC}=500\ \text{N}\cdot\text{m}$

CD 段　　$M_n^{CD}=500-1\,580=-1\,080\ \text{N}\cdot\text{m}$

由以上计算结果，按适当比例画扭矩图，如图 7—4—12 所示。

从扭矩图可以看出，危险截面在 *CD* 段内，且有：

$$|M_{nmax}|=1\,080\text{N}\cdot\text{m}$$

2．按强度条件设计轴的直径

$$\tau_{max}=\frac{M_n max}{W_n}=\frac{1\,080\times10^3}{0.2d^3}\leqslant40$$

所以

$$d\geqslant\sqrt[3]{\frac{1\,080\,000}{0.2\times40}}=51.4\ \text{mm}$$

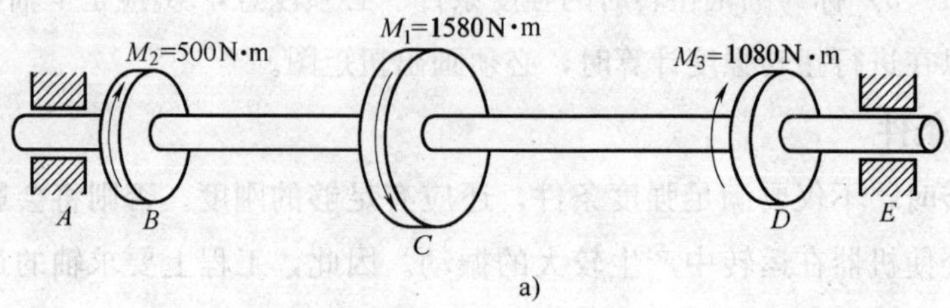

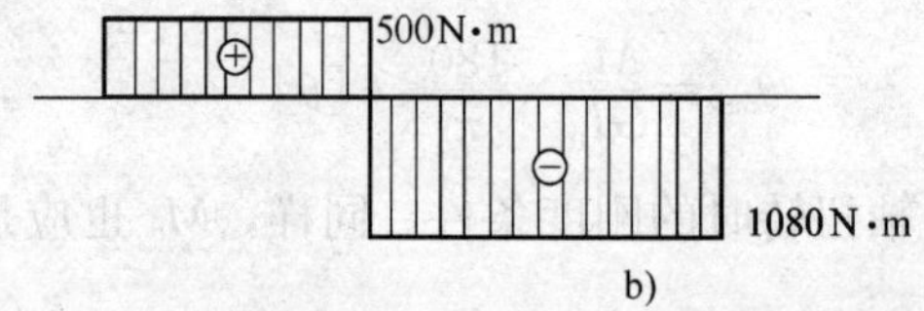

图 7—4—12　传动轴的扭矩图

3．按刚度条件设计轴的直径

$$\theta_{max}=\frac{M_{nmax}}{G\cdot I_p}\cdot\frac{180}{\pi}=\frac{1\ 080\times180}{8\times10^4\times10^6\times0.1d^4\pi}\leqslant0.5$$

所以　$$d\geqslant\sqrt[4]{\frac{1\ 080\times180}{8\times10^{10}\times0.1\pi\times0.5}}=0.062\ 8\ \text{m}=62.8\ \text{mm}$$

要使轴同时满足强度条件和刚度条件，取轴的直径 $d=63$ mm。

知识链接

外力偶矩的计算

作用于轴上的外力偶矩往往不是直接给出的，而是根据所给定的轴传递的功率和轴的转速算出的。利用理论力学中已经导出的公式即可算出外力偶矩。功率、转速和外力偶矩之间的关系为：

$$M=9\ 550\,\frac{P}{n}\tag{7—4—5}$$

式中　P——轴传递的功率，kW；

n——轴的转速，r/min；

M——作用在轴上的外力偶矩，N·m。

必须注意，如果功率的单位是马力，则式（7—4—5）必须改为：

$$M=7\ 024\,\frac{P}{n}$$

思考与练习

一、填空题

圆轴扭转变形时的受力特点是________，其变形特点是________。

二、选择题

圆轴扭转时，横截面上（　　）。

A. 有正应力，其大小与截面直径无关

B. 有正应力也有剪应力，它们的大小均与截面直径无关

C. 只有剪应力，其大小与其到圆心的距离成正比

三、计算题

1. 空心圆轴在扭转时，横截面上的扭矩为 M，如图 7—4—13 所示，试在该图的直线 OA 上画出应力分布图。

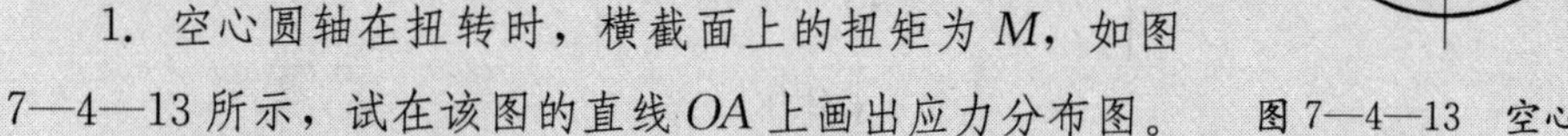

图 7—4—13　空心圆轴

2. 设有一根钢制等截面传动轴，如图 7—4—14 所示，轴上受到四个力偶矩作用，输入轮 $M_1=267.4$ N·m，输出轮 $M_2=114.6$ N·m、$M_3=95.5$ N·m、$M_4=57.3$ N·m。轴的许用切应力 $[\tau]=40$ MPa，若轴的直径 $d=28$ mm，试校核轴的强度。

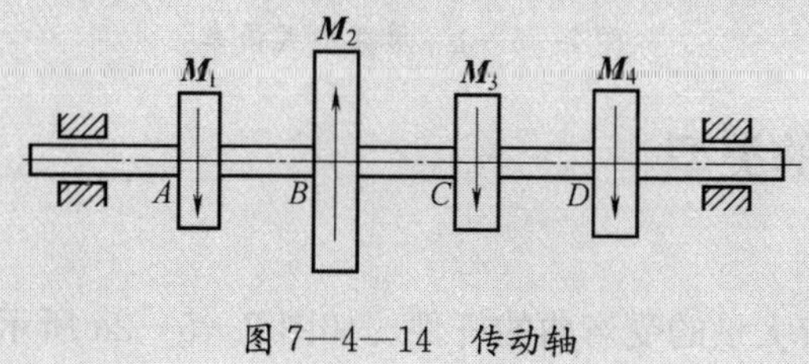

图 7—4—14　传动轴

课题五　直梁的弯曲

学习目标

◆ 了解弯曲和梁的类型。

◆ 掌握弯曲强度条件和刚度条件及计算。

◆ 能够绘制剪力图和弯矩图。

想一想

单梁桥式吊车如图 7—5—1 所示，由 45 工字钢制成，梁材料为 A3 钢，梁跨度 $l=10$ m，电葫芦自重 $G=15$ kN，梁自重不计，该梁可能承载的起重量 $Q=40$ kN，惯性矩 $I_z=32\ 240\ \text{cm}^4$，$E=200$ GPa，其抗弯截面模量 $W_z=1\ 430\ \text{cm}^3$，许用应力 $[\sigma]=140$ MPa，电葫芦运行至梁中点时挠度最大 $y_{max}=\dfrac{PL^3}{48EI_z}$，要求吊车梁工作时最大挠度不得大于 $l/500$，试校核此单梁吊车的强度和刚度。

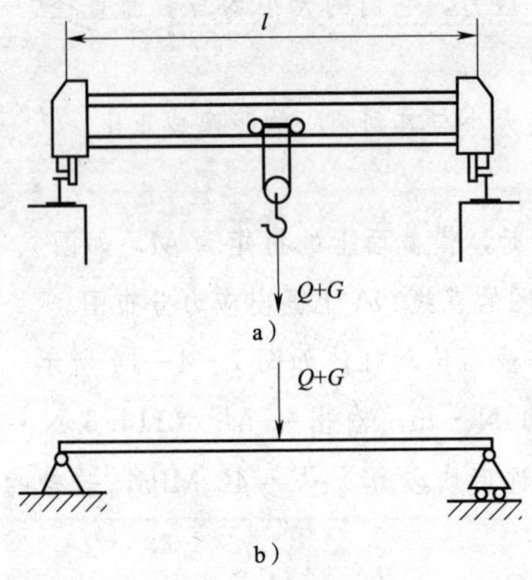

图 7—5—1　单梁桥式吊车

一、弯曲和梁的类型

1. 弯曲的概念

在汽车上，存在着大量的受弯曲的杆件。如图 7—5—2a 所示汽车车架，当汽车在平坦道路上行驶时，由于静载荷和由静载荷上下振动而产生的垂直动载荷的共同作用，使车架产生弯曲变形。如图 7—5—2b 所示汽车前轴，在载荷的作用下将产生弯曲变形。有减振作用的汽车钢板弹簧，在载荷作用下也产生弯曲变形。这些杆件受到垂直于轴线的外力作用，其轴线将由直线变为曲线，这种形式的变形称为弯曲变形。凡是以弯曲变形为主的杆件通常称为梁。

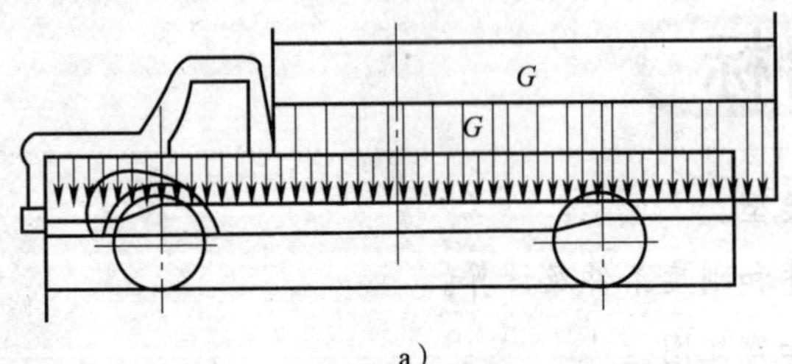

a)

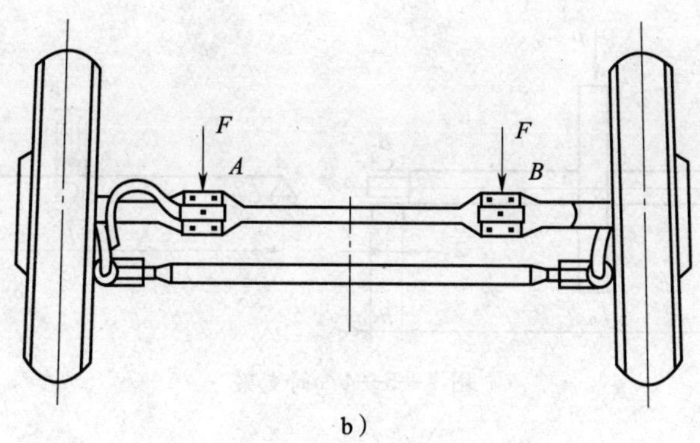

b）

图 7—5—2　汽车的弯曲变形

a）车架　b）前轴

2. 平面弯曲

在分析梁的弯曲变形时，一般认为梁的横截面形状有一条对称轴（见图 7—5—3），则对称轴与梁的轴线所构成的平面称为纵向对称面。当作用在梁上的所有外力（或力偶）都位于这个对称面内，梁变形以后的轴线将是在此对称面内的一条平面曲线，这种情况称为平面弯曲；若这些外力只是一对等值反向的力偶时，则称为纯弯曲。如图 7—5—2b 所示汽车前轴中间一段的弯曲变形即为纯弯曲。

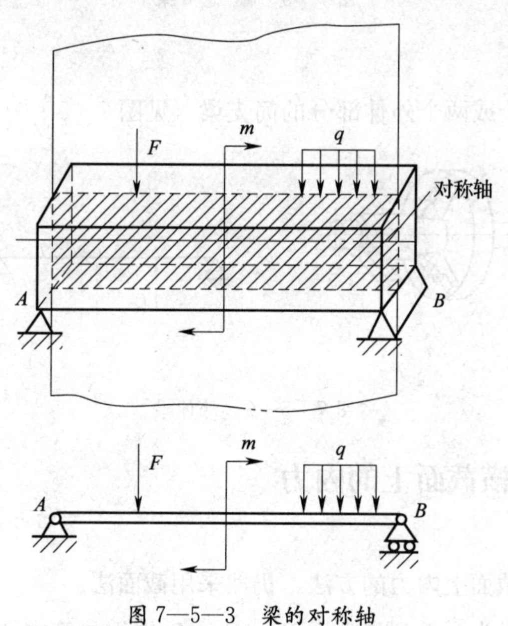

图 7—5—3　梁的对称轴

3. 梁的类型

(1) 简支梁

简支梁是一端为固定铰链约束，另一端为活动铰链约束的梁（见图 7—5—4）。

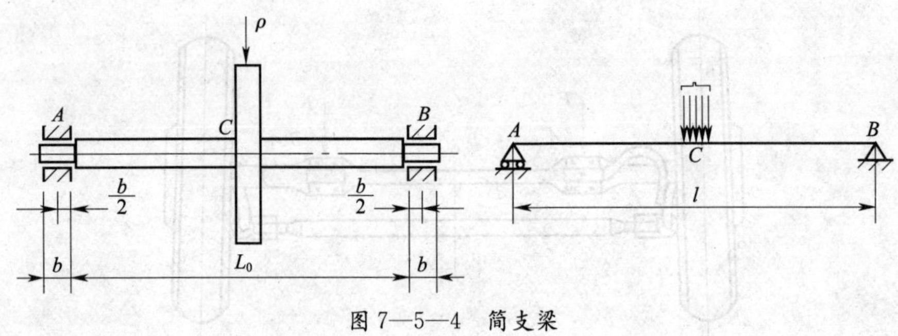

图 7—5—4　简支梁

（2）悬臂梁

悬臂梁是一端固定，另一端自由的梁（见图 7—5—5）。

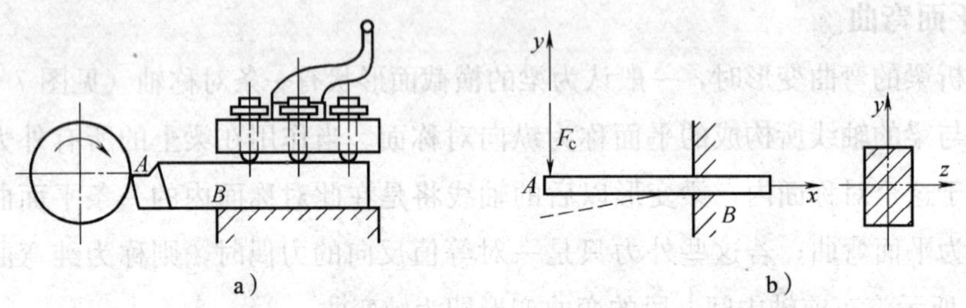

图 7—5—5　悬臂梁

（3）外伸梁

外伸梁是具有一个或两个外伸部分的简支梁（见图 7—5—6）。

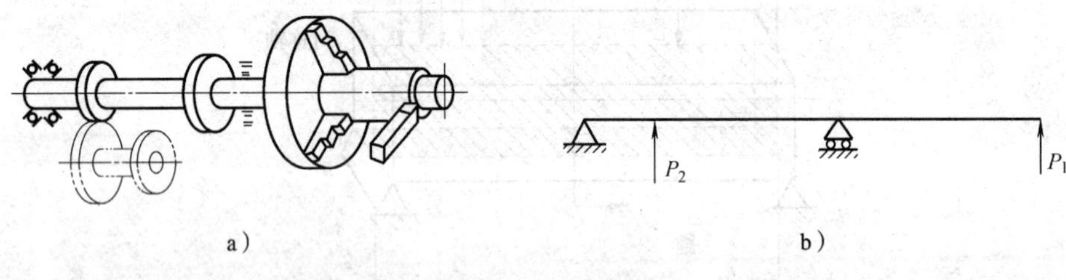

图 7—5—6　外伸梁

二、梁弯曲时横截面上的内力

1. 剪力和弯矩

直梁弯曲时计算截面上内力的方法，仍然采用截面法。

如图 7—5—7 所示为一受到集中力 $\boldsymbol{P}_1$、$\boldsymbol{P}_2$、$\boldsymbol{P}_3$ 作用的简支梁。若要求出距 A 端 x 处的横截面 m—m 上的内力，首先按静力学中的平衡方程求出梁的支座反力 $\boldsymbol{R}_A$ 和 $\boldsymbol{R}_B$，然后用截面法沿截面 m—m 假想地把梁截开，并以左边部分为研究对象（见图 7—5—7）。因 $\boldsymbol{R}_A$ 与 $\boldsymbol{P}_1$ 一般不能互相平衡，为了保持梁左边部分在垂直方向不发生移动，在横截面上必有一平行于横截面的内力 $\boldsymbol{Q}$ 以代替右边部分对左侧沿垂直方向移动的趋势所起的阻止作用；又因 $\boldsymbol{R}_A$ 与 $\boldsymbol{P}_1$ 对截面形心的力矩不能互相抵消，为保持左边部分不发生转动，在横截面上必有一个位于载荷平面内的内力偶，其力偶矩为 $\boldsymbol{M}$，以代替右边部分对左侧转动趋势所起的阻力作用。可见梁弯曲时，横截面上一般存在两个内力元素，其中 $\boldsymbol{Q}$ 称为剪力，力偶矩 $\boldsymbol{M}$ 称为弯矩。如上所述，实际上剪力 $\boldsymbol{Q}$ 和弯矩 $\boldsymbol{M}$ 代替了梁右侧部分对梁左侧的移动和转动所起的限制作用。

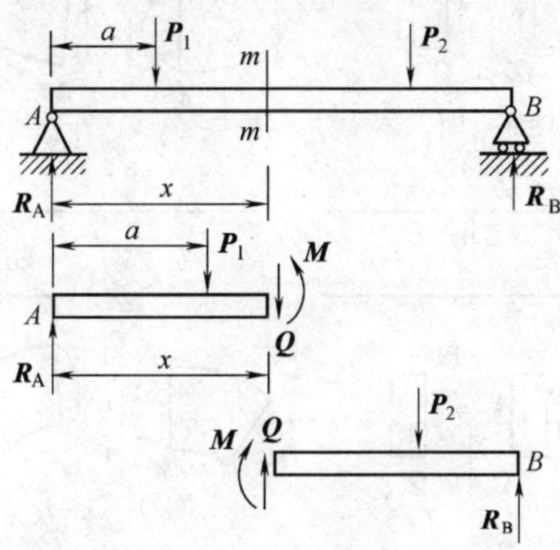

图 7—5—7　集中力作用的简支梁剪力和弯矩

剪力 $\boldsymbol{Q}$ 的大小、方向以及弯矩 $\boldsymbol{M}$ 的大小和转向都必须根据梁左边部分的平衡关系来确定。由

$$\sum F_y=0 \quad 即 \quad R_A-P_1-Q=0$$

得
$$Q=R_A-P_1$$

再由
$$\sum m_o(F)=0 \quad 即 \quad -R_A x+P_1(x-a)+M=0$$

得
$$M=R_A x-P_1(x-a)$$

在力矩式 $\sum m_o(F)=0$ 中，所取力矩中心为横截面的形心。

如果取梁的右边部分为研究对象，用同样方法亦可求得截面 m—m 上的剪力 $\boldsymbol{Q}$ 和弯矩 $\boldsymbol{M}$（见图 7—5—7）。但是必须注意：分别以左侧或右侧为研究对象求出的 $\boldsymbol{Q}$ 和 $\boldsymbol{M}$，数值是相等的，而方向和转向则是相反的，因为它们是作用和反作用的关系。

根据上面的计算，不难看出计算剪力和弯矩的规律。

梁内任一截面上的剪力，等于截面一侧（左或右）梁上外力的代数和。

梁内任一截面上的弯矩，等于截面一侧（左或右）梁上外力对该截面形心力矩的代数和。

为使截面上的内力的符号不因研究对象不同而改变，对剪力和弯矩的符号做如下规定：

在所切横截面的内侧切取微段，凡使该微段有沿顺时针方向旋转趋势的剪力为正（见图 7—5—8a），使微段弯曲变形凹面向上的弯矩为正（见图 7—5—8b）。按此规定，如图 7—5—8c、d 所示的剪力和弯矩均为负。

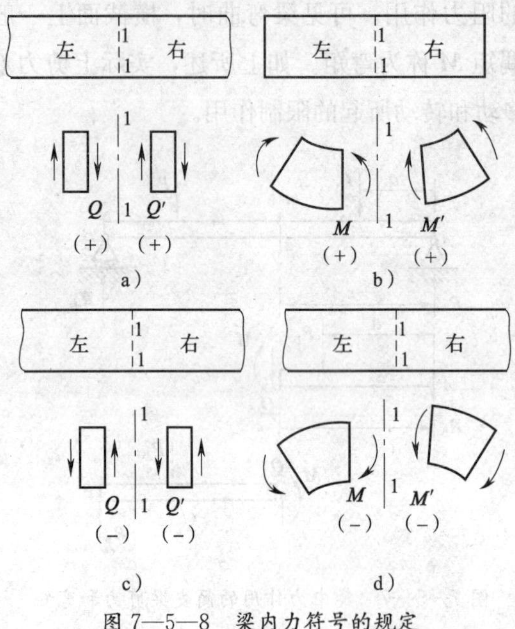

图 7—5—8　梁内力符号的规定

2. 剪力图和弯矩图

在一般情况下，梁横截面上的剪力和弯矩是随截面的位置而变化的。如果把梁轴线作为 x 轴，截面的位置可用 x 表示，则 Q、M 都是 x 的函数，即：

$$Q=Q(x) \tag{7—5—1}$$

$$M=M(x) \tag{7—5—2}$$

式（7—5—1）和式（7—5—2）分别称为剪力方程和弯矩方程。

为了明显地看出剪力、弯矩沿轴线的变化规律，便于找出危险截面，进行梁的设计和校核，通常用下面的方法，将梁的各截面上的剪力和弯矩用图表示出来。

通常先以梁的左端为坐标原点，以梁轴线为 x 轴，一般取向右为正。再以集中载荷和集中力偶的作用点、分布载荷的起讫点以及梁的支承点为界点，将梁分成几段。分段后列出各段的剪力方程和弯矩方程，并分别求出各分界点处截面上的剪力值和弯矩值。最后把算得的 Q、M 值作为纵坐标画在与截面位置相对应的上下两侧，再把各个纵坐标的端点连接起来，由此而得到的图形，称为梁的剪力图和弯矩图。

剪力图上任一点的纵坐标代表与此点相对应的梁横截面上的剪力值；弯矩图上任一点的纵坐标代表与此点相对应的梁横截面上的弯矩值。

作图时，一般把正的剪力和弯矩画在基线（x 轴）的上侧，负的剪力和弯矩画在基线的下侧。

下面通过典型例题，说明剪力图和弯矩图的绘制。

【例】一简支梁 AB（见图 7—5—9）在 C 点处受集中力 $\boldsymbol{P}$ 作用，试画出此梁的剪力图和弯矩图。

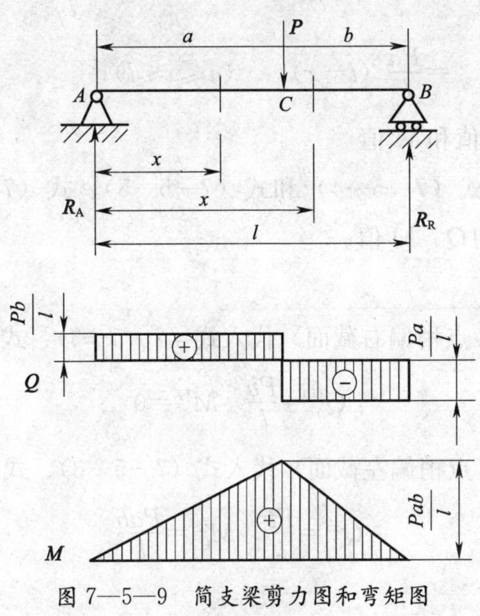

图 7—5—9　简支梁剪力图和弯矩图

解：①求支座反力

以整个梁为研究对象，由平衡方程 $\sum F_y=0$ 及 $\sum m_A(F)=0$ 可求得：

$$R_A=\frac{P_b}{l}\qquad R_B=\frac{Pa}{l}$$

②列剪力方程和弯矩方程

因 C 处受有集中力 $\boldsymbol{P}$，该题中有三个界点 A、C、B。故应分两段（AC 和 CB）列出剪力方程和弯矩方程。

AC 段：

距 A 端 $\boldsymbol{x}$ 处任取一横截面，其剪力方程和弯矩方程为：

$$Q_1=R_A=\frac{Pb}{l}\tag{7—5—3}$$

$$M_1=R_Ax=\frac{Pb}{l}x\quad(0\leqslant x\leqslant a)\tag{7—5—4}$$

CB 段：

在 CB 段内距 A 端 x 处取横截面，列出该段的剪力方程和弯矩方程为：

$$Q_2=+R_A-P=\frac{Pb}{l}-P=\frac{P(b-l)}{l}$$

$$=\frac{-Pa}{l} \tag{7—5—5}$$

$$M_2=R_A x-P(x-a)=\frac{Pb}{l}x-P(x-a)$$

$$=\frac{Pbx}{l}-Px+Pa=\frac{Pbx-P(a+b)x+Pla}{l}$$

$$=\frac{Pa}{l}(l-x)\quad (a\leqslant x\leqslant l) \tag{7—5—6}$$

③确定各界点的 Q 值和 M 值

由式（7—5—3）、式（7—5—4）和式（7—5—5）、式（7—5—6）可分别求得界点 A、C、B 在各段中的 Q、M 值。

AC 段：

将 $x=0$（理解为 A 点稍偏右截面）代入式（7—5—3）、式（7—5—4），得

$$Q_A^{右}=\frac{Pb}{l}\quad M_A^{右}=0$$

将 $x=a$（理解为 C 点稍偏左截面）代入式（7—5—3）、式（7—5—4），得

$$Q_C^{左}=\frac{Pb}{l}\quad M_C^{左}=\frac{Pab}{l}$$

CB 段：

将 $x=a$（理解为 C 点稍偏右截面）代入式（7—5—5）、式（7—5—6），得

$$Q_C^{右}=-\frac{Pa}{l}\quad M_C^{右}=\frac{Pab}{l}$$

将 $x=l$（理解为 B 点稍偏左截面）代入式（7—5—5）、式（7—5—6），得

$$Q_B^{左}=-\frac{Pa}{l}\quad M_B^{左}=0$$

④画剪力图和弯矩图

将以上各界点的 Q 值和 M 值分别画在 Q 图和 M 图 x 轴上对应位置的上、下侧，并由式（7—5—3）、式（7—5—5）可得 AC 和 CB 段梁的剪力图均为水平直线（见图 7—5—9b）；又由式（7—5—4）、式（7—5—6）可得这两段梁的弯矩图为两条倾斜直线（见图 7—5—9c）。

在集中力作用处梁截面上的弯矩最大，其值为：

$$M_{max}=\frac{Pab}{l}$$

若集中力 P 作用在梁的中点，即 $a=b=\frac{l}{2}$ 时，则最大弯矩为：

$$M_{max}=\frac{Pl}{4}$$

三、直梁弯曲时的应力和变形

1. 弯曲时的正应力

一般情况下，梁的横截面上既有剪力，也有弯矩。所以，梁的横截面上同时存在弯曲剪应力和弯曲正应力。由于剪力产生的剪应力对梁的影响较小，可以忽略不计，故在研究弯曲应力时，可只研究弯曲产生的正应力。只有弯曲作用而没有剪切作用的梁，称为纯弯曲梁。如汽车前轴 AB 段，即为纯弯曲梁的一个实例。

(1) 纯弯曲变形

取一矩形截面直梁（见图 7—5—10），在梁的纵向对称面内施加一对大小相等、方向相反的力偶 $\boldsymbol{M}$，使梁产生纯弯曲变形。为方便分析，可以设想梁是由无数层纵向纤维组成的。通过对梁的纯弯曲变形的观察和理论分析，可得如下结论：梁弯曲时，所有横截面仍保持平面，梁的凸边纤维层伸长，凹边纤维层缩短，中间一层纤维既不伸长也不缩短，该层称为中性层，中性层与横截面的交线称为中性轴。

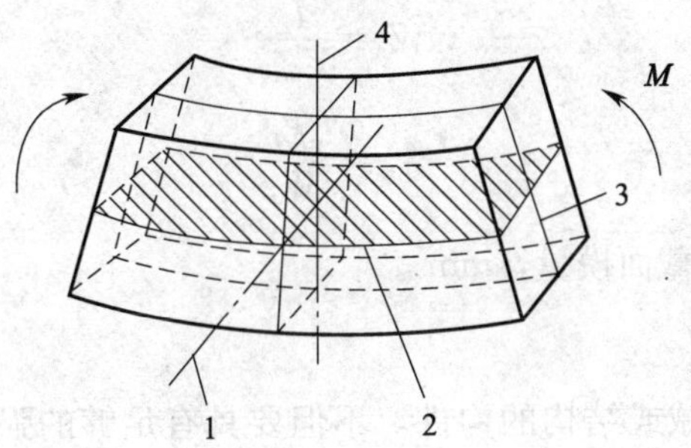

图 7—5—10 纯弯曲变形

1—中性轴 2—中性层 3—纵向对称面 4—横截面对称轴

(2) 正应力的分布规律

由以上分析可知，纯弯曲梁横截面上只有正应力，梁的凸边纤维伸长，应为拉应力；梁的凹边纤维缩短，应为压应力。则正应力的分布规律为横截面上各点正应力的大小，与该点到中性轴的距离成正比。中性轴处的正应力为零，如图 7—5—11a 所示。

由图 7—5—11b 可知，弯矩是由截面上各点的正应力对中性轴的力矩所组成的。

由图 7—5—11a 可知，梁弯曲时，边缘处的正应力最大，其计算公式为：

$$\sigma_{\max}=\frac{MY_{\max}}{I_z} \qquad (7—5—7)$$

式中 M——截面上的弯矩，N·mm；

$Y_{\max}$——截面上、下边缘离中性轴最远的点到中性轴的距离，mm；

I_z——截面对中性轴 z 的惯性矩，是与截面形状、尺寸有关的几何性质的量，mm^4。

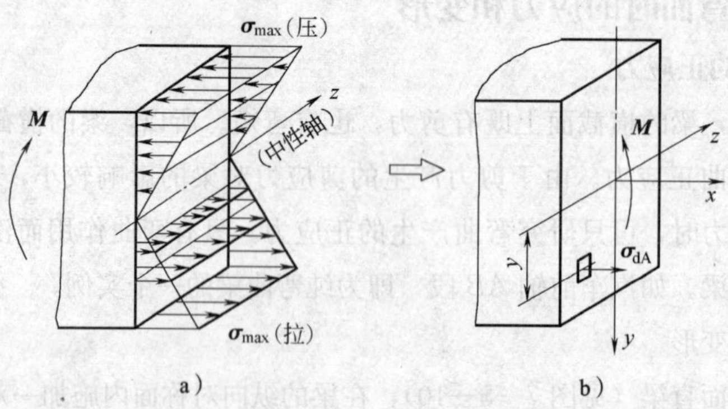

图 7—5—11 梁弯曲时横截面上的应力分布

由式（7—5—7）可看出，对于等截面梁，梁内最大正应力发生在弯矩最大的横截面（称危险截面）上，且离中性轴最远的上、下边缘处。

在式（7—5—7）中令：

$$W_z=\frac{I_z}{Y_{max}}$$

则：

$$\sigma_{max}=\frac{M}{W_z}$$

式中 W_z——梁的抗弯截面模量，mm^3。

2．梁的变形

在汽车中，某些机械或结构的构件，不但要具有足够的强度，还要具有足够的刚度。如果梁的变形过大，不符合刚度要求，尽管其工作应力不超过许用应力，梁也是不适用的。例如一般的传动轴，若弯曲变形过大，就会引起汽车行驶时的抖动和轴颈与轴承的急剧磨损，使齿轮不能很好地啮合。又如吊车梁若变形过大，就会使吊车在行驶时发生剧烈的振动。因此必须研究梁的变形问题。

梁受外力作用后，它的轴线由原来的直线变成了一条连续而光滑的曲线（见图7—5—12），称为挠曲线。因为梁的变形是弹性变形，所以梁的挠曲线也称为弹性曲线。弹性曲线可以表示为 $y=f(x)$，称为弹性曲线方程。

梁的变形可用两个基本量来度量：

挠度——梁上距离坐标原点为 x 的截面的形心（见图 7—5—12），沿垂直于 x 轴方向的位移 y，称为该截面的挠度。其单位为 mm。通常选取坐标系 Oxy，原点在梁的左端，y 轴正向向上，所以位移向上时挠度为正，向下时挠度为负。

转角——梁的任一横截面在弯曲变形过程中，绕中性轴转过的角位移 θ，称为该截面的转角。因为变形前后横截面都垂直于梁的轴线，也可把 x 轴与弹性曲线上某点（对应一截面）切线的夹角看成是梁上该截面的转角（见图 7—5—12）。转角的单位是弧度（rad）。转角的正负号规定顺时针方向为负，逆时针方向为正。

求梁变形的基本方法是积分法。但该法的运算过程比较麻烦。对于最常见的简支梁和悬臂梁，在简单载荷作用下的变形计算，可查相关的材料力学教材。

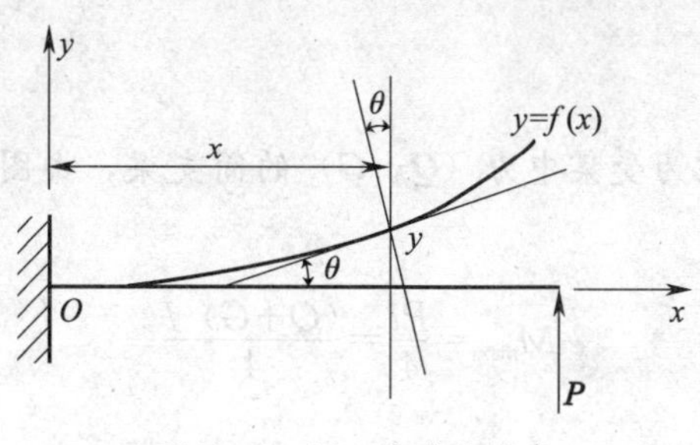

图 7—5—12　挠度和转角

四、直梁弯曲的强度条件和刚度条件

1. 直梁弯曲的强度条件

为使受弯构件能安全、可靠地工作，必须使危险截面上的最大弯曲正应力小于或等于材料抗弯的许用应力，在工程计算中，常近似取材料抗拉、压时的许用应力为其抗弯的许用应力。即弯曲强度条件为：

$$\sigma_{\max}=\frac{M_{\max}}{W_z}\leqslant [\sigma]$$

符号 W_z 表示抗弯截面模量，其单位为 m^3。

矩形截面　　$W_z=bh^2/6$

实心圆截面　　$W_z=\pi D^3/32\approx 0.1D^3$

空心圆截面　　$W_z=\pi D^3(1-\alpha^4)/32\approx 0.1D^3(1-\alpha^4)$

式中　b 和 h 分别为宽和高；

$\alpha=d/D$，d 和 D 分别为内径和外径。

2. 直梁弯曲的刚度条件

对某些受弯构件除有强度要求外，往往还有刚度要求。工程中常用挠度和转角来衡量梁的弯曲变形。在原轴线的垂直方向上的线位移为梁在该点的挠度，用 y 来表示；横截面绕中性轴的转角称为该截面的转角，用 θ 表示。

由于梁有两个变形量，相应的刚度条件也有两个。一方面，梁的最大转角 $\theta_{\max}$ 要小于许用转角 $[\theta]$；另一方面，梁的最大挠度 $y_{\max}$ 要小于许用挠度 $[y]$，于是，梁的刚度条件为：

$$\left.\begin{aligned}\theta_{\max}&\leqslant[\theta]\\ y_{\max}&\leqslant[y]\end{aligned}\right\}$$

 工程应用

校核图 7—5—1 中单梁吊车的强度和刚度。

1. 强度条件校核

(1) 求最大弯矩

单梁桥式吊车可简化为受集中力（$\boldsymbol{Q}+\boldsymbol{G}$）的简支梁，由图 7—5—9 所示例题知其最大弯矩在梁中点，且：

$$M_{\max}=\frac{Pl}{4}=\frac{(Q+G)\ l}{4}$$

(2) 进行强度校核

由强度条件 $\sigma_{\max}=\dfrac{M_{\max}}{W_z}\leqslant[\sigma]$

由型钢表查得 45 工字钢抗弯截面模量：

$W_z=1\ 430\ (\text{cm}^3)$ （表中为 W_x）

所以

$$\sigma_{\max}=\frac{M_{\max}}{W_z}=\frac{(Q+G)\ l}{4W_z}$$

$$=\frac{(50+15)\ \times10^3\times10}{4\times1\ 430\times10^{-6}}$$

$$=114\times10^6\ \text{Pa}$$

$$=114\ \text{MPa}\leqslant[\sigma]=140\ \text{MPa}$$

所以，该梁强度符合要求。

2. 刚度条件校核

电葫芦作用在梁上的力可看作集中力，由题意知电葫芦运行至梁中点时挠度最大，即：

$$y_{\max}=\frac{Pl^3}{48EI_z}$$

由题意 $P=Q+G=65\ \text{kN}$，$I_z=32\ 240\ \text{cm}^4$，$E=200\ \text{GPa}$

所以 $y_{\max}=\dfrac{65\times10\ 000^3}{48\times2\times10^2\times3\ 224\times10^5}=21\ \text{mm}$

此梁的许用挠度为 $[y]=\dfrac{l}{500}=20\ \text{mm}$

可见 $y_{\max}>[y]$

所以梁的刚度不满足要求。

思考与练习

一、简答题

1. 简述弯曲的概念。

2. 梁有哪些类型?

3. 直梁弯曲的强度条件和刚度条件分别是什么?

二、计算题

1. 设有一根钢制等截面传动轴，如图 7—5—13 所示，轴上受到四个力偶矩作用，输入轮 M_1=267.4 N·m，输出轮 M_2=114.6 N·m、M_3=95.5 N·m、M_4=57.3 N·m。轴的许用切应力 [τ] =40 MPa，若轴的直径 d=28 mm，试校核轴的强度。

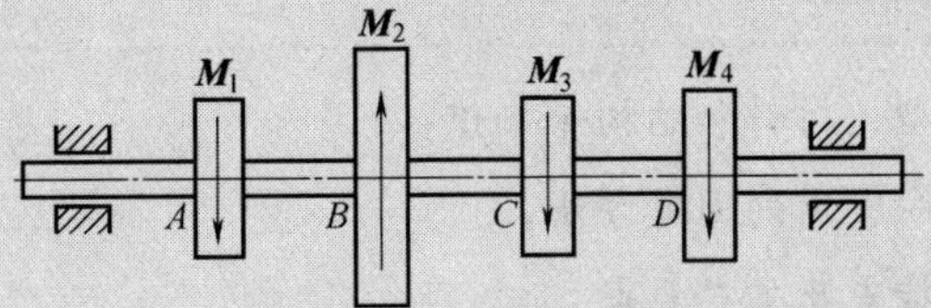

图 7—5—13　传动轴

2. 螺栓压板夹具如图 7—5—14 所示。已知：压板的长度 $3l$=150 mm，设压板对工件的压紧力 F=4 kN，试画出压板的弯矩图，求出压板的最大弯矩。压板材料的许用应力 [σ] —150 MPa，其抗弯截面模量 W_z—1 500 cm^3，试校核此压板的强度。

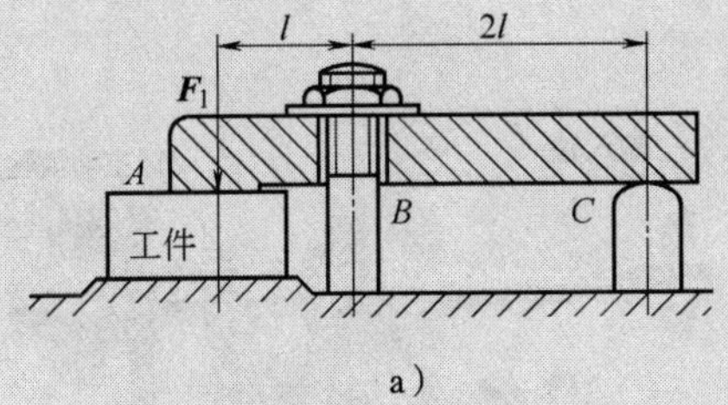

a)

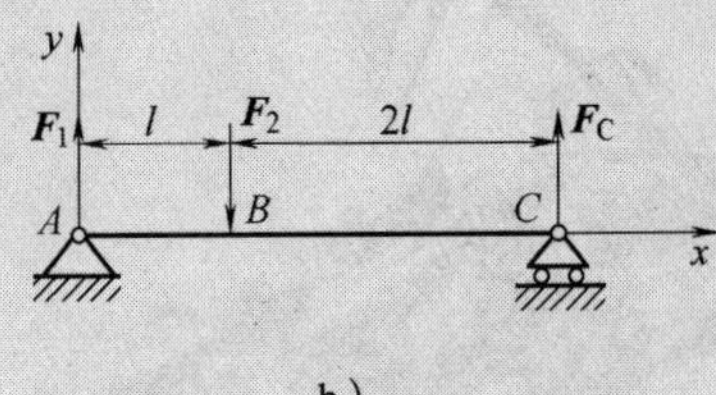

b)

图 7—5—14　螺栓压板家具

模块八 轴系零件

课题一　轴

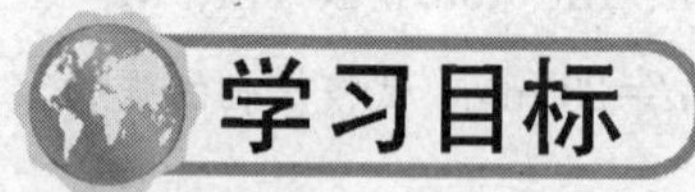

学习目标

- 了解轴的功用、类型、材料和结构等知识。
- 掌握轴上零件的轴向、周向固定方法。
- 了解常用轴的结构特点及工艺要求。

想一想

如图 8—1—1 所示为桑塔纳 2000 变速器的变速传动机构（一挡变速）工作示意图，各轴的功用是什么？轴上零件是如何实现周向固定的呢？

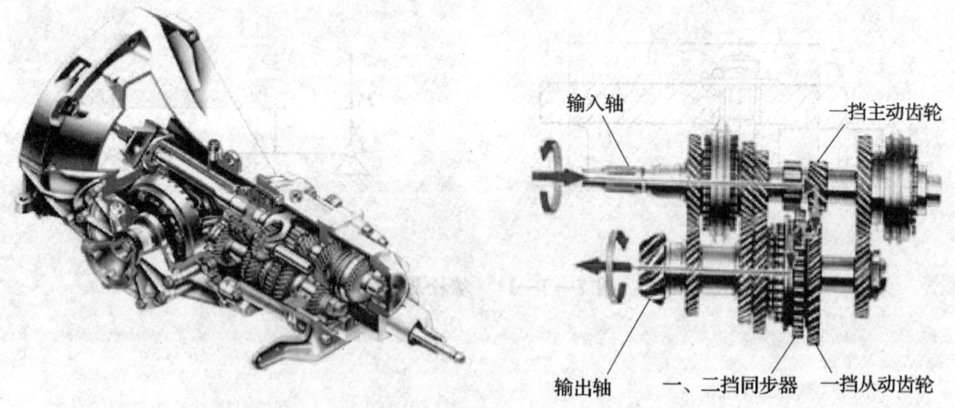

图 8—1—1　桑塔纳 2000 变速器的变速传动机构（一挡变速）工作示意图

车辆有各种不同的运行工况，如停车、起步、低速、高速、轻载、重载、倒车等，这些不同的工况，对传到驱动轮的转矩要求是不一样的。变速器的作用就是根据不同的工况改变传递到驱动轮的转矩，以满足行驶要求。

桑塔纳 2000 的变速器为二轴式普通齿轮变速器。变速器只有输入轴和输出轴，由图可知一挡的传动路线是动力经输入轴、一挡主动齿轮、输出轴上一挡从动齿轮、输出轴上一、二挡同步器、输出轴，实现了动力的传递。

轴是保证机器正常工作的重要零件之一。凡是做回转运动的零件（如凸轮、齿轮、带轮等）都必须用轴来支承才能实现运动和动力的传递。

一、轴的功用与分类

轴的功用主要是支承回转零件并传递运动和动力。

根据轴所起的作用以及承受载荷性质的不同，可分为三大类，见表 8—1—1 。

表 8—1—1　　　　**轴的类型**

<table>
<tr><th>种类</th><th colspan="2">举例</th><th>受力简图</th><th colspan="2">特点</th></tr>
<tr><td rowspan="2">心轴</td><td>固定心轴</td><td></td><td></td><td rowspan="2">只承受弯矩，不承受转矩，起支承作用</td><td>截面上的弯曲应力 σ_w 为静应力
$\sigma_w=\frac{M}{W}$
M——截面上的弯矩
W——抗弯截面系数</td></tr>
<tr><td>转动心轴</td><td></td><td></td><td>截面上的弯曲应力 σ_w 为变应力
$\sigma_w=\frac{M}{W}$</td></tr>
<tr><td>传动轴</td><td colspan="2"></td><td></td><td>主要承受转矩，不承受弯矩或承受很小弯矩；仅起传递动力的作用</td><td>截面上的扭转切应力
$\tau_T=\frac{T}{W_T}$
T——截面上的转矩
W_T——抗扭截面系数</td></tr>
<tr><td>转轴</td><td colspan="2"></td><td></td><td>既承受弯矩又承受转矩；是机械中最常用的一种轴</td><td>截面上受弯曲应力 σ_w 和扭转切应力 τ_T 的复合应力，其当量应力
$\sigma_e=\frac{M_e}{W}$
M_e——截面上的当量弯矩
W——抗弯截面系数</td></tr>
</table>

轴还可按结构形状的不同进行分类，可分为直轴（见图 8—1—1、图 8—1—2）和曲轴（见图 8—1—3）；光轴（见图 8—1—4）和阶梯轴（见图 8—1—5 变速器的中间轴）；实心轴（如半轴）和空心轴（如气门推杆）等。另外，还有一种轴线能按使用要求可以变化的轴，称为软轴或挠性轴（见图 8—1—6 车速里程表的传动轴）。

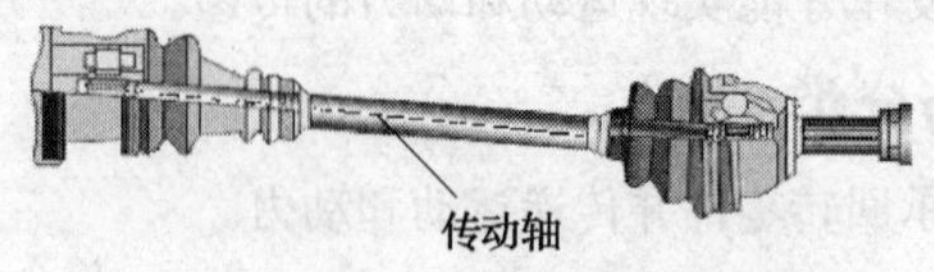

图 8—1—2　传动轴

图 8—1—3　曲轴

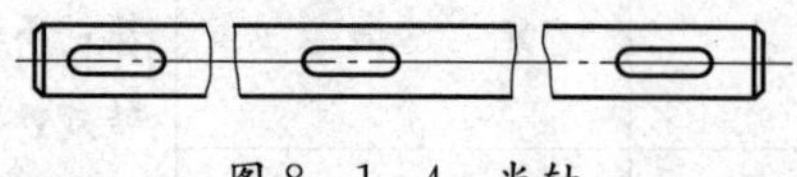

图 8—1—4　光轴

图 8—1—5　阶梯轴

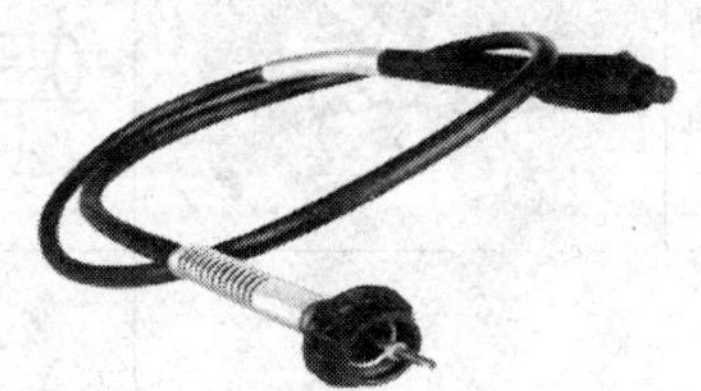

图 8—1—6　软轴

教学互动

1. 试讨论自行车上有哪些地方用到了轴？根据功用来分，这些轴分别是什么轴？

2. 在汽车中，哪些机械零部件上用到轴？举例说明，并说明分别是什么轴。

二、轴的材料

轴的材料种类很多，选择时应主要考虑以下因素：

1. 轴的强度、刚度及耐磨性要求。

2. 轴的热处理方法及机加工工艺性的要求。

3. 轴的材料来源和经济性等。

轴的常用材料是优质碳素结构钢和合金结构钢等。

碳素钢比合金钢价格低廉，对应力集中的敏感性低，加工工艺性好，一般用途的轴，常用优质碳素结构钢，如 35、45、50 钢，对于不重要或受力较小的轴也可用 Q235A 等普通碳素钢。合金钢具有比碳素钢更高的力学性能，但价格昂贵，多用于重载或重要的轴，选择时应综合考虑。轴的常用材料及其力学性能见表 8—1—2。

表 8—1—2　　轴的常用材料及其力学性能

<table>
<tr><th rowspan="2">材料</th><th rowspan="2">牌号</th><th rowspan="2">热处理</th><th rowspan="2">毛坯直径（mm）</th><th rowspan="2">硬度 HBW</th><th colspan="3">力学性能（MPa）</th><th rowspan="2">用途</th></tr>
<tr><th>抗拉强度 σ_b</th><th>弯曲疲劳极限 σ_{-1}</th><th>剪切疲劳极限 τ_{-1}</th></tr>
<tr><td rowspan="2">普通碳素钢</td><td rowspan="2">Q235A</td><td rowspan="2">热轧或锻后空冷</td><td>≤100</td><td>—</td><td>400～420</td><td rowspan="2">170</td><td rowspan="2">105</td><td rowspan="2">用于不重要或载荷不大的轴</td></tr>
<tr><td>>100～250</td><td>—</td><td>375～390</td></tr>
<tr><td rowspan="3">优质碳素钢</td><td rowspan="3">45</td><td>正火</td><td>≤100</td><td>170～217</td><td>590</td><td>255</td><td>140</td><td rowspan="3">应用最广泛</td></tr>
<tr><td>回火</td><td>>100～300</td><td>162～217</td><td>570</td><td>245</td><td>135</td></tr>
<tr><td>调质</td><td>≤200</td><td>217～255</td><td>640</td><td>275</td><td>155</td></tr>
<tr><td rowspan="5">合金钢</td><td rowspan="2">40Cr</td><td rowspan="2">调质</td><td>≤100</td><td>241～286</td><td>735</td><td>355</td><td>200</td><td rowspan="2">用于载荷较大而无很大冲击的重要轴</td></tr>
<tr><td>>100～300</td><td>241～286</td><td>685</td><td>335</td><td>185</td></tr>
<tr><td rowspan="2">35SiMn</td><td rowspan="2">调质</td><td>≤100</td><td>229～286</td><td>785</td><td>355</td><td>205</td><td rowspan="2">性能接近于 40Cr，用于中小型轴</td></tr>
<tr><td>>100～300</td><td>219～269</td><td rowspan="2">735</td><td>335</td><td>185</td></tr>
<tr><td>40MnB</td><td>调质</td><td>≤200</td><td>241～286</td><td>345</td><td>195</td><td>性能接近于 40Cr，用于重要的轴</td></tr>
</table>

续表

材料	牌号	热处理	毛坯直径（mm）	硬度 HBW	力学性能（MPa） 抗拉强度 σ_b	力学性能（MPa） 弯曲疲劳极限 σ_{-1}	力学性能（MPa） 剪切疲劳极限 τ_{-1}	用途
合金钢	40CrNi	调质	≤100	270～300	900	430	260	低温性能好，用于很重要的轴
			＞100～300	240～270	785	370	210	
	38SiMnMo	调质	≤100	229～286	735	365		性能接近于40Cr，用于重载荷轴
			＞100～300	217～269	685	345	195	
	20Cr	渗碳淬火回火	≤60	渗碳 56～62 HRC	640	305	160	用于要求强度和韧性均较高的轴
	20CrMnTi		15	渗碳 56～62 HRC	1080	480	300	
	3Cr13	调质	≤100	≥241	835	395	230	用于腐蚀条件下的轴
	38CrMoAlA	调质	≤60	293～321	930	440	280	用于要求高耐磨性、高强度，且热处理（氮化）变形很小的轴
			＞60～100	277～302	835	410	270	
			＞100～160	241～277	＞85	370	220	
铸铁	QT400—15			156～197	400	145	125	用于曲轴、凸轮轴、水轮机主轴等外形复杂的轴
	QT600—3			197～269	600	215	185	

三、轴的结构

轴的结构受许多因素影响，其主要影响因素有：载荷的性质、大小、方向及分布情况；轴上所安装零件的类型、尺寸、数量以及与轴连接的方法；轴的加工工艺等。轴没有标准的结构形式，除根据受力情况设计合理的尺寸，以满足强度和刚度的需要外，还必须满足如下要求：轴上的零件应有可靠的定位和固定；轴应便于加工和尽量避免或减少应力集中；轴上零件应便于安装和拆卸。

轴上零件的固定分轴向固定和周向固定。

1．轴上零件的轴向定位和固定

轴上零件轴向定位和固定的目的在于保证零件在轴上有确定的轴向位置，防止零件轴向移动，并能承受轴向力。轴上零件的轴向固定方法及应用见表 8—1—3。

表 8—1—3　　轴上零件的轴向固定方法及应用

轴向固定方法	结构简图	特点及应用
轴肩、轴环	h D d b h d	结构简单可靠，不需附加零件，能承受较大轴向力。广泛应用于各种轴上零件的轴向固定
圆锥面		装拆方便且可兼作轴向固定。适用于轴端、高速、冲击及对中性要求较高的场合
轴端挡圈		工作可靠，能承受较大轴向力，使用时，应采用止动垫圈等防松措施。只适用于轴端
轴套	轴套	简单可靠，简化了轴的结构且不削弱轴的强度。常用于轴上两个近距离零件间的相对固定，不宜用于高速轴

续表

轴向固定方法	结构简图	特点及应用
圆螺母		固定可靠，可承受较大轴向力，能实现轴上零件的间隙调整。为防松，需使用双螺母。常用于轴的中部或端部
弹性挡圈	弹性挡圈	结构紧凑简单，装拆方便，但受力较小，且轴上切槽将引起应力集中。常用于轴承固定
紧定螺钉		结构简单，但受力较小，不宜用于高速场合

2．轴上零件的周向定位和固定

轴上零件周向定位和固定是为了保证零件传递转矩和防止零件与轴产生相对转动。常用的周向定位方法有键连接、销连接、螺钉连接和过盈配合连接等。一般齿轮与轴通常采用过盈配合或键连接；滚动轴承则采用较紧的过盈配合；受力较小或光轴上的零件可用螺钉连接或销连接；受力较大且要求零件做轴向移动时则用花键连接。

常见轴上零件的周向固定方法如图 8—1—7 所示。

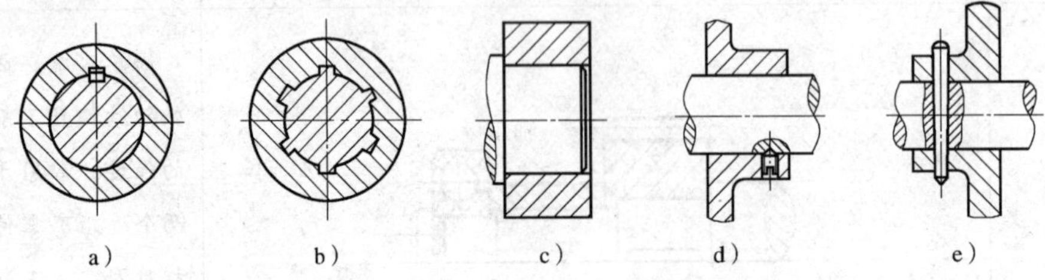

图 8—1—7　常见轴上零件的周向固定方法

a）平键连接　b）花键连接　c）过盈配合　d）螺钉连接　e）销连接

3. 轴的结构工艺性

轴在其加工、装配、使用维修过程中仍需要对其结构提出某些要求，即轴的结构工艺性要求。主要内容如下：

(1) 为了减少应力集中，轴径变化尽可能小，阶梯轴相邻两轴段直径相差不应过大，一般在 5～10 mm。

(2) 轴上截面尺寸变化的位置应有倒角或过渡圆角，过渡圆角半径应尽可能大些，当轴上有多处倒角或过渡圆角时，尽可能选同样的倒角或圆角半径，以减少刀具规格和换刀次数。

(3) 轴上有多个键槽时，应尽可能将其安排在同一直线上，避免多次装夹。

(4) 轴上需切制螺纹或磨削时，要留有退刀槽和越程槽。

(5) 阶梯轴的直径应中间大并向两端逐渐减小，便于轴上零件的装拆。

教学互动

1. 图 8—1—8 中，零件的轴向固定方法有哪些？

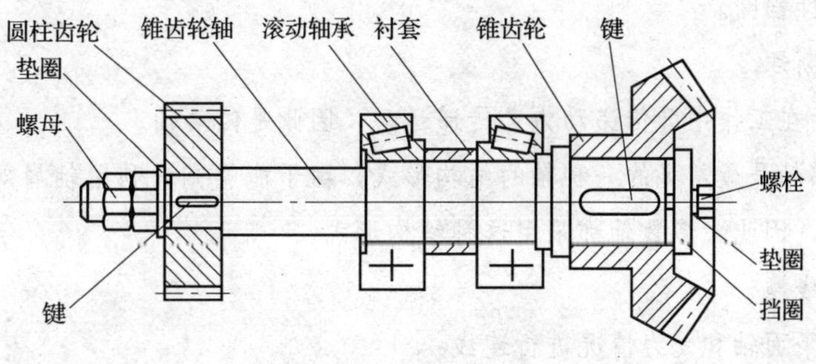

图 8—1—8　轴的结构

2. 在图 8—1—8 中，零件的周向固定用到了哪些方法？

3. 在图 8—1—8 中，轴有哪些结构考虑到了工艺性要求？

思考与练习

一、选择题

1. 自行车前、后轮的车轴属于（　　）。

A. 光轴　B. 心轴　C. 传动轴　D. 支承轴

2. 阶梯轴上最常用的轴上零件轴向固定的方法是（　　）。

A. 轴肩和轴环　B. 轴套　C. 轴端挡圈　D. 弹性挡圈

二、填空题

1. 根据轴所起的作用以及承受载荷性质的不同，可分为________、________和________三大类。

2. 轴按结构形状的不同可分为________和曲轴；________和阶梯轴；________和空心轴等。

3. 轴上零件常用的轴向固定方法有以下几种：________、轴套、________、________弹性挡圈。

三、判断题

1. 曲轴在工作中既传递动力又传递运动，因此是传动轴。（　　）

2. 阶梯轴是最常见的一种轴的结构形式，由于能够充分利用轴肩对轴系零件进行轴向定位，因此大多数轴都采用这种结构形式。（　　）

四、连线题

请对应下面轴和受力情况进行连线：

只受扭转作用　　心轴

只受弯曲作用　　转轴

同时受扭转与弯曲作用　　传动轴

课题二　滚动轴承

学习目标

◆ 掌握滚动轴承的作用、结构、类型及特点。

◆ 熟悉滚动轴承的代号。

◆ 了解滚动轴承的选用原则。

◆ 掌握汽车滚动轴承的装拆与调整方法。

在汽车上，有很多类型的轴承。如图 8—2—1 所示为汽车的主减速器和差速器，这些零件的运动及支承都是通过滚动轴承来实现的。滚动轴承有哪些性能特点？如何选用呢？

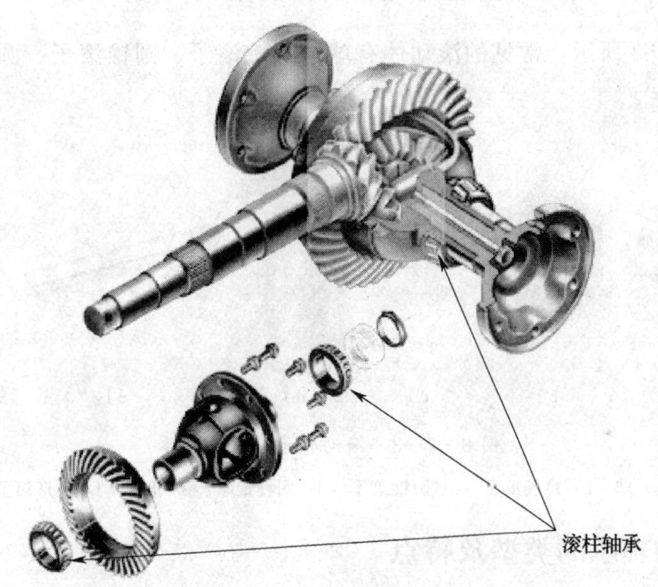

图 8—2—1　主减速器和差速器

滚动轴承是各类机器中广泛应用的重要部件，它是依靠主要元件间的滚动接触来支承转动零件的，具有摩擦阻力小、易启动、对转速及工作温度的适用范围宽、轴向尺寸小、润滑及维修保养方便、有较好的互换性等优点。滚动轴承是一种标准件。

一、滚动轴承的结构

滚动轴承是由内圈、外圈、滚动体和保持架组成的（见图 8—2—2）。内圈装在轴颈上，与轴一起转动。外圈装在机座的轴承孔内，一般不转动。内、外圈上设置有滚道，当内外圈之间相对旋转时，滚动体沿着滚道滚动。保持架使滚动体均匀分布在滚道上，防止滚动体之间的碰撞和摩擦。

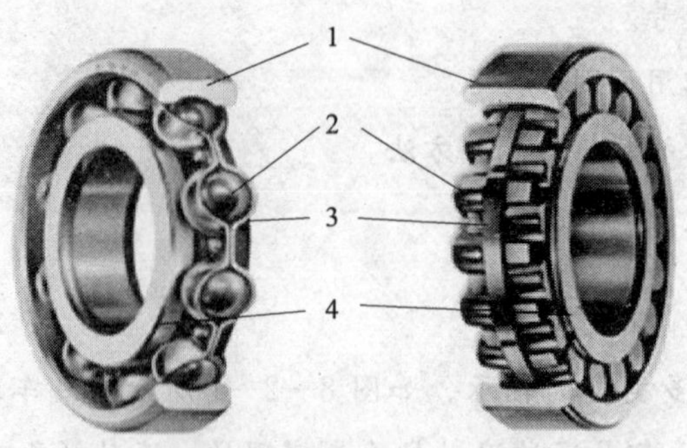

图 8—2—2　滚动轴承

1—外圈　2—滚动体　3—保持架　4—内圈

如图 8—2—3 所示，常见的滚动体有球、螺旋滚子、圆锥滚子、圆柱滚子、滚针、鼓形滚子等形状。

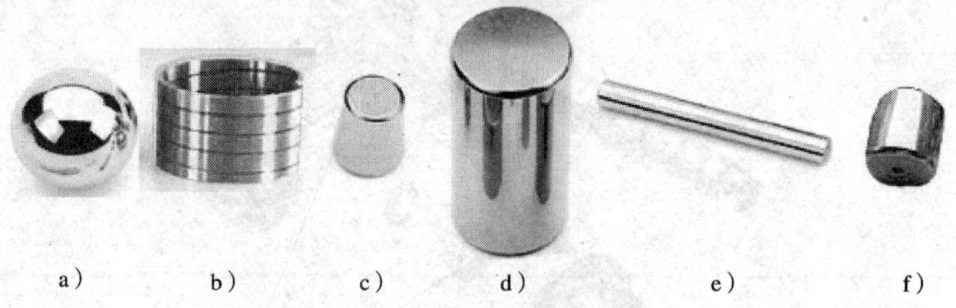

图 8—2—3　滚动轴承常用滚动体

a）球　b）螺旋滚子　c）圆锥滚子　d）圆柱滚子　e）滚针　f）鼓形滚子

二、滚动轴承的类型及特点

1．按所能承受载荷的方向或公称接触角 α 分类

（1）向心轴承（见图 8—2—4）

图 8—2—4　向心轴承

a）向心轴承　b）向心角接触轴承

向心轴承是主要承受径向载荷的轴承。

能够同时承受径向、轴向载荷的轴承叫向心角接触轴承。轴承滚动体与外圈滚道接触点的法线与半径方向的夹角 α，称为公称接触角，接触角越大，则轴向的承载能力也越大。

径向接触轴承：公称接触角 $\alpha=0°$，主要承受径向载荷，也可承受较小的轴向载荷。

向心角接触轴承：公称接触角 $\alpha=0°\sim45°$，同时承受径向载荷和轴向载荷。

(2) 推力轴承（见图 8—2—5）

推力角接触球轴承：公称接触角 $\alpha=45°\sim90°$，主要承受轴向载荷，也可承受较小的径向载荷。

图 8—2—5　推力轴承

轴向角接触球轴承：公称接触角 $\alpha=90°$，只能承受轴向载荷，如转向节与工字梁装配处的推力球轴承。

2．按滚动体的种类分类

按滚动体的种类分球轴承和滚子轴承；按是否能调心分调心轴承和非调心轴承；按滚子的列数分单列轴承和双列轴承。常用滚动轴承的类型、主要性能和特点见表 8—2—1。

表 8—2—1　　常用滚动轴承的类型、主要性能和特点

类型代号	简图及承载方向	类型名称 结构代号	尺寸系列代号	组合代号	极限转速比[①]	性能特点
1		调心球轴承 10000	(0)[②]2 22 (0) 3 23	12 22 13 23	中	能自动调心，内、外圈轴线允许偏斜 2°～3°。可承受不大的双向轴向载荷，但不宜承受纯轴向载荷，适用于轴承轴心线难以对中的支承，常成对使用
2		调心滚子轴承 20000	13 22 30 31 32 40 41	213 222 230 231 232 240 241	低	性能及特点与调心球轴承类似。但径向承载能力较大，内、外圈轴线允许偏斜 1.5°～2.5°，适用于多支点轴、弯曲刚度较小的轴及难以精确对中的支承

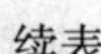
续表

类型代号	简图及承载方向	类型名称 结构代号	尺寸系列代号	组合代号	极限转速比①	性能特点
3		圆锥滚子轴承 30000	02 03 13 20 22 23 29 30 31 32	302 303 313 320 322 323 329 330 331 332	中	能承受以径向载荷为主的径向、轴向联合载荷，当接触角α大时，也可承受纯单向轴向载荷。外圈可分离，可调整径向、轴向游隙，承载能力较大，一般须成对使用，对称安装。要求轴的刚性大，轴与支承座孔的中心线对中性好。适用于转速不太高、轴的刚度较好的场合
5		推力球轴承 51000	11 12 13 14	511 512 513 514	低	承受单向轴向载荷，滚动体与套圈多半可分离。紧圈与轴相配合。为防止钢球与滚道之间的滑动，工作时需加一定的轴向载荷。极限转速低，适用于轴向载荷大、转速不高的场合
5		双向推力球轴承 52000	22 23 24	522 523 524	低	能承受双向轴向载荷，中间圈为紧圈，其他性能特点与推力球轴承相同

续表

类型代号	简图及承载方向	类型名称结构代号	尺寸系列代号	组合代号	极限转速比①	性能特点
6	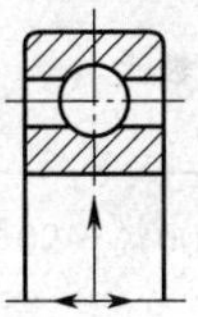	深沟球轴承 60000	17 37 18 19 (0) 0 (1) 0 (0) 2 (0) 3 (0) 4	617 637 618 619 160 60 62 63 64	高	主要承受径向载荷，亦能承受一定的双向轴向载荷。高转速时，可用来承受纯轴向载荷。价格便宜
7	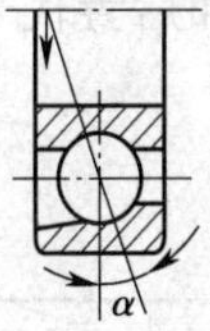	角接触球轴承 70000C $\alpha=15°$ 70000AC $\alpha=25°$ 70000B $\alpha=40°$	19 (1) 0 (0) 2 (0) 3 (0) 4	719 70 72 73 74	高	可以同时承受径向及轴向载荷，也可单独承受轴向载荷。α 越大，轴向承载能力也越大。通常须成对使用，对称安装，极限转速较高
8	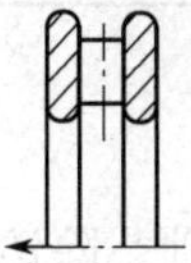	推力圆柱滚子轴承 80000	11 12	811 812	低	只能承受单向轴向载荷，承载能力很大，极限转速低
N	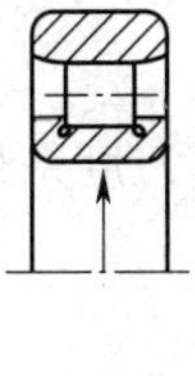	圆柱滚子轴承 N0000	10 (0) 2 22 (0) 3 23 (0) 4	N10 N2 N22 N3 N23 N4	高	只能承受径向载荷，承载能力大，抗冲击能力强。内、外圈可分离，对轴的偏斜敏感，极限转速较高。适用于刚性较大、与支承座孔能很好对中的轴的支承

续表

类型代号	简图及承载方向	类型名称结构代号	尺寸系列代号	组合代号	极限转速比①	性能特点
NA		滚针轴承 NA0000	48 49 69	NA 48 NA49 NA69	低	径向尺寸小，只能承受径向载荷，其极限转速低。一般不带保持架，摩擦系数大

注：①指各种轴承极限转速与深沟球轴承极限转速之比：高——相当于100%～90%；中——相当于90%～60%；低——相当于60%以下。

②“（ ）”内的数字在组合代号中可以省略。

三、滚动轴承的代号

滚动轴承的类型很多，每种类型又有不同的结构、尺寸、精度和技术要求。为了便于组织生产、设计和选用，GB/T 272—1993《滚动轴承 代号方法》规定了滚动轴承代号的结构及表示方法。滚动轴承代号由前置代号、基本代号和后置代号构成，见表 8—2—2 。

表 8—2—2　滚动轴承的代号

前置代号	基本代号				后置代号
字母	类型代号	宽度代号	直径系列代号	内径代号	字母符号、数字
	数字或字母	一位数字	一位数字	二位数字	

1. 基本代号

基本代号表示轴承的基本类型、结构尺寸，是轴承代号的基础。除滚针轴承外，基本代号由轴承类型代号、尺寸系列代号及内径代号构成。

（1）类型代号

由基本代号右起第五位数字或字母表示，见表 8—2—2。

（2）尺寸系列代号

由轴承的直径系列代号（基本代号右起第三位数字）和宽（高）度系列代号（右起第四位数字）组合而成，见表 8—2—3。

（3）内径代号

用两位数字来表示，见表 8—2—4。

表 8—2—3　　轴承宽（高）度系列和直径系列代号

直径系列代号	向心轴承								推力轴承			
	宽度系列代号								高度系列代号			
	8	0	1	2	3	4	5	6	7	9	1	2
	尺寸系列代号											
7	—	—	17	—	37	—	—	—	—	—	—	—
8	—	08	18	28	38	48	58	68	—	—	—	—
9	—	09	19	29	39	49	59	69	—	—	—	—
0	—	00	10	20	30	40	50	60	70	90	10	—
1	—	01	11	21	31	41	51	61	71	91	11	—
2	82	02	12	22	32	42	52	62	72	92	12	22
3	83	03	13	23	33	—	—	—	73	93	13	23
4	—	04	—	24	—	—	—	—	74	94	14	24
5	—	—	—	—	—	—	—	—	—	95	—	—

表 8—2—4　　滚动轴承的内径代号

内径代号	00	01	02	03	04～96	/22，/28，/32
轴承内径（mm）	10	12	15	17	代号数×5	22，28，32

2. 前置代号

前置代号用字母表示，是用以说明成套轴承的部件特点的补充代号。例如，K 表示滚子和保持架组件，L 表示可分离轴承的内圈或外圈。一般轴承无前置代号。需要时请查阅 GB/T 272—1993。

3. 后置代号

后置代号用字母或字母加数字的组合表示轴承的结构、公差等级以及材料的特殊要求，后置代号的内容较多，下面介绍常用的几种代号。

（1）内部结构代号

内部结构代号表示同一类轴承的不同内部结构，用字母在后置代号左起第一位表示，例如，角接触球轴承的公称接触角 α 有 15°、25°和 40°，分别用 C、CA 和 B 表示；同一类型轴承的加强型用 E 表示。

（2）公差等级代号

轴承的公差等级为 2 级、4 级、5 级、6 级、6X 级和 0 级，其代号分别为/P2、/P4、/P6、/P6x、/P0，其精度等级依次降低，0 级为普通级，在轴承代号中不标注。

（3）游隙代号

常用轴承径向游隙系列分为 1 组、2 组、0 组、3 组、4 组、5 组，径向游隙依次增大；其中 0 组为基本游隙组，在轴承代号中不标注，其余组别的代号分别为/C1、/C2、/C3、/C4、/C5。

后置代号中的其他内容可参见 GB/T 272—1993。

【例】试说明代号为 6203、30310/P6x 的滚动轴承的意义。

解：

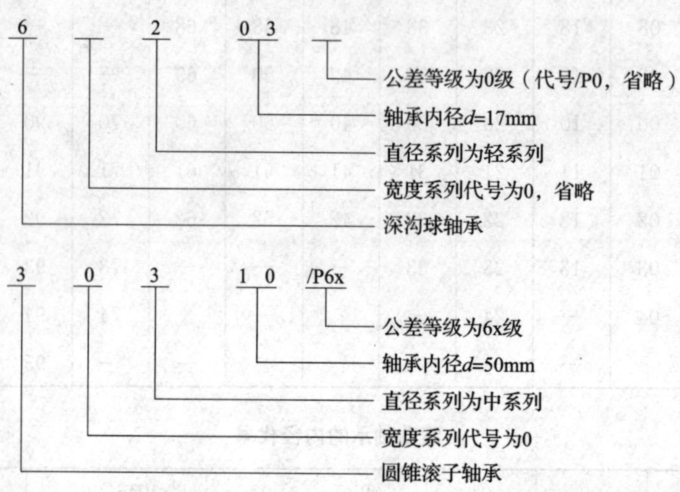

教学互动

说明下列轴承代号的含义。

6005　　30316/P4

四、滚动轴承的选用

选用轴承类型时，应对各类轴承的特点有充分的了解，在此基础上可按以下原则进行选用：

1．轴承所受的载荷

轴承所受载荷的大小、方向和性质是选择轴承类型的主要依据。轻载和中等载荷时应选用球轴承；重载或有冲击载荷时，应选用滚子轴承。纯径向负荷时，可选用深沟球轴承、圆柱滚子轴承或滚针轴承；纯轴向载荷时，可选用推力轴承；既有径向载荷又有轴向载荷时，若轴向载荷不太大时，可选用深沟球轴承或接触角较小的角接触球轴承、圆锥滚子轴承，若轴向载荷较大时，可选用接触角较大的两类轴承，若轴向载荷很大而径向载荷较小时，可选用推力角接触球轴承，也可以采用向心轴承和推力组合在一起的支承结构。

2. 轴承的转速

高速时应优先选用球轴承。内径相同时，外径越小，离心力也越小。故在高速时，宜选用超轻、特轻系列的球轴承。推力轴承的极限转速都很低，高速运转或轴向载荷不太大时，可采用角接触球轴承或深沟球轴承来承受纯轴向力。

3. 轴承的调心性能

当由于制造和安装误差等因素致使轴的中心线与轴承中心线不重合时，或当轴受力弯曲造成轴承内、外圈轴线发生偏斜时，宜选用调心球轴承或调心滚子轴承。

4. 轴承尺寸

当径向尺寸受到限制时，可选用滚针轴承或特轻、超轻直径系列的轴承。轴向尺寸受限制时，可选用宽度尺寸较小的，如窄或特窄宽度系列的轴承。

5. 轴承刚度

滚子轴承的刚度较好，而球轴承的刚度较差。

6. 经济性

选择滚动轴承的类型时，在满足使用要求的条件下，还必须考虑其经济性，为了降低成本，应尽量选用球轴承和普通级的轴承。对于大多数机械而言，0 级公差的轴承就可以满足要求，但对于旋转精度有严格要求的机床主轴、精密机械、仪表以及高速旋转的轴，应选用高精度的轴承。

五、汽车滚动轴承的装拆与调整

1. 汽车轮毂滚动轴承的拆装

一般应在专门的轴承拉器或压床上进行（拉出或压入）。在无条件的情况下，最常用的方法是将轴垂直夹牢在台钳上，用低碳钢平冲（或专用打头）抵紧在轴承内圈上（不能直接敲打轴承，以免变形损坏），用手锤在对称位置依次交替均匀地打下，要防止歪斜，使轴承平稳地渐渐退下。

注意：操作时要将冲子拿稳，防止滑到保持架上打坏或损坏轴颈；拆装的作用力尽可能作用于静配合座圈上；不允许经过滚子或滚珠传递外力，应在配合较紧的座圈上加力（压入用的工具应直接顶在轴承内圈或外圈上），以避免滚动体和滚道工作表面上产生凹痕，甚至损坏轴承。

若轴承内圈与轴配合有过盈，最好将轴承放在温度为 80～90℃的机油中加热，但轴承不能与槽底相接触，因为槽底温度超过油温，这样可能致使轴承过热。不论从轴上或孔中取出轴承，都应以拉出或压出为好，以免损坏轴承。

安装时，轴承端面应与轴肩或孔的支承面贴紧。轴承调整检查必须在紧固轴承盖时进行，拧紧螺栓力矩应按工厂标准规范。

在实际工作中还会遇到因装配过盈量太大致使轴承和轴咬死的现象，拆卸相当困难。当确定此轴承已经损坏，不能继续使用，而又无法取出时，可在不伤害相关零件的情况下，用锤子直接敲击轴承座圈，震碎裂开，然后取下。

2. 检查与调整轿车轮毂轴承的预紧度

（1）检查与调整轿车轮毂轴承预紧度时，将需检查的车轮支起，并将车轮处于直线行驶位置。

（2）用磁力座百分表测量轮毂轴承间隙。具体方法如下：

将百分表指针靠在轮胎下方的中部，用手扳动轮胎，读取轮毂轴承间隙值。

也可以把轮胎拆下，把百分表抵在制动盘的侧面进行检查，若检查的间隙不符合规定的，必须调整轴承的预紧度。

另外也可以用经验法检查，即用手扳动轮胎，看是否有明显的松旷感，必要时应进行调整。

（3）经查轮毂轴承预紧度不符合规定的，必须进行调整。具体方法：用扭力扳手把轮毂轴承的调整螺母按规定的力矩拧紧，例如桑塔纳轿车前轮的调整螺母拧紧力矩为 230 N・m；然后用一字形旋具在手指的压力下刚好能拨动止推垫圈即可，转动车轮应能灵活转动，用手扳动车轮应无松旷感。若经检调后，轮毂的轴承预紧度不符合技术标准，这时必须拆检轮毂轴承，若发现轴承磨损、烧蚀严重时，均应将轴承整体更换，再重新按前述调整轮毂的轴承预紧度。

注意：在检测时必须首先使汽车处于直线行使位置；且检测时注意人身安全；螺母的拧紧力矩必须符合规定。

思考与练习

一、选择题

1. 滚动轴承采用不同的滚动体，其承受载荷的能力也不一样，（　　）能够承受较大的径向载荷。

A. 球体　　B. 圆柱滚子　　C. 圆锥滚子　　D. 球面滚子

2. 滚动轴承采用不同的滚动体，其承受载荷的能力也不一样，（　　）能够承受较大的径向和轴向载荷。

A. 球体　　B. 圆柱滚子　　C. 圆锥滚子　　D. 球面滚子

3. 在既有径向载荷又有轴向载荷的情况下，应选用（　　）轴承。

A. 深沟球　　B. 圆柱滚子　　C. 圆锥滚子　　D. 推力球

二、连线题

请根据工作情况选择滚动轴承：

仅受径向载荷、高速	圆锥滚子轴承
较大的径向载荷、较小的轴向载荷	深沟球轴承
仅受轴向载荷	角接触球轴承
较大的径向和轴向载荷	推力球轴承

课题三　滑动轴承

学习目标

- ◆ 了解滑动轴承的特点。
- ◆ 熟悉滑动轴承的类型、结构、材料等知识。
- ◆ 掌握滑动轴承的润滑方式。

想一想

如图 8—3—1 所示为桑塔纳 2000 的发动机曲轴和连杆的结构示意图，发动机工作时，把活塞的直线往复运动变为曲轴的旋转运动，向外输出功率。无论是曲轴的连杆轴颈与连杆大头之间，还是曲轴的主轴颈与机体之间，都是通过滑动轴承来减少配合副之间的摩擦并支承它们的。滑动轴承由哪几部分组成？有哪些类型、特点呢？

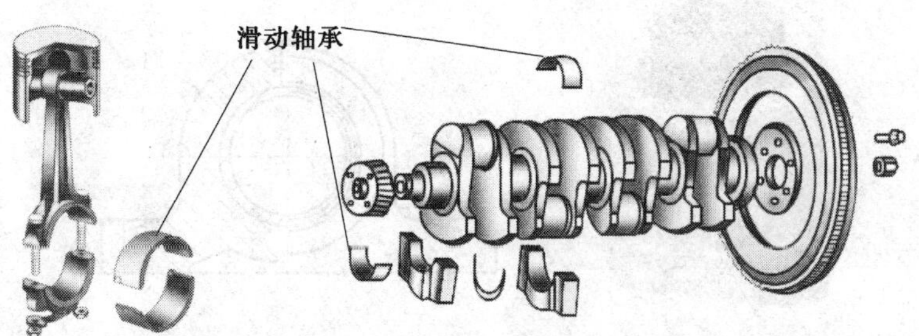

图 8—3—1　发动机曲轴和连杆的结构示意图

一、滑动轴承的特点

1．优点

承载能力高；工作平稳可靠、噪声低；径向尺寸小，精度高；流体润滑时，摩擦、磨损较小；油膜有一定的吸振能力。

2．缺点

非流体摩擦滑动轴承摩擦较大，磨损严重；流体摩擦滑动轴承在启动、行车、载荷、转速比较大的情况下难以实现流体摩擦；流体摩擦、滑动轴承设计、制造、维护费用较高。

二、滑动轴承的类型

1．滑动轴承按其承受载荷的方向不同分类

（1）径向滑动轴承（见图 8—3—2）

主要承受径向载荷。

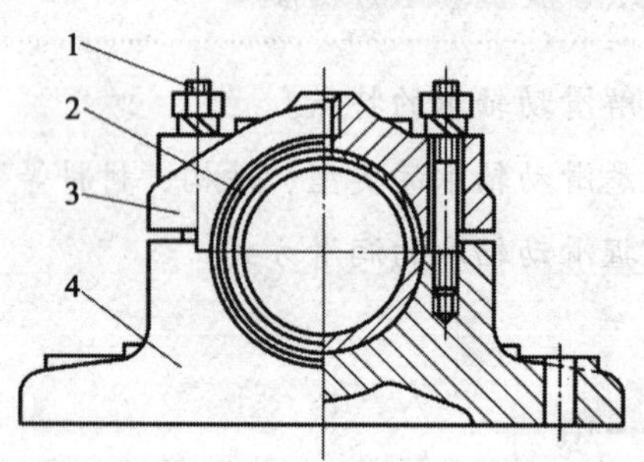

图 8—3—2　径向滑动轴承

1—双头螺柱　2—对开轴瓦　3—轴承盖　4—轴承座

（2）推力滑动轴承（见图 8—3—3）

只承受轴向载荷。

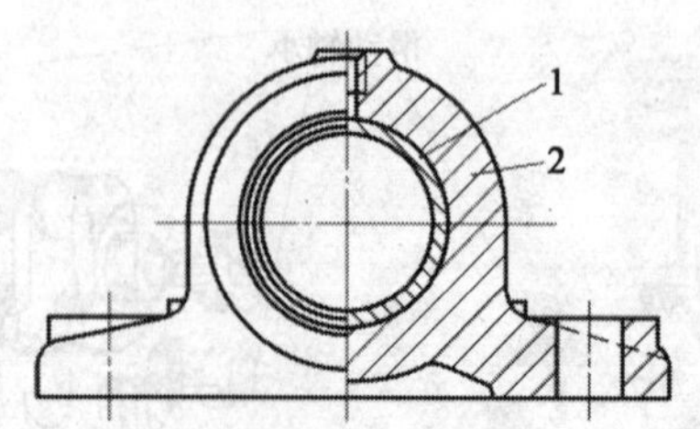

图 8—3—3　推力滑动轴承

1—轴瓦　2—轴承座

2. 滑动轴承按摩擦（润滑）状态分类

可分为液体摩擦（润滑）轴承和非液体摩擦（润滑）轴承。

（1）液体摩擦轴承（完全液体润滑轴承）

液体摩擦轴承的原理是在轴颈与轴瓦的摩擦面间有充足的润滑油，润滑油的厚度较大，将轴颈和轴瓦表面完全隔开。因而摩擦系数很小，一般摩擦系数 $\lambda=0.001\sim0.008$。由于始终能保持稳定的液体润滑状态，这种轴承适用于高速、高精度和重载等场合。

（2）非液体摩擦轴承（不完全液体润滑轴承）

非液体摩擦轴承依靠吸附于轴和轴承孔表面的极薄油膜润滑，但油膜不能完全将两摩擦表面隔开，有一部分表面直接接触。因而摩擦系数大，$\lambda=0.05\sim0.5$。如果润滑油完全流失，将会出现干摩擦，加剧磨损，甚至发生胶合破坏。

三、滑动轴承的结构和材料

1. 径向滑动轴承

（1）整体式滑动轴承

整体式滑动轴承结构如图 8—3—4 所示，由轴承座和轴承衬套组成，轴承座上部有油孔，整体衬套内有油沟，分别用以加油和引油，进行润滑。这种轴承结构简单，价格低廉，但轴的装拆不方便，磨损后轴承的径向间隙无法调整。适用于轻载低速或间歇工作的场合，如连杆小头衬套、凸轮轴轴颈衬套、钢板弹簧衬套等。

（2）对开式滑动轴承

对开式滑动轴承结构如图 8—3—5 所示，由轴承座、轴承盖、对开式轴瓦、双头螺柱和垫片组成。轴承座和轴承盖接合面做成阶梯形，为了便于定位对中，此处放有垫片，以便磨损后调整轴承的径向间隙。故装拆方便，应用广泛，如连杆轴颈和主轴颈轴承。

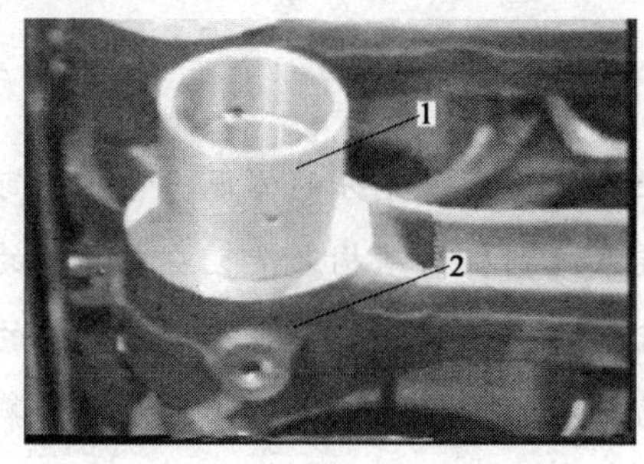

图 8—3—4　整体式滑动轴承

1—轴承衬套　2—轴承座

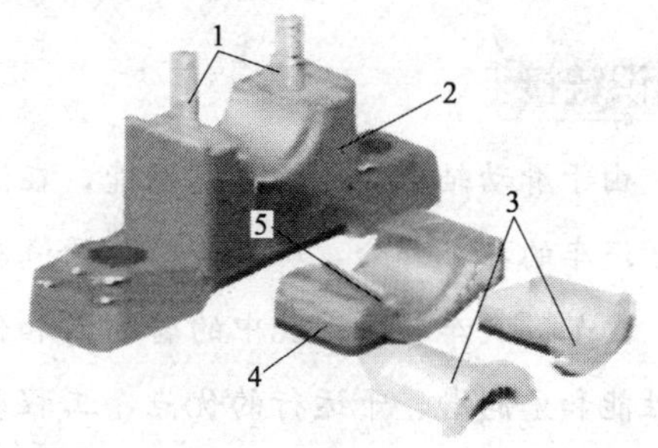

图 8—3—5　对开式滑动轴承

1—连接螺栓　2—轴承座　3—部分轴瓦

4—轴承盖　5—螺纹孔

(3) 自动调心轴承（见图 8—3—6）

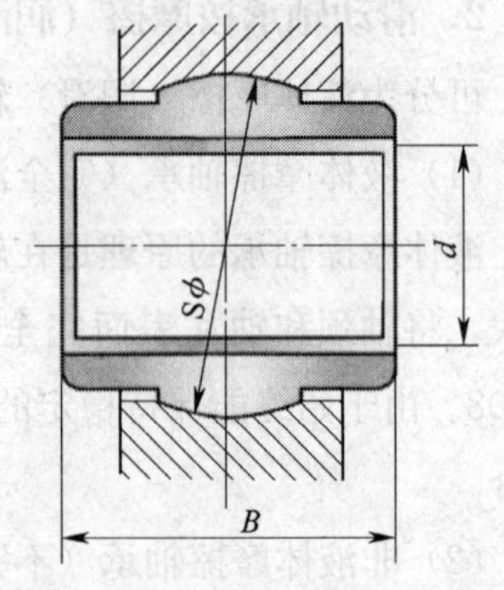

图 8—3—6 自动调心轴承的结构

自动调心轴承的轴瓦外表面做成球面形状，与轴承支座孔的球状内表面相接触，能自动适应轴在弯曲时产生的偏斜，可以减少局部磨损。适用于轴承支座间跨距较大或轴颈较长的场合。

2. 推力滑动轴承

推力滑动轴承结构可分为三种形式（见图 8—3—7）。

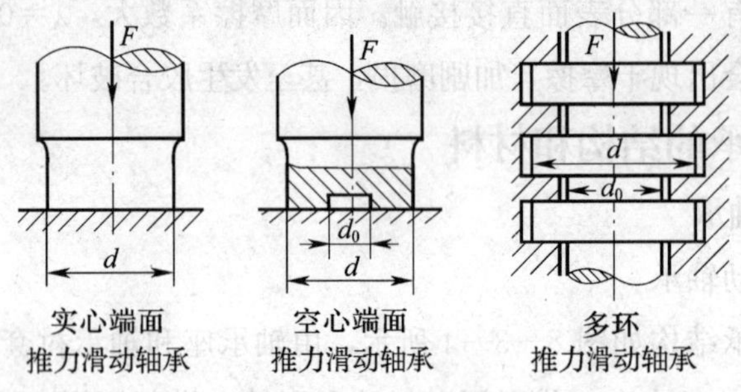

图 8—3—7 推力滑动轴承

(1) 实心端面推力滑动轴承

轴颈端面的中部压强比边缘的大，润滑油不易进入，润滑条件差。

(2) 空心端面推力滑动轴承

轴颈端面的中空部分能存油，压强也比较均匀，承载能力不大。

(3) 多环推力滑动轴承

压强较均匀，能承受较大载荷。但各环承载不等，环数不能太多。

知识链接

由于滑动轴承优越的自润性能，在汽车行业已经得到了充分的体现，它几乎可运用于汽车的各个部分，从最为简单的汽车门铰链系统到机械结构复杂、要求苛刻的部件，比如：汽车转向系统中的转向器和传动系统中的变速排挡等。除了具有优异的力学性能和免润滑、干运行的优点，工程塑料滑动轴承的价格也极低。相对于聚四氟乙烯（PTFE）涂层金属滑动轴承，高聚合物塑料滑动轴承最多可以便宜50%。

3. 滑动轴承的材料

滑动轴承的主要失效形式：磨损、胶合、疲劳破坏等。所以对轴承材料的要求主要考虑轴承的这些失效形式。对轴承材料的要求如下：

（1）足够的抗拉强度、疲劳强度和冲击强度。

（2）良好的减摩性、耐磨性和抗胶合性。

（3）良好的顺应性、嵌入性和磨合性。

（4）良好的耐腐蚀性、热学性能（传热性和热膨胀性）和调滑性（对油的吸附能力）。

（5）良好的塑性。具有适应轴弯曲变形和其他几何误差的能力。

（6）良好的工艺性和经济性等。

轴瓦可以由一种材料制成，也可以在轴瓦的内表面浇铸一层金属衬，即轴承衬。

常用材料：

（1）铸铁

如灰铁、球铁，性能较好，适于轻载、低速、不受冲击的场合。

（2）轴承合金

由锡（Sn）、铅（Pb）、锑（Sb）、铜（Cu）等组成。

（3）铜合金

锡青铜、铅青铜、铝青铜。

（4）铝基合金

可做成单金属轴瓦，也可做成双金属轴瓦的轴承衬，用钢做衬背。

（5）多孔质金属材料（粉末冶金）

如含油轴承。

（6）粉末冶金

铜基粉末冶金，减摩、抗胶合性好。

铁基粉末冶金，耐磨性好、强度高。

知识链接

在使用前和使用中都不必加入润滑剂，以干摩擦状态运转的滑动轴承，称为无润滑轴承。因此，这种轴承的轴瓦必须采用自身既有足够强度又有润滑性能的材料制造，以保证轴承有足够的承载能力、低的摩擦因数和低的磨损率。

采用无润滑轴承，机器结构简单、不污染环境、无须维护保养，故在汽车、家用电器、办公自动化机械和视频机械中应用广泛。

无润滑轴承的轴瓦材料主要有聚合物、碳—石墨和特种陶瓷三大类。

4．轴瓦的结构

轴瓦的结构分为整体式（见图 8—3—8）和对开式（见图 8—3—9）两种。对开式轴瓦有承载区和非承载区。一般载荷向下，故上瓦为非承载区，下瓦为承载区。润滑油应由非承载区进入，故上瓦顶部开有进油口。在轴瓦内表面，以进油口为对称位置，沿轴向、周向或斜向开有油槽，油经油槽分布到轴颈。油槽离轴瓦两端面应有段距离，不能开通，以减少端部泄油。为了使轴承衬与轴瓦接合牢固，可在轴瓦内表面开设一些沟槽。

图 8—3—8　整体式轴瓦

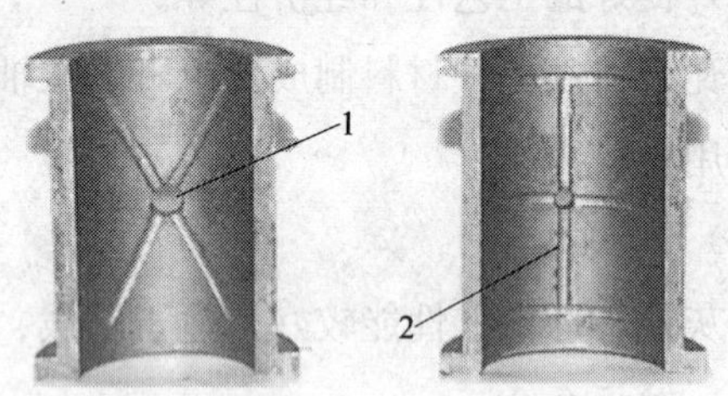

图 8—3—9　对开式轴瓦

1—进油口　2—油槽

四、滑动轴承的润滑

滑动轴承工作时需要有良好的润滑，这对减少摩擦，提高效率，减少磨损，延长寿命，冷却和散热以及保证轴承正常工作十分重要。

1．润滑油

对流体动力润滑轴承（按程度选润滑油），黏度是选择润滑油最重要的参考指标。选择黏度时，应考虑的基本原则如下：

（1）在压力大、温度高、载荷冲击变动大时，应选用黏度高的润滑油。

（2）滑动速度高时，容易形成油膜（转速高时），为减少摩擦应选用黏度较低的润滑油。

（3）加工粗糙或未经跑合的表面，应选用黏度较高的润滑油。

2．润滑脂

特点：稠度大，不易流失，承载能力大，但稳定性差，摩擦功耗大，流动性差，无冷却效果——适用于低速重载且温度变化不大，难以连续供油的场合。

选择原则：

轻载高速时选锥入度大的润滑脂，反之选锥入度小的润滑脂。所用润滑脂的滴点应比轴承的工作温度高 20～30℃。如滴点温度较高的钙基或复合钙基润滑脂。

在有水淋或潮湿的环境下，应选择防水性强的润滑脂——铝基润滑脂或钙基润滑脂。

3. 固体润滑剂

轴承在高温、低速、重载情况下工作，不宜采用润滑油或润滑脂时，可采用固体润滑剂——在摩擦表面形成固体膜，常用石墨、聚四氟乙烯、二硫化钼、二硫化钨等。

使用方法：

(1) 调配到油或脂中使用。

(2) 涂敷或烧结到摩擦表面。

(3) 渗入轴瓦材料或成型镶嵌在轴承中使用。

4. 润滑方式的选择

滑动轴承的润滑方式，可按下式计算求得 k 值后选择：

$$k=\sqrt{pv^3}$$

式中　p——轴颈的平均压强，MPa；

v——轴颈的圆周线速度，m/s。

当 $k\leqslant 2$ 时（见图 8—3—10），选择润滑脂润滑，用旋盖式油杯注入润滑脂。

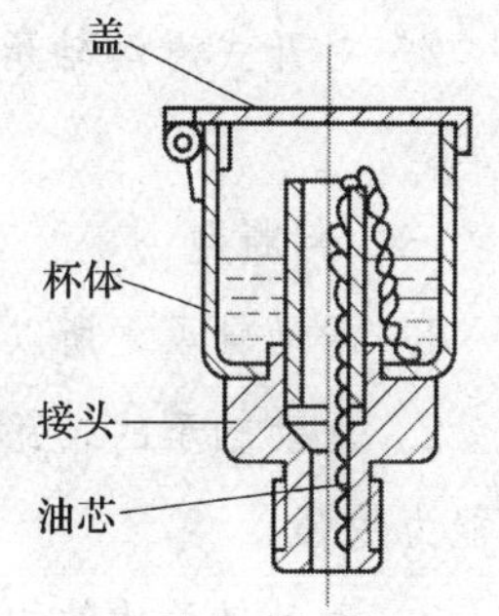

图 8—3—10　旋盖式油杯

当 $k<2\sim16$ 时，用油壶或油枪定期向润滑孔和杯内注油，如压注式油杯、旋套式油杯、针阀式油杯，或利用绳芯的毛细管作用吸油滴到轴颈上。

当 $k<16\sim32$ 时（见图 8—3—11），采用油环润滑，油环下端浸到油里；飞溅润滑，利用下端浸在油池中的转动件将润滑油溅成油沫润滑。

当 $k\geqslant 32$ 时，采用压力循环润滑（见图 8—3—12），用油泵进行连续压力供油，润滑、冷却效果较好，适于重载、高速或交变载荷作用的场合。

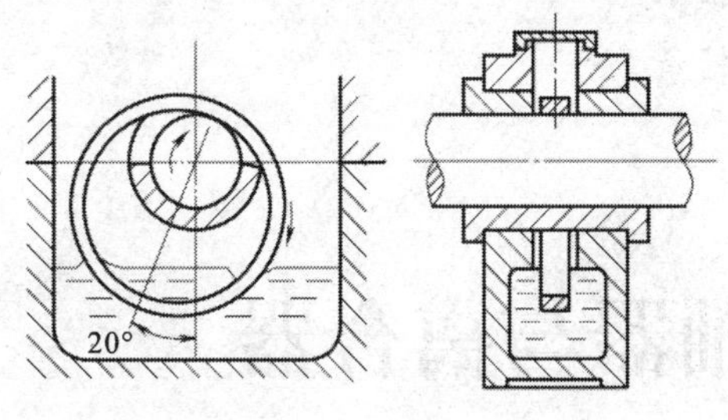

图 8—3—11　油环润滑

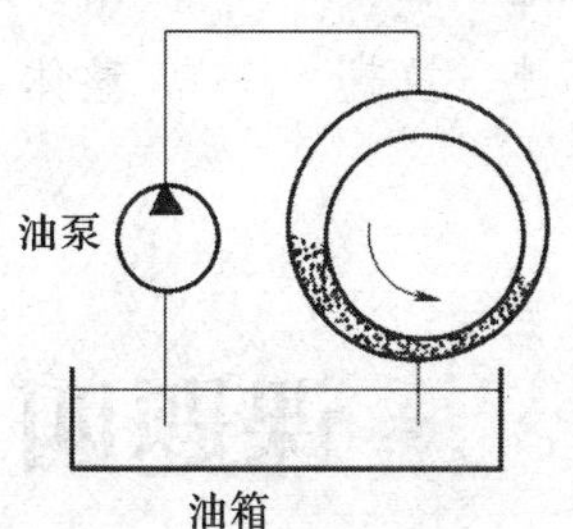

图 8—3—12　压力循环润滑

思考与练习

一、选择题

1. 滑动轴承通常应用于（　　）情形下。

A. 低速、重载、精度不高　　　　B. 高速、重载、高精度

C. 轻载、中速

2. 滑动轴承的寿命取决于（　　）的寿命。

A. 轴承座　　　B. 轴承盖　　　C. 轴瓦

二、填空题

1. 根据滑动轴承所能承受载荷的方向，将主要承受径向载荷的滑动轴承称为________，主要承受轴向载荷的滑动轴承称为________。

2. 对开式滑动轴承由________、________、________、________和连接螺栓等组成。

三、判断题

1. 滑动轴承之所以能够承受较大的载荷，是由于其接触面较大的原因。（　　）

2. 滑动轴承的轴瓦与轴颈的接触面积越大或接触点越多，其回转精度越高，承载能力越强。（　　）

3. 滑动轴承的结构中，在轴瓦上开出一些油槽的目的是避免油膜被破坏，使轴瓦与轴颈直接接触形成金属与金属之间的干摩擦。（　　）

四、连线题

请根据工作情况选择滑动轴承：

低速、轻载　　　　对开式向心滑动轴承

高速、重载　　　　整体式向心滑动轴承

课题四　联轴器与离合器

学习目标

◆ 了解联轴器和离合器的功用、类型、特点、结构等知识。

◆ 熟悉联轴器、离合器在汽车上的应用。

想一想

如图 8—4—1a 所示为一汽车用离合器，它位于发动机与变速器之间，其主动部件与发动机的飞轮连接，从动部件与变速器连接。可实现发动机和变速器的暂时分离和逐渐接合，以切断或传递发动机向变速器输出的动力。如图 8—4—1b 所示为联轴器，用于轴与轴之间的连接，以传递两轴的运动和动力。那么离合器和联轴器是如何工作的呢?

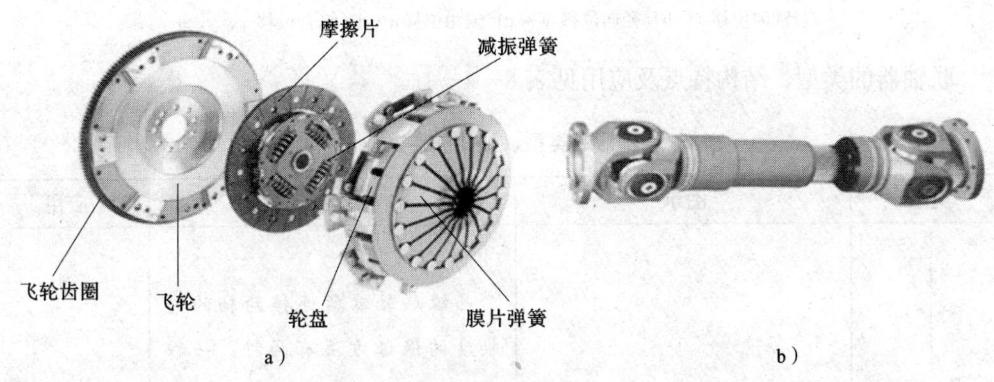

图 8—4—1 离合器与联轴器

一、联轴器

联轴器是用来连接两轴，使其一起转动并传递运动和转矩的装置。有时也可以作为一种安全装置用来防止被连接件承受过大的载荷，起到过载保护的作用。有的联轴器还可以改变所连接的两轴的相对位置。用联轴器连接轴时，只有在机器停止运转，经过拆卸后才能使两轴分离。而离合器连接的两轴可在机器工作中方便地实现分离与接合。联轴器、离合器都是常用构件，大多已经标准化了。

联轴器所连接的两轴，由于受制造及安装误差、承载后的变形以及温度变化的影响，往往存在着某种程度的相对位移与偏斜。因此，设计联轴器时要从结构上采取各种不同的措施，使联轴器具有补偿各种偏移量的性能。

联轴器一般由两个半联轴器及连接件组成。半联轴器与主动轴、从动轴常采用键、花键等连接。联轴器连接的两轴一般属于两个不同的机器或部件，由于制造、安装的误差，运转时零件的受载变形，以及其他外部环境或机器自身的多种因素，都可使被连接的两轴相对位置发生变化，出现如图 8—4—2 所示的相对位移和偏差。由此可见，联轴器除了能传递所需的转矩外，还应具有补偿两轴线的相对位移或偏差、减振与缓冲以及保护机器等性能。

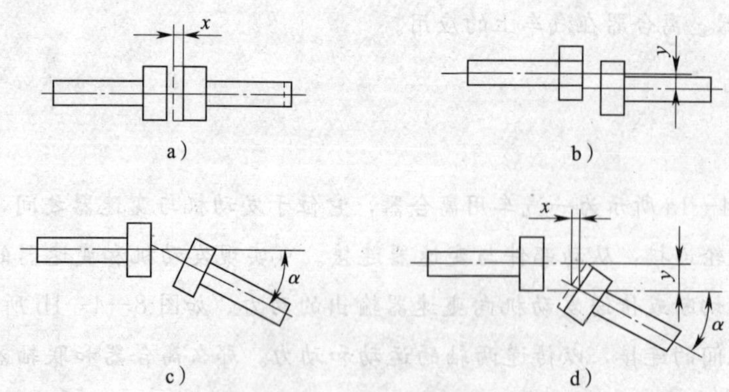

图 8—4—2　相对位移和偏差

a）轴向位移 x　b）径向位移 y　c）偏角位移 α　d）综合位移 x、y、α

联轴器的类型、结构特点及应用见表 8—4—1。

表 8—4—1　　联轴器的类型、结构特点及应用

类型		图示	结构特点	应用
刚性联轴器	凸缘联轴器		凸缘联轴器所连接两轴的同轴度的保证方法有两种：一种是通过预紧普通螺栓压紧，靠在凸缘接触表面产生的摩擦力传递力矩；另一种是用铰制孔螺栓对中，靠螺杆承受挤压与剪切传递力矩 凸缘联轴器结构简单，维护方便，能传递较大的转矩，但对两轴之间的相对位移不能补偿，因此对两轴的同轴度要求较高	适用于两轴对中性好、低速、载荷平稳及经常拆卸的场合
	夹壳式联轴器		夹壳式联轴器是由两个半圆筒形的夹壳及连接它们的螺栓所组成，如左图所示。靠夹壳与轴之间的摩擦力或键来传递转矩	主要用于低速、工作平稳的场合

续表

类型		图示	结构特点	应用
挠性联轴器	十字滑块联轴器		由两个带有凹槽的主、从动凸缘盘和一个两端带有凸榫的连接盘组成，带有两个长形孔的主动盘用键与驱动齿轮轴相连，用两个螺钉穿过长形孔与主动凸缘盘相连	广泛用于通用机械、水工机械、工程机械、冶金机械、矿山机械、化工机械等多种场合
	弹性套柱销联轴器		在结构上与凸缘联轴器相似，只是用套有橡胶弹性套的柱销代替了连接螺栓。弹性套柱销联轴器制造容易，装拆方便，成本较低，但弹性套易磨损，寿命较短	适用于载荷平稳、正反转或启动频繁、转速高的中小功率的两轴连接
	弹性柱销联轴器		弹性柱销将两个半联轴器连接起来。为防止柱销脱落，两侧装有挡板。这种联轴器与弹性套柱销联轴器相比，结构简单，制造、安装方便，寿命长	用于轴向窜动较大、正反转或启动频繁、轻载转速较高的场合。由于尼龙柱销对温度较敏感，故工作温度限制在 −20～70℃的范围内

续表

类型		图示	结构特点	应用
挠性联轴器	万向联轴器		万向联轴器由两个具有叉状端部的万向接头和一个十字销组成。万向联轴器主要用于两轴线不在一条直线的传动	广泛应用于汽车、拖拉机及金属切削机床中，如：转向轮与方向机的连接

教学互动

说明实训车辆中哪些地方用到了联轴器，它们都是什么类型的？

二、离合器

离合器也是用来连接两轴的使其一起转动并传递运动和转矩，它是使机器在运转过程中具有接合或分离功能的装置。

它可以实现汽车的起动、停车、变速器的平稳换挡，传动系统的过载保护，防止从动件的逆转，控制传递转矩的大小以及满足接合时间等要求。

离合器一般由主动部分、从动部分、接合部分、操纵部分等组成。主动部分与主动轴固定连接，主动部分还常用于安装接合元件（或一部分）。从动部分有的与从动轴固定连接，有的可以相对于从动轴做轴向移动并与操纵部分相连，从动部分上安装有接合元件（或一部分）。操纵部分控制接合元件的接合与分离，以实现两轴间运动和转矩的传递或中断。

按控制方法可分为操纵式离合器和自控离合器两大类。操纵式离合器分为摩擦离合器、电磁离合器、液压离合器等；自控离合器分为超越离合器、离心离合器、安全离合器等。常见离合器的类型、结构特点及应用见表8—4—2。

表 8—4—2　　常见离合器的类型、结构特点及应用

类型	图示	结构特点	应用
牙嵌式离合器		牙嵌式离合器主要由两个半离合器组成。半离合器（主动部分）用平键与主动轴连接，半离合器（从动部分）用导向平键或花键与从动轴连接，并可用拨叉操纵使其轴向移动以实现离合器的接合与分离。啮合与传递转矩是靠两相互啮合的牙来实现的。牙齿可布置在周向，也可布置在轴向。接合时有较大的冲击，影响齿轮寿命 牙嵌式离合器的特点是结构简单、尺寸紧凑、工作可靠、承载能力大、传动准确，但在运转时接合有冲击，容易打坏牙 牙嵌式离合器常用的牙形有矩形、梯形和锯齿形等	适用于低速或停机时的接合或分离
多盘式摩擦离合器		摩擦离合器是靠接合元件间产生的摩擦力来传递转矩的。过载时，接合元件间产生打滑，保护传动系统中的零件不致损坏。打滑时，接合元件磨损严重，摩擦消耗的功转变为热量使离合器温度升高，较高的温升和较大的磨损将影响离合器的正常工作 优点：两轴能在任何转速下接合；接合与分离过程平稳；过载时会发生打滑；适用载荷范围大。缺点：结构复杂，成本较高，产生滑动时两轴不能同步转动	一般应用于经常启动、制动或频繁改变速度大小和方向的机械中，如汽车、拖拉机等

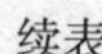
续表

<table>
<tr><th colspan="2">类型</th><th>图示</th><th>结构特点</th><th>应用</th></tr>
<tr><td rowspan="2">超越离合器</td><td>滚柱式单向离合器</td><td> </td><td>它主要由星轮、外圈、弹簧顶杆和滚柱组成。弹簧的作用是将滚柱压向星轮的楔形槽内，使滚柱与星轮、外圈相接触。顺时针转动时，当外圈的转速大于内圈时，由于摩擦力的作用使滚柱滑出楔形槽，这时离合器呈分离状态；当外圈转速小于内圈时，或外圈反转时，由于摩擦力和弹簧的共同作用，使滚柱滑入楔形槽内，这时离合器呈接合状态</td><td rowspan="2">广泛应用于金属切削机床、汽车、摩托车和各种起重设备的传动装置中。如自行车的后链轮</td></tr>
<tr><td>楔块式单向离合器</td><td> </td><td>它由内圈、楔块、保持架和外圈组成。楔块长端的长度大于内圈之间的距离，而短端的长度小于内、外圈之间的距离。如果内圈固定，外圈沿图 A 方向旋转，摩擦力使楔块向倒下的方向转动，锲块对外圈没有阻力，外圈可以转动，单向离合器的这种状态为超越状态；反之，单向离合器处于锁止状态</td></tr>
</table>

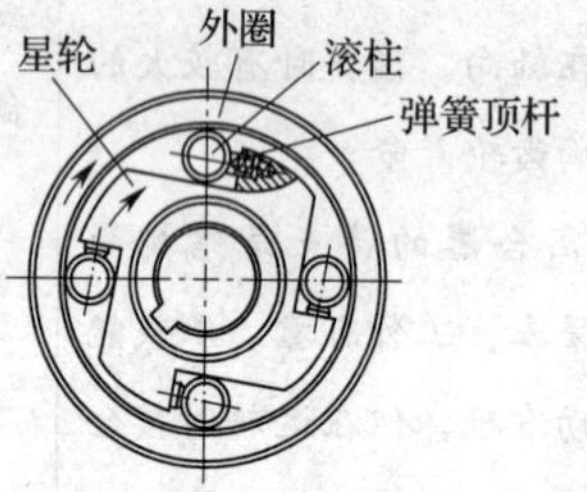

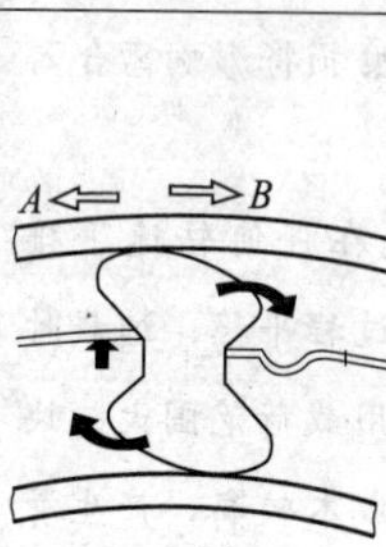

思考与练习

一、选择题

1. 对被连接两轴间对中性要求较高的联轴器是（　　）。

A. 弹性柱销联轴器　　B. 滑块联轴器

C. 齿式联轴器　　D. 凸缘联轴器

2. 十字轴万向联轴器之所以要成对使用，是为了解决被连接两轴间（　　）的问题。

A. 径向偏移量大　　B. 轴向偏移量大

C. 角度偏移量大　　D. 角速度不同步

二、填空题

1. 联轴器和离合器是用来连接两轴，使其一同转动并________的装置。

2. 摩擦离合器是靠主、从动部分的元件采用________传递转矩。

三、连线题

对应联轴器的性能进行连线：

固定式刚性联轴器	靠弹性零件的弹性变形来补偿两轴的相对位移
可移动式刚性联轴器	不能补偿两轴线的相对位移
弹性联轴器	可以补偿两轴线的相对位移

课题五　制　动　器

学习目标

◆ 熟悉制动器的类型、特点、结构等知识。

◆ 了解制动器在汽车上的应用。

想一想

汽车在保证安全行驶的前提下，应尽可能地提高行驶速度，以提高运输生产率，同时还应视需要可减速和停车。因此，为了保证行车的安全，在汽车上也必须设有用来强制汽车减速和停车的制动系统。如图 8—5—1 所示就是制动器。那么汽车使用了哪些制动器呢？

图 8—5—1　制动器

汽车制动系统中的制动器是用来使汽车减速直至停车，或者防止停放在坡道上的汽车发生滑溜。汽车自动变速器中的制动器的作用是固定行星齿轮机构中的某基本元件，制动器工作时将被自动元件与自动变速器壳体连接在一起，使其固定不能转动。

自动变速器中使用的制动器可分为湿式多片制动器和带式制动器两种，汽车制动系中的制动器可分为鼓式制动器和盘式制动器两种。

一、湿式多片制动器

湿式多片制动器由变速器壳、压板、外摩擦片（带外花键齿）、内摩擦片（带内花键齿）、活塞、制动器毂、碟形弹簧等组成，如图 8—5—2 所示。湿式多片制动器的结构与离合器相似，在变速器壳内表面有花键齿，与外摩擦片的花键齿嵌合；在制动毂（图中未画出）的外表面有外花键，与内摩擦片的内花键嵌合。当制动器接合时，通过制动器外摩擦片和内摩擦片将制动器毂与变速器壳体连为一体，使其固定不能转动。

二、带式制动器

如图 8—5—3 所示，带式制动器由制动毂、制动带及其伺服器组成，制动带内敷摩擦材料，包绕在制动毂的外表面。制动毂与行星齿轮机构的某一基本元件连接，制动带的一端支承在变速器壳体的支架或调整螺钉上，另一端与制动伺服装置液压缸中的活塞推杆连接。当液压油进入液压缸，液力施加于活塞上时，活塞克服回位弹簧（外弹簧）的阻力右移，活塞压缩缓冲弹簧（内弹簧），缓冲弹簧与推杆相连，使推杆右移，推动制动带的一端，制动带夹紧制动鼓，使制动鼓不能转动。伺服器内有两个弹簧，其中内弹簧起缓冲作用，可以防止换挡冲击，外弹簧是回位弹簧，在制动解除后，使活塞回位。

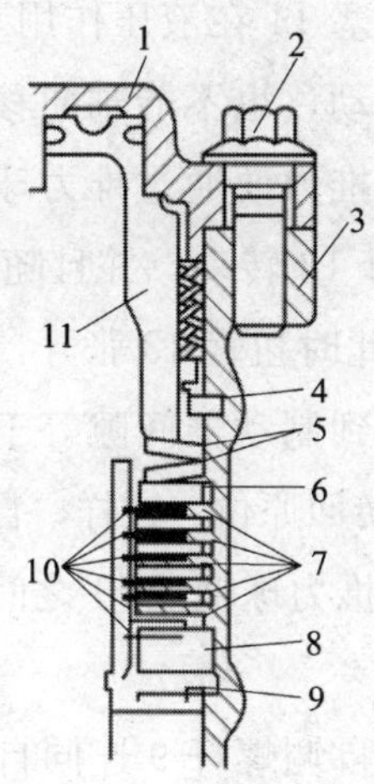

图 8—5—2　湿式多片制动器

1—变速器壳盖　2—变速器壳盖螺栓

3—变速器壳　4、9—卡环　5—碟形弹簧

6、8—压板　7—外摩擦片

10—内摩擦片　11—活塞

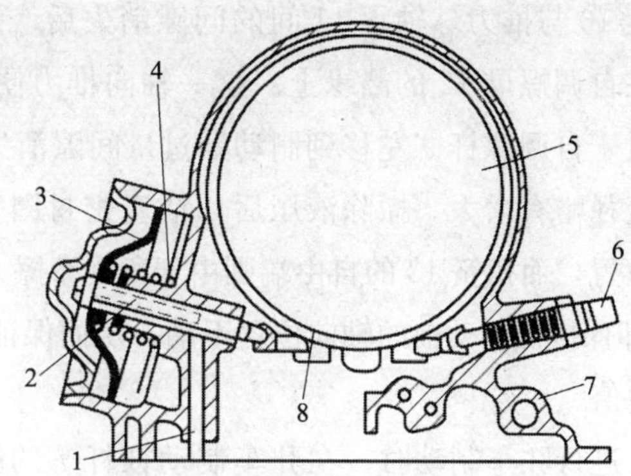

图 8—5—3　带式制动器的工作原理

1—油路　2—活塞推杆　3—活塞　4—回位弹簧

5—制动液　6—制动带调整螺钉

7—变速器壳体　8—制动带

三、盘式制动器

如图 8—5—4 所示为盘式制动器。自调螺杆 9 穿过制动钳体 1 的孔。螺杆左端切有粗牙螺纹的部分悬装着自调螺母 12。螺纹的凸缘左边部分被扭簧 13 紧箍着。弹簧 8 使螺杆 9 右端面与驻车制动杠杆 7 的凸轮斜面始终贴合。弹簧的一端固定在活塞 14 上，另一端则自由地抵靠螺母。推力球轴承 11 固定在螺母凸缘的右侧，并被固定在活塞 14 上的挡片 10 密封。

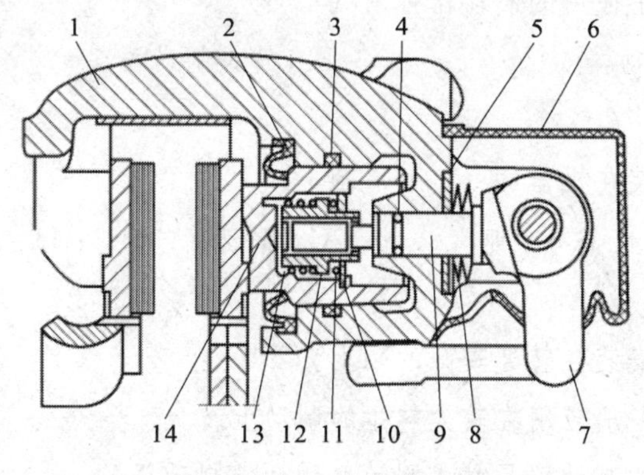

图 8—5—4　盘式制动器

1—制动钳体　2—活塞护罩　3—活塞密封圈　4—自调螺杆密封圈

5—膜片弹簧支承垫圈　6—驻车制动杠杆护罩　7—驻车制动杠杆

8—膜片弹簧　9—自调螺杆　10—挡片　11—推力球轴承

12—自调螺母　13—扭簧　14—活塞

在制动间隙大于标准值的情况下进行行车制动时，活塞 14 在液压作用下左移。由于自调螺杆 9 受凸轮斜面和膜片弹簧 8 的限制，不能转动，也不能轴向移动，当挡片 10 与推力球轴承 11 间的间隙消失后，活塞所受液压推力便通过推力球轴承作用在自调螺母 12 的凸缘上。这一轴向推力便迫使自调螺母 12 转动，并且随活塞 14 相对于自调螺杆 9 左移到制动器过量间隙消失为止。由于此时扭簧 13 张开，且其螺圈直径略有增大。撤除液压后，活塞密封圈 3 使活塞退回到制动器间隙等于标准值的位置，而扭簧 13 的自由端则由于所受摩擦力矩的消失而转回原位。这样，自调螺母 12 即保持在制动前的轴向位置不动，从而保证了挡片 10 与推力球轴承 11 之间的间隙为原值。

进行驻车制动时，在驻车制动杠杆 7 的凸轮推动下，自调螺杆 9 连同自调螺母 12 一起左移到自调螺母 12 接触活塞 14 底部。此时，由于扭簧 13 的阻碍，自调螺母不可能倒转着相对于螺杆向右移动。于是轴向推力通过活塞传到制动块上从而实现制动。

解除驻车制动时，自调螺杆 9 在膜片弹簧 8 的作用下随着驻车制动杠杆回位。

思考与练习

一、选择题

1. 大多数制动器采用（　　）的制动方式。

A. 摩擦式　　　　B. 非摩擦式

2. 自动变速器中使用的制动器可用（　　）。

A. 湿式多片制动器　　　　B. 鼓式制动器

C. 盘式制动器

3. 制动器通常装在机器的（　　）轴上。

A. 低速　　B. 中速　　C. 高速　　D. 变速

二、判断题

1. 制动器一般安装在转速较高的轴上。（　　）

2. 锥形制动器一般应用在较大转矩的制动上。（　　）

3. 汽车上常用的制动器是鼓式制动器和盘式制动器。（　　）

模块九 连接

课题一 键 连 接

学习目标

◆ 熟悉键连接的类型、特点及应用。

◆ 掌握花键连接的类型及应用。

想一想

如图 9—1—1 所示为桑塔纳 2000 变速器的变速传动机构，由轴带动齿轮，齿轮与齿轮啮合，再由齿轮传给轴，实现动力传输。想一想轴和齿轮是如何传递动力的？

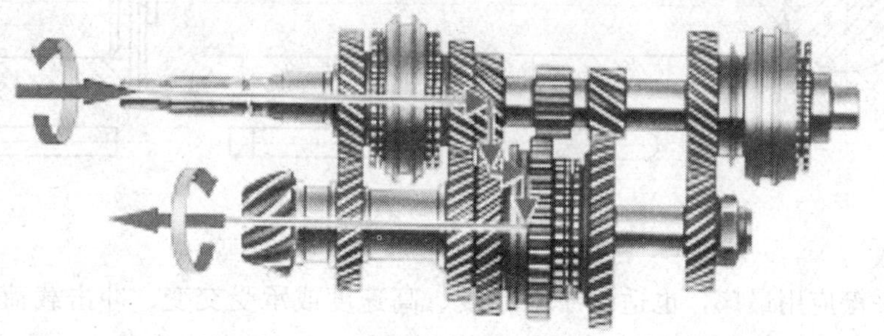

图 9—1—1 桑塔纳 2000 变速器的变速传动机构

一、键连接的类型、特点及应用

键主要用来实现轴和轴上零件之间的周向固定，以传递转矩。有些类型的键还可以实现轴上零件之间的轴向固定或轴向移动。

键是标准件。根据键连接的结构和承受载荷情况不同，键连接分为松键连接和紧键连接两类。

1．松键连接

松键连接分为平键连接（见图 9—1—2）和半圆键连接两类。

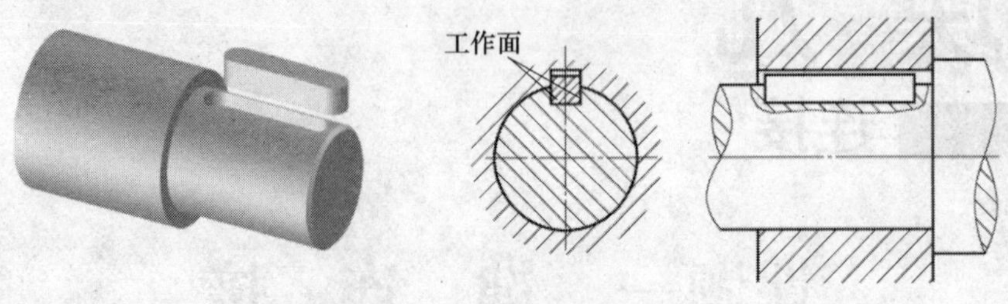

图 9—1—2　平键连接

（1）平键连接

平键连接分为普通平键、导向平键和滑键连接三种。平键靠两侧面传递转矩，对中性良好，结构简单，拆卸方便，但不能轴向固定轴上零件。

1）普通平键的类型、特点和应用。普通平键上、下两面互相平行，两个侧面也互相平行，端部有圆头（A 型）、方头（B 型）和半圆头（C 型）三种类型，如图 9—1—3 所示。其国家标准为 GB/T 1096—2003，GB/T 1567—2003（薄型）。A 型键在键槽中轴向固定好，键与键槽配合较紧，键槽应力集中大，B 型键槽应力集中小，C 型键常用于轴端。

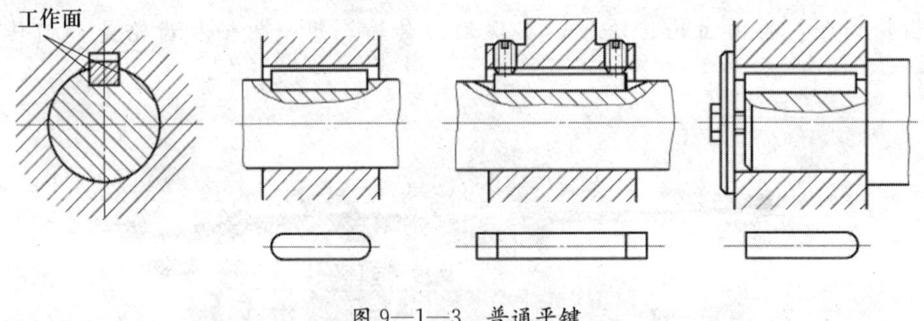

图 9—1—3　普通平键

普通平键应用最广，也适用于高精度、高速度或承受交变、冲击载荷的场合，如在轴上固定齿轮、链轮和凸轮等回转零件，薄型平键适用于薄壁零件。

2）导向平键。对于轴上安装的零件需要沿轴向移动时，可采用导向平键。导向平键比普通平键长，其端部形状有 A 型和 B 型两种，如图 9—1—4 所示。国标为 GB/T 1097—2003。

导向平键用螺钉固定在轴上的槽中，轴上零件的轮毂可在轴上沿轴向滑动，为了拆卸方便，在键的中部制有起键用的螺钉孔，导向平键用于轴上零件轴向移动量不大的场合，如变速箱中的滑移齿轮。

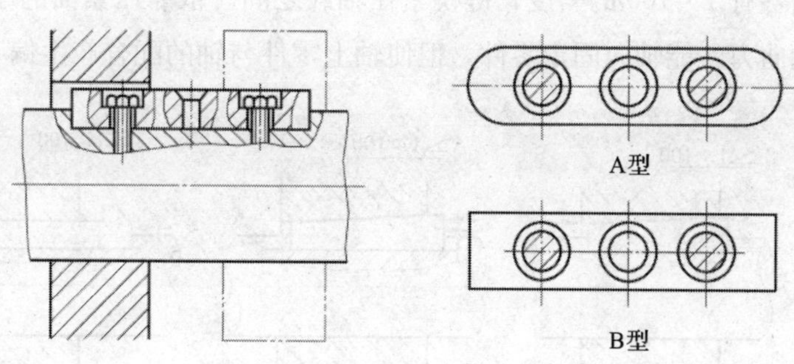

图 9—1—4　导向平键连接

3）滑键。当轴上零件的轴向移动量很大时，导向平键将很长，不易制造，这时可采用滑键，如图 9—1—5 所示。滑键连接的特点：键固定在轮毂上，并与轮毂一起在轴上的键槽中滑动，滑键未标准化。

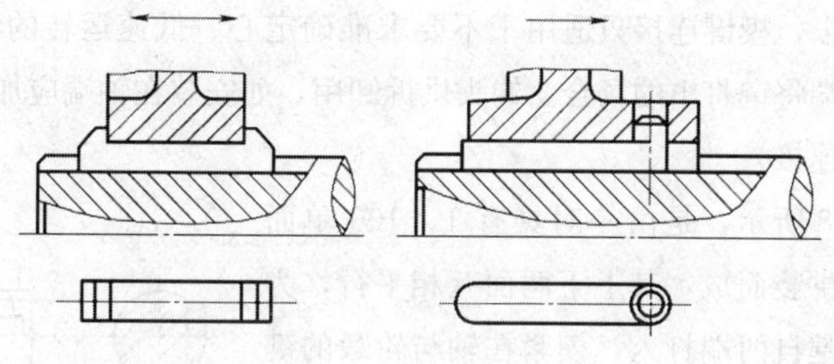

图 9—1—5　滑键连接

（2）半圆键

半圆键连接如图 9—1—6 所示，国标为 GB/T 1099—2003。半圆键的上表面为一平面，下表面为半圆形，两侧面互相平行，半圆键靠键两侧的工作面传递转矩。键在轴槽中能绕槽底圆弧曲率中心摆动，装配方便。键槽较深，对轴的强度削弱较大。半圆键连接一般用于轻载和圆锥形轴端的连接。

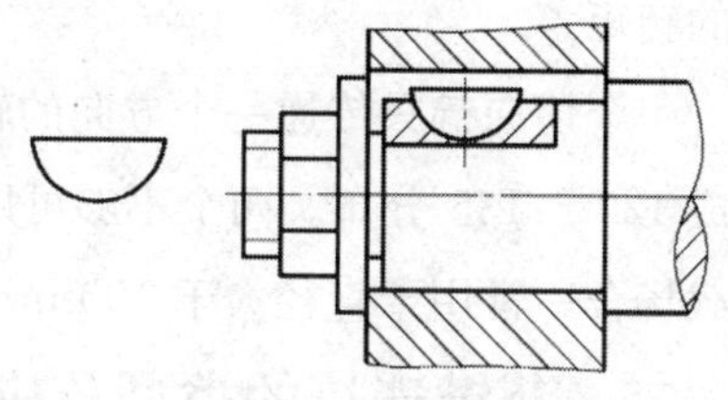

图 9—1—6　半圆键连接

2．紧键连接

紧键连接分为楔键连接与切向键连接两类。

（1）楔键连接

楔键连接又分为楔键连接（GB/T 1564—2003）与钩头楔键连接（GB/T 1565—2003）两种，如图 9—1—7 所示。楔键的两侧面互相平行，上、下两面是工作面，键的上表面和毂槽的底面各有 1∶100 的斜度，键楔紧在轴毂之间。依靠压紧面的摩擦力传递转矩及单方向的轴向力，能轴向固定零件，但使轴上零件与轴的配合产生偏心与偏斜。

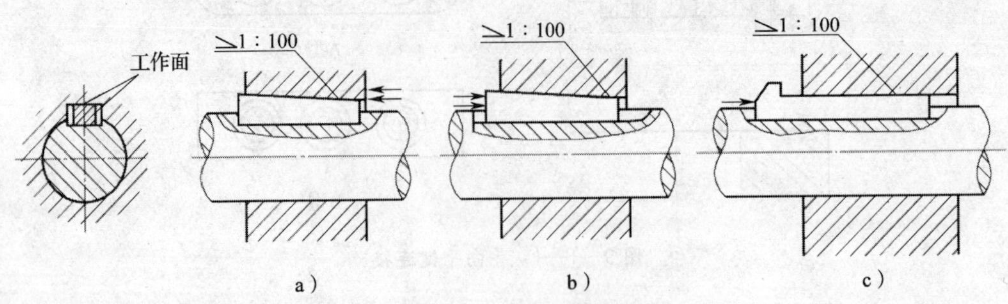

图 9—1—7　楔键连接

a）A 型普通键　b）B 型普通楔键　c）钩头楔键

由于键楔紧后，轴与轴上零件的对中性差；在冲击、振动或变载荷的作用下，连接容易松动，所以，楔键连接只适用于不要求准确定心、低速运转的场合。钩头楔键用于不能从另一端将键打出的场合。钩头供拆卸用，如安装在轴端应加保护罩。

（2）切向键连接

如图 9—1—8 所示，是由一对具有 1∶100 单面斜度的键沿斜面拼装而成，其上下两面互相平行，为工作面，装配时键自两端打入，楔紧在轴与轮毂的键槽中。装配后，切向键的下平面在通过轴线的平面内，工作面上的压力沿轴的切线方向作用，能传递很大的转矩。

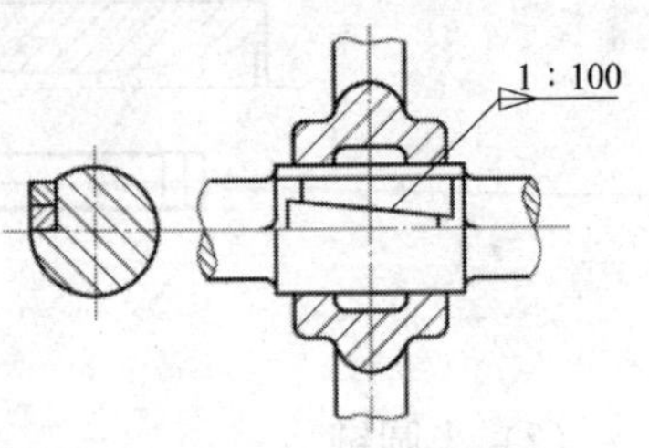

图 9—1—8　切向键连接

一个切向键只传递一个方向的转矩，传递双向转矩时须用两个切向键，并在轴上互成 120°～135°分布。两个不够可用四个，切向键连接应用于对中性要求不高、低速、重载场合，常用于直径大于 100 mm 的轴上。如大型带轮、飞轮等。

二、花键连接的类型及应用

花键连接由轴上加工出外花键和毂上加工出内花键组成，如图 9—1—9 所示。键齿侧面为工作面，工作时靠齿的侧面相互挤压传递转矩。花键已标准化，按齿形不同，分为矩形花键、渐开线花键、三角形花键三种；按花键孔与花键轴是否能相对位移，分为静连接与动连接两种形式。

静连接花键装配时，花键孔与花键轴允许有少量过盈，装配时可用铜棒轻轻敲入。过盈量大时，可将套件加热至 80～120℃装入。

动连接花键装配时，花键孔在花键轴上应滑动自如且感觉不到有明显间隙为合适。

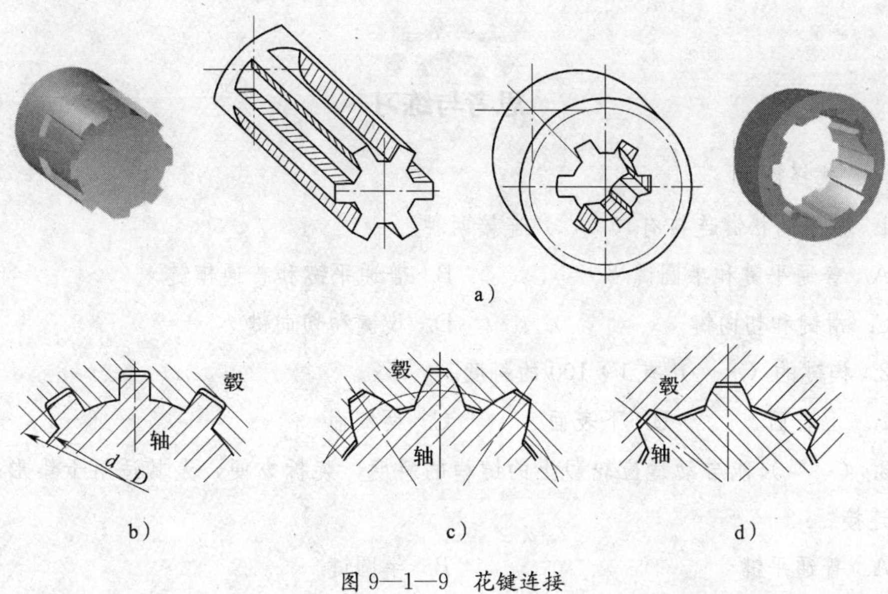

图 9—1—9　花键连接

1. 矩形花键

矩形花键（GB/T 1144—2001）键齿端面为矩形，在国家标准中规定为两个系列，轻系列用于载荷较轻的静连接，中系列用于中等载荷的连接。矩形花键的定心方式为小径定心，定心精度高，稳定性好。

矩形花键连接为多齿工作，承载能力高，对中性、导向性好，应力集中较小，轴与毂的强度削弱小。

应用广泛，如汽车、飞机、机床、农业机械等。

2. 渐开线花键

渐开线花键（GB/T 3478.1—1995）的齿廓为渐开线，如图 9—1—9 所示，受载时齿上有径向力，起自动定心作用，使各齿均匀承力，强度高，寿命长。

渐开线花键的主要参数为模数 m、齿数 z、压力角 α。渐开线花键的标准压力角 α 有 30°、37.5°和 45°三种。

应用于载荷较大，定心精度要求高以及尺寸较大的连接。

3. 三角形花键

三角形花键连接中，外花键齿形为压力角是 45°的渐开线花键；内花键齿形是直齿形。三角形花健用齿侧定心，其键齿细小，通常用于直径较小或薄壁零件与轴的连接。

思考与练习

一、选择题

1. 常用的松键连接有（　　）连接两种。

A. 普通平键和半圆键　　　　　　B. 普通平键和普通楔键

C. 滑键和切向键　　　　　　　　D. 楔键和切向键

2. 楔键的（　　）有 1∶100 的斜度。

A. 上表面　　　B. 下表面　　　C. 两侧面

3. （　　）能自动适应轮毂上的键槽的斜度，装拆方便，尤其适用于锥形轴端部的连接。

A. 普通平键　　　　　　　　　　B. 半圆键

C. 导向平键　　　　　　　　　　D. 切向键

4. 在 GB/T 1144—2001 中规定以（　　）为花键的定心尺寸，用它来保证同轴度。

A. 键宽　　　B. 大径　　　C. 小径

二、填空题

1. 键连接主要用来连接__________和__________，实现周向固定并传递转矩。

2. 半圆键连接，由于轴上的键槽较深，故对轴的__________削弱较大。

3. A 型、B 型和 C 型三种形式普通平键的区别主要是__________形状不同。

三、连线题

对应下列键与应用情况进行连线：

普通平键	用于轴向移动量不大的场合
导向平键	用于轴向移动量较大的场合
滑键	应用最广

课题二 销 连 接

◆ 了解销连接的类型、特点及应用。

请大家举例说明：在汽车上有哪些部位用到销连接？销有什么作用？

如图 9—2—1 所示为汽车发动机活塞连杆组的结构示意图，从图中可以看出，活塞和连杆是通过一个活塞销进行连接的。

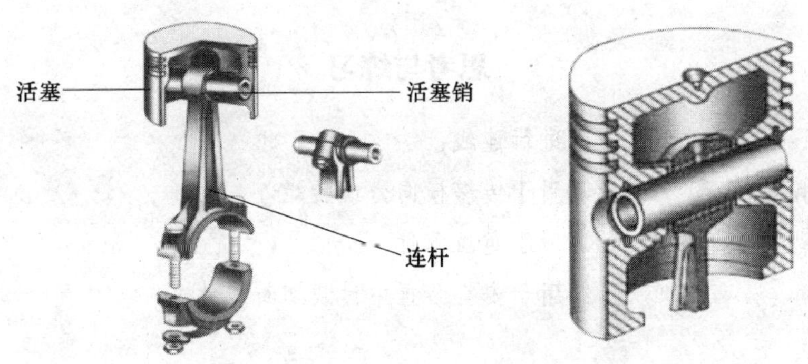

图 9—2—1 活塞连杆组的结构示意图

除键连接外，销连接也能实现轴与轴上零件的连接。同时，销连接还可用来固定零件之间的相对位置，起定位作用；它也可作为安全装置中的过载剪断元件，起过载保护作用，还可用来传递横向力和转矩。

提示：

圆柱销多次拆卸会降低定位精度和可靠性；圆锥销的定位精度和可靠性较高，多次拆卸不会影响定位精度。因此，经常装拆的场合不宜采用圆柱销，而应选用圆锥销。销起定位作用时一般不承受载荷，并且使用的数目不得少于两个。一般来说，销作为安全销使用时还应有销套及相应结构。

销的基本类型有圆柱销和圆锥销两种，如图 9—2—2a、b 所示，这两类销均已标准化。圆柱销利用少量过盈固定在销孔中，经过多次装拆后，连接的紧固性及精度降

低，故只宜用于不常拆卸处。圆锥销有 1∶50 的锥度，装拆比圆柱销方便，多次装拆对连接的紧固性及定位精度影响较小，因此应用广泛。如图 9—2—2c 所示是大端具有外螺纹的圆锥销，便于装拆，可用于有盲孔结构的场合；如图 9—2—2d 所示是小端带外螺纹的圆锥销，可用螺母锁紧，适用于有冲击的场合。

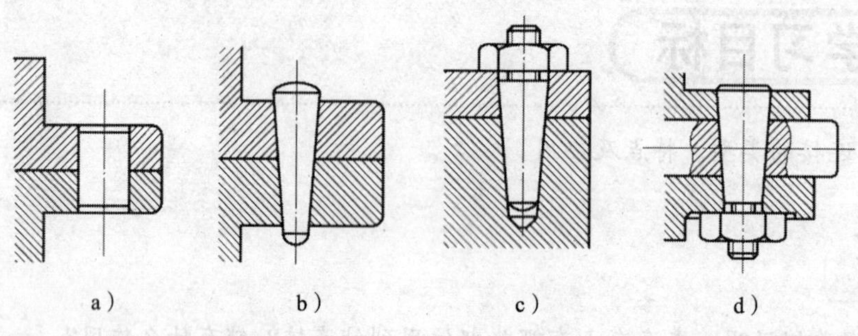

图 9—2—2　销连接

a）圆柱销　b）圆锥销　c）大端带外螺纹的圆锥销　d）小端带外螺纹的圆锥销

思考与练习

对应下面销的类型及作用进行连线：

定位销	用于传递横向力或转矩
连接销	用于定位零件
安全销	用于安全装置中过载切断零件

课题三　螺纹连接

学习目标

◆ 了解螺纹的形成过程。

◆ 熟悉螺纹的类型及主要参数。

◆ 熟悉常用螺纹的特点及应用。

◆ 熟悉螺纹连接的预紧和防松方法。

汽车上有哪些部位采用螺纹连接？螺纹又有哪些作用？

汽车是很多零件的复杂的结合体。这些零件由螺钉、螺栓、螺母等紧固件连接在一起。例如，汽车发动机的缸盖和缸体（见图 9—3—1）的连接，就是用螺栓进行紧固，这些螺栓的功用和要求是怎么规定的？

图 9—3—1　汽车发动机的缸盖和缸体

一、螺纹的形成

如图 9—3—2 所示，将一直角三角形 abc 绕在直径为 d_2 的圆柱表面上，使三角形底边 ab 与圆柱体的底边重合，则三角形的斜边 amc 在圆柱体表面形成一条螺旋线 am_1c_1。三角形 abc 的斜边与底边的夹角 φ，称为螺纹升角。若取一平面图形，使其平面始终通过圆柱体的轴线并沿着螺旋线运动，则这平面图形在空间形成一个螺旋形体，称为螺纹。

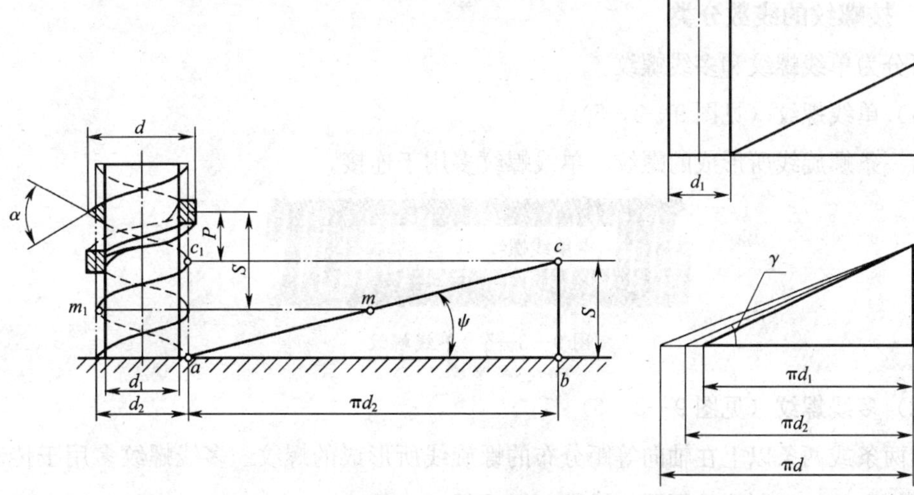

图 9—3—2　螺纹的形成

二、螺纹的类型

1. 按螺纹在轴向剖面内的形状不同分类

可分为矩形螺纹、三角形螺纹、梯形螺纹及锯齿形螺纹（见图 9—3—3）。

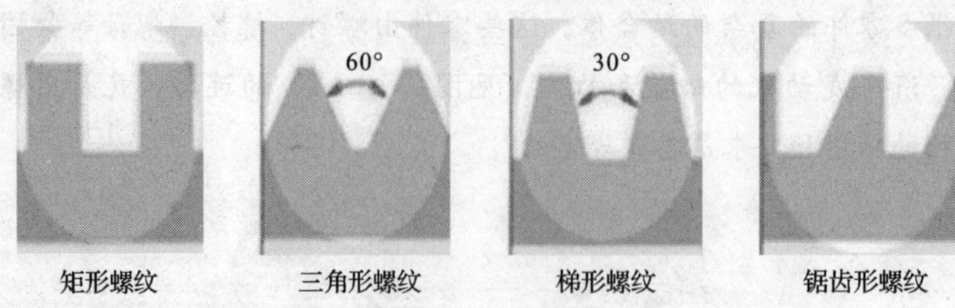

图 9—3—3　螺纹在轴向剖面内的形状

2. 按螺旋线绕行的方向不同分类

可分为右旋螺纹和左旋螺纹（见图 9—3—4）。只有在特殊需要时，才采用左旋螺纹，比如煤气罐等危险设备中使用的螺纹。

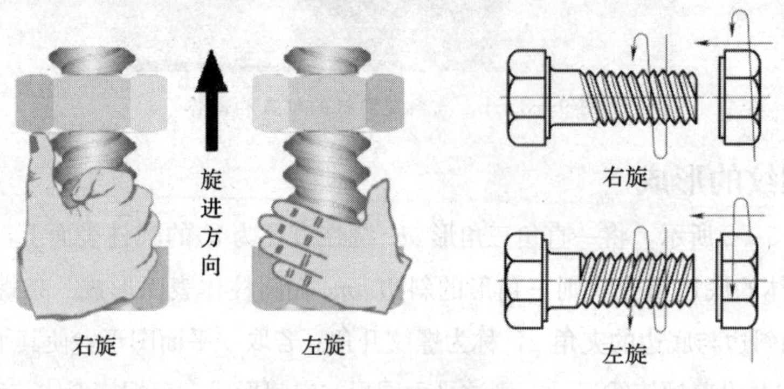

图 9—3—4　螺纹的旋向

3. 按螺纹的线数分类

可分为单线螺纹和多线螺纹。

(1) 单线螺纹（见图 9—3—5）

沿一条螺旋线所形成的螺纹。单线螺纹多用于连接。

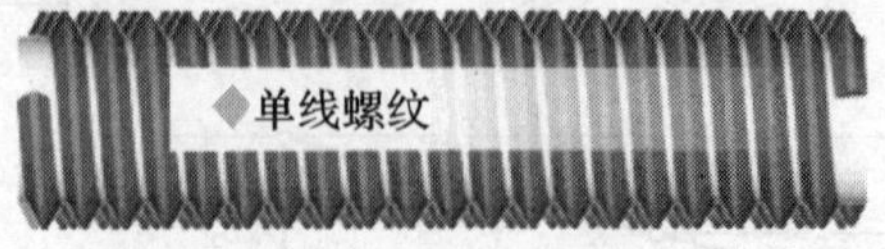

图 9—3—5　单线螺纹

(2) 多线螺纹（见图 9—3—6）

沿两条或两条以上在轴向等距分布的螺旋线所形成的螺纹。多线螺纹多用于传动。多线螺纹由于加工制造的原因，线数一般不超过 4 条。

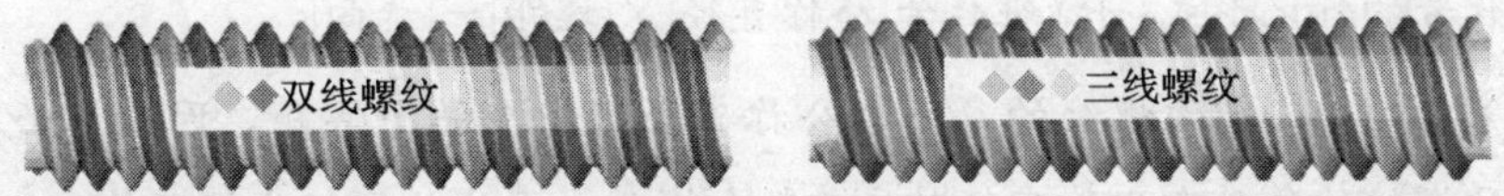

图 9—3—6　多线螺纹

三、螺纹的主要参数（见图 9—3—7）

1. 大径（外径）（*d*，*D*）

与外螺纹牙顶或内螺纹牙底相重合的假想圆柱面的直径，亦称公称直径。

2. 小径（内径）（d_1，D_1）

与外螺纹牙底或内螺纹牙顶相重合的假想圆柱面的直径（危险剖面直径）。

3. 中径（d_2、D_2）

在轴向剖面内牙厚与牙间宽相等处的假想圆柱面的直径，$d_2 \approx 0.5\ (d+d_1)$。

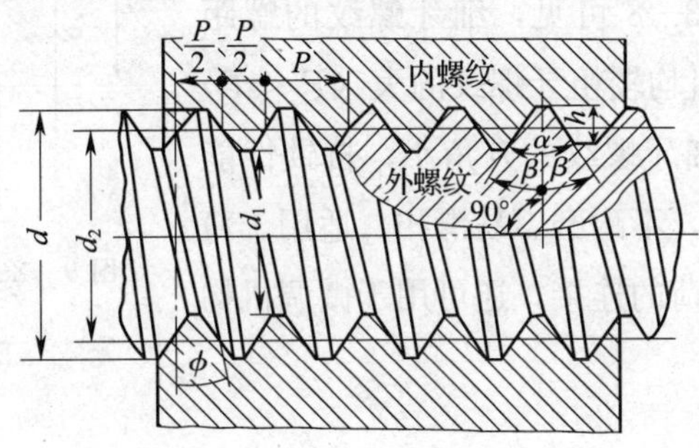

图 9　3　7　螺纹的参数

4. 螺距（*P*）

相邻两牙在中径圆柱面的母线上对应两点间的轴向距离。

5. 导程（*S*）

同一螺旋线上相邻两牙在中径圆柱面母线上的对应两点间的轴向距离。

6. 线数（*n*）

螺纹螺旋线数目，一般为便于制造 $n \leqslant 4$。螺距、导程、线数之间的关系：$S=nP$。

7. 螺纹升角 ψ

中径圆柱面上螺旋线的切线与垂直于螺旋线轴线的平面间的夹角。

8. 牙型角 α

螺纹轴向剖面内螺纹牙型两侧边的夹角。

9. 牙型斜角 β

螺纹牙的侧边与螺纹轴线垂直平面的夹角。

提示：普通螺纹标记由螺纹代号、螺纹公差带代号和螺纹旋合长度代号组成。其

中，螺纹代号的标记形式：特征代号 公称直径 × 螺距 — 旋向

在国家标准中，粗牙螺纹的每一个公称直径只对应一个螺距，因此不必标出螺距值；而细牙螺纹的每一个公称直径对应着数个螺距，因此必须标出螺距值。

连接螺纹多为右旋，因此右旋螺纹的旋向省略不标注；而左旋螺纹需在尺寸代号之后加注“LH”，并用“—”隔开。

四、常用螺纹的特点及应用

1. 三角形螺纹

米制三角形螺纹的牙型角 $\alpha=60°$，其大径 d 为公称直径。三角形螺纹的当量摩擦系数大，自锁性能好。螺纹牙根部较厚，牙根强度高，广泛应用于各种紧固连接。同一公称直径可以有多种螺距，其中螺距最大的称为粗牙螺纹，其余都称为细牙螺纹。由图 9—3—8 可见，细牙螺纹的螺距 P' 小且中径 d_2' 及小径 d_1' 均较粗牙螺纹的大（$P'<P$，$d_2'>d_2$，$d_1'>d_1$），故细牙螺纹的升角小，自锁性能好，但牙的工作高度小，不耐磨、易滑扣。适用于薄壁零件、受振动或变载荷的连接，还可用于微调机构中。

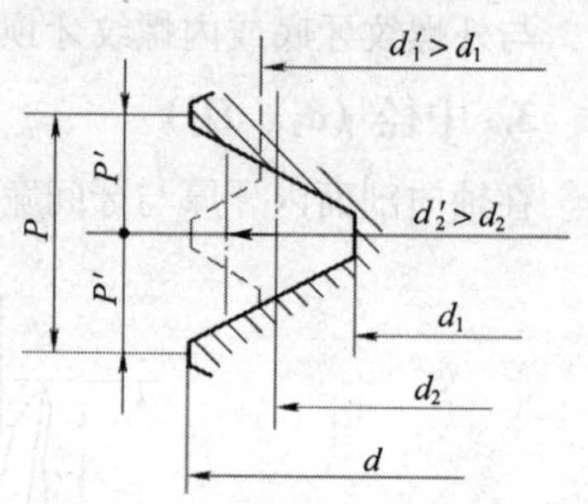

图 9—3—8　细牙螺纹与粗牙螺纹的比较

2. 管螺纹

管螺纹牙型角 $\alpha=55°$，以管子的内径（英寸）表示尺寸代号，以每 25.4 mm 内的牙数表示螺距。分为非螺纹密封的管螺纹（GB/T 7307—2001）和用螺纹密封的管螺纹（GB/T 7306—2000）。非螺纹密封的圆柱管螺纹（见图 9—3—9a），本身不具有密封性，如要求连接后具有密封性时，可在密封面间添加密封物。用螺纹密封的管螺纹（见图 9—3—9b），其外螺纹分布在锥度 1∶16（$\varphi=1°47'24''$）的圆锥管壁上，不用填料即能保证连接的紧密性。

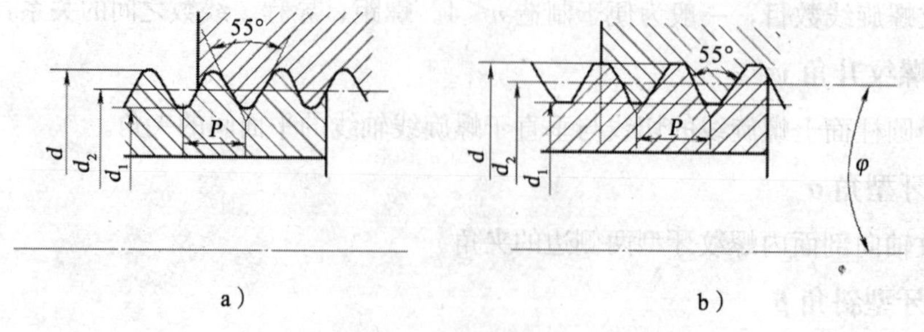

图 9—3—9　管螺纹

a）非螺纹密封的管螺纹　b）用螺纹密封的管螺纹

管螺纹适用于管接头、旋塞、阀门等螺纹连接的附件。

3．矩形螺纹

牙型为正方形、牙型角 $\alpha=0°$。其传动效率最高，但牙根强度弱，精加工困难，螺纹牙磨损后难以补偿，传动精度降低，故应用较少。矩形螺纹未标准化，已逐渐被梯形螺纹所替代。

4．梯形螺纹

牙型为等腰梯形，牙型角 $\alpha=30°$。其效率虽较矩形螺纹低，但工艺性好，牙根强度高，对中性好。梯形螺纹广泛用于车床丝杠、螺旋举重器等各种传动螺纹中。

5．锯齿形螺纹

锯齿形螺纹工作面的牙型斜角 $\beta=3°$，非工作面的牙型斜角为 30°，它兼有矩形螺纹和梯形螺纹的效率高与牙根强度高的优点，但只能用于承受单方向的轴向载荷的传动中。

五、螺纹连接的预紧和防松

1．预紧

预紧的目的是增加连接的可靠性与紧密性，防止受载后被连接件间出现缝隙与相对滑移，保证正常工作。

预紧力的大小根据螺栓组受力的大小和连接的工作要求决定。

预紧力过大，螺杆静载荷增大，降低本身强度。

预紧力过小，工作不可靠，连接件在工作中易松动。

预紧力的控制方法：通常螺栓连接的预紧靠操作者的经验来控制，重要的螺栓连接的预紧力用测力矩扳手等工具进行度量，在拧紧螺栓时，可读出扳手的力矩值，如图 9—3—10 所示。用定力矩扳手拧紧时，当达到固定的拧紧力矩时，弹簧受压将自动打滑，如图 9—3—11 所示。用塑性材料制的螺栓，通过测量预紧后螺栓伸长量来确定预紧力，精度较高。

图 9—3—10　测力矩扳手

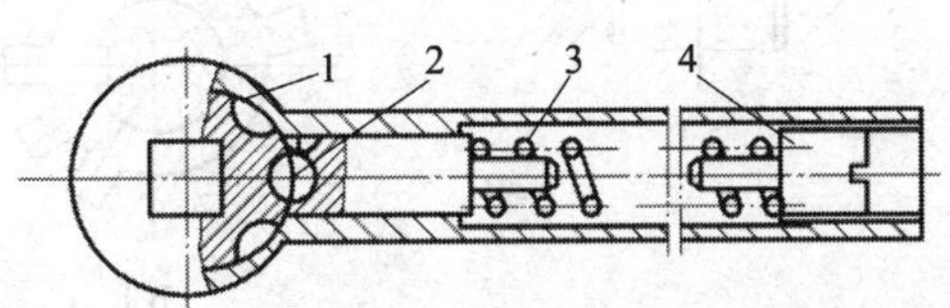

图 9—3—11　定力矩扳手

1—扳手卡盘　2—圆柱销　3—弹簧　4—螺钉

重要连接若不能严格控制预紧力，而只靠安装经验来拧紧螺栓时，为避免螺栓拉断，通常不宜采用小于 M12 的螺栓，一般采用 M12～M24 的螺栓。

2．防松

（1）防松的目的

机器工作时，外载荷有振动、交变负载、材料高温蠕变等会造成摩擦力减小，螺纹副中正压力在某一瞬间消失、摩擦力为零，从而使螺纹连接松动，使机器不能正常工作，甚至会造成严重事故。因此，必须进行防松。

（2）防松原理

消除（或限制）螺纹副之间的相对转动，或增大相对转动的难度。

（3）防松方法及措施

1）摩擦防松。双螺母（又称对顶螺母，见图 9—3—12）、弹簧垫圈（见图 9—3—13）、尼龙垫圈、自锁螺母等。

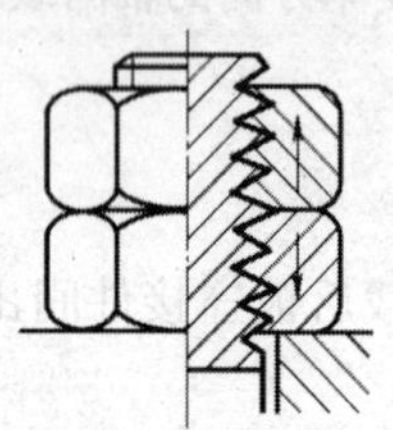

图 9—3—12　双螺母

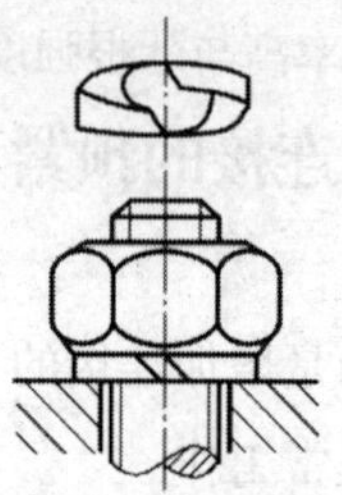

图 9—3—13　弹簧垫圈

2）机械防松（见图 9—3—14）。开槽螺母与开口销、圆螺母与止动垫圈、弹簧垫圈、轴用带翅垫圈、止动垫片、串联钢丝等。

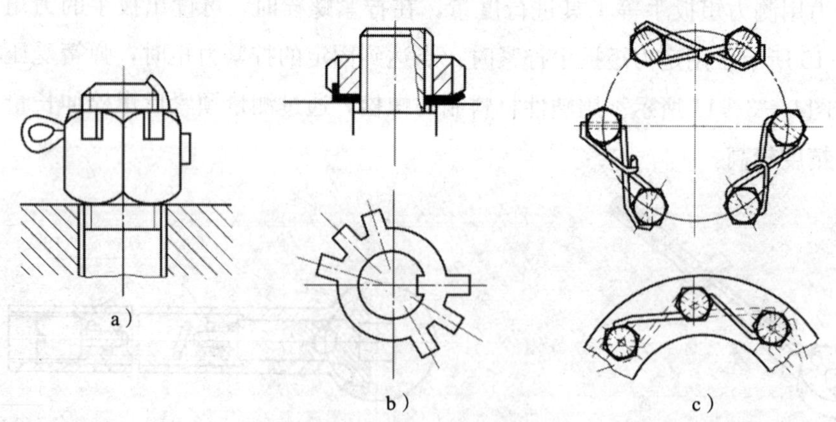

图 9—3—14　机械防松

a）开槽螺母与开口销　b）圆螺母与止动垫圈　c）串联钢丝

3）永久防松。端铆、冲点、点焊。

4）化学防松。黏合。

思考与练习

一、选择题

1. 在螺纹连接的防松方法中，开口销与槽形螺母属于（　　）防松。

A. 机械　　B. 摩擦　　C. 永久

2. 当被连接件之一较厚，不宜制作通孔，且不需经常装拆时，可采用（　　）连接。

A. 螺栓　　B. 螺钉　　C. 双头螺柱　　D. 紧定螺钉

二、连线题

1. 对应下面螺纹连接进行连线：

双头螺柱连接　　用于被连接件都不厚且能加工成通孔的零件

螺栓连接　　用于受力不大或不经常拆装的场合

螺钉连接　　用于被连接件之一较厚或经常拆装的场合

2. 对应下面螺纹防松进行连线：

对顶螺母、弹簧垫圈　　永久防松

止动垫片与圆螺母、串联钢丝　　机械防松

冲点、焊接、端铆　　摩擦防松

模块十 液压与气压传动

课题一　液压传动基本知识

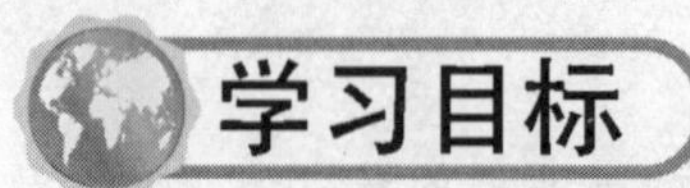

- 掌握液压传动系统的组成及液压传动的工作原理。
- 熟悉液压传动系统的工作特点和应用及液压油的性质。
- 熟悉液压传动的图形符号。
- 掌握液压传动的基本参数。

如图 10—1—1 所示，发动机的润滑系统中机油泵是如何将机油盘中的润滑油送到曲轴、凸轮轴等各个润滑部位的？要懂得这个道理，必须学好液压传动的有关知识和工作原理。

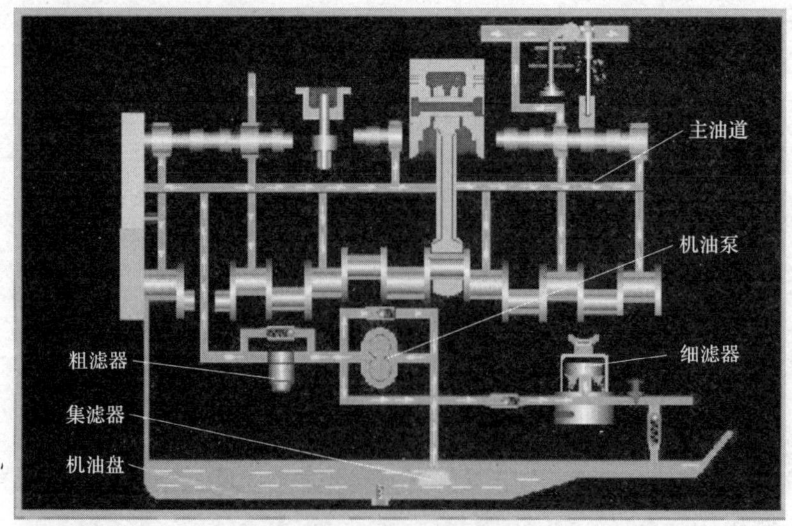

图 10—1—1　发动机润滑系统

一、液压传动系统的组成

液压传动系统主要由动力部分、执行部分、控制部分和辅助部分组成，见表 10—1—1。

表 10—1—1　　液压传动系统的组成

名称	功用	图　示
动力部分	由液压泵和液压泵的其他附件组成，其功用是把原动机所提供的机械能转换为油液的液压能，输出高压油液	
执行部分	由液压缸或液压马达等组成，其功用是把油液的压力能转换成机械能去驱动负载做功，实现往复直线运动、连续转动或摆动	
控制部分	由各种液压控制阀组成，其功用是控制从液压泵到执行部分的油液的压力、流量和流动方向，从而控制执行部分的力、速度和方向	
辅助部分	包括油箱、滤清器、蓄能器、油管、压力表等，其功用是存储、输送、净化和密封工作液体，并有散热作用	

除此之外，液压传动系统中还包括工作介质，液压系统中用量最大的工作介质是液压油。液压油不仅起传递能量和运动的作用，而且对元件及装置起润滑作用。

二、液压油

液压传动所用的液压油一般为矿物油。它不仅是液压系统传递能量的工作介质，而且还起润滑、冷却和防锈的作用。液压油质量的优劣直接影响液压系统的工作性能。

1．液压油的物理特性

（1）密度 ρ

$$\rho=m/V \qquad (\mathrm{kg/m^3})$$

一般矿物油的密度为 850～950 kg/m³。

（2）液体的可压缩性

液体受压力作用而体积减小的特性称为液体的可压缩性。液压油在 60℃以下的压缩性可忽略不计。

（3）液体的黏性

液体在外力作用下流动时，由于液体分子间的内聚力而产生一种阻碍液体分子之间进行相对运动的内摩擦力，液体的这种产生内摩擦力的性质称为液体的黏性。黏性所起的作用为阻滞流体内部的相互滑动，在任何情况下它都只能延缓滑动的过程而不能消除这种滑动。

黏性的大小可用黏度来衡量，黏度是指油的稠稀程度，黏度是选择液压油的主要指标，是影响流体流动的重要物理性质。黏度大，流动性就小；黏度小，流动性就大。

当液体流动时，由于液体与固体壁面的附着力及流体本身的黏性使流体内各处的速度大小不等，以流体沿如图 10—1—2 所示的平行平板间的流动情况为例，设上平板以速度 u_0 向右运动，下平板固定不动。紧贴于上平板上的流体黏附于上平板上，其速度与上平板相同。紧贴于下平板上的流体黏附于下平板，其速度为零。中间流体的速度按线性分布。可把这种流动看成是许多无限薄的流体层在运动，当运动较快的流体层在运动较慢的流体层上滑过时，两层间由于黏性就产生内摩擦力的作用。根据实际测定的数据可知，流体层间的内摩擦力 F 与流体层的接触面积 A 及流体层的相对流速 $\mathrm{d}u$ 成正比，而与此两流体层间的距离 $\mathrm{d}y$ 成反比，即：

$$F=\mu A\mathrm{d}u/\mathrm{d}y$$

以 $\tau=F/A$ 表示切应力，则有：

$$\tau=\mu\mathrm{d}u/\mathrm{d}y$$

式中　μ——衡量流体黏性的比例系数，称为绝对黏度或动力黏度；

$\mathrm{d}u/\mathrm{d}y$——表示流体层间速度差异的程度，称为速度梯度。

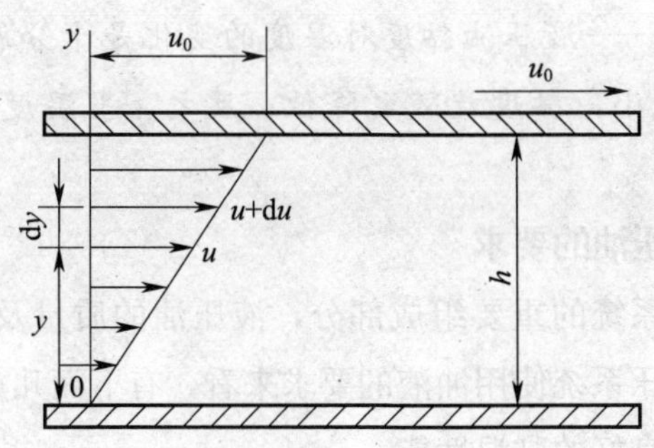

图 10—1—2　液体的黏性示意图

液体的黏度通常有三种不同的测试单位。

1）绝对黏度 μ。绝对黏度又称动力黏度，它直接表示流体的黏性，即内摩擦力的大小。动力黏度 μ 在物理意义上讲，是当速度梯度 $du/dy=1$ 时，单位面积上的内摩擦力的大小，即：

$$\mu=\frac{\tau}{du/dy}$$

动力黏度的国际单位为牛顿·秒/米^2，符号为 N·s/m^2，或为帕·秒，符号为 Pa·s。

2）运动黏度 ν。运动黏度是绝对黏度 μ 与密度 ρ 的比值，即：

$$\nu=\mu/\rho$$

式中　ν——液体的动力黏度，m^2/s；

ρ——液体的密度，kg/m^3。

运动黏度的国际单位为米^2/秒，m^2/s。还可用 CGS 制单位：斯（托克斯），St（斯）的单位太大，应用不便，常用 1st×1%，即 1 厘斯来表示，符号为 cSt，故：

$$1\text{cSt}=10^{-2}\text{St}=10^{-6}\ \text{m}^2/\text{s}$$

液体的运动黏度没有明确的物理意义，但它在工程实际中经常用到。因为它的单位只有长度和时间的量纲，类似于运动学的量，所以被称为运动黏度。

国产液压油的牌号就是用它在温度为 40℃时的运动黏度（厘斯）的平均值来表示的。例如 32 号液压油，就是指这种油在 40℃时的运动黏度平均值为 32 mm^2/s。

3）相对黏度。相对黏度是以相对于蒸馏水的黏性的大小来表示该液体的黏性的。

压力和温度对黏度的影响

压力对黏度的影响——在一般情况下，压力对黏度的影响比较小，在工程中当压力低于 5 MPa 时，黏度值的变化很小，可以不考虑。

温度对黏度的影响——液压油黏度对温度的变化是十分敏感的，当温度升高时，其分子之间的内聚力减小，黏度就随之降低；反之，当温度降低时，黏度就随之升高。

2. 液压系统对液压油的要求

液压油是液压传动系统的重要组成部分，液压油的质量及其各种性能将直接影响液压系统的工作。从液压系统使用油液的要求来看，有下面几点：

（1）适宜的黏度和良好的黏温性能。

一般液压系统所用的液压油其黏度范围为：

$$\gamma=11.5\times10^{-6}\sim35.3\times10^{-6}\ \mathrm{m^2/s}\ (2\sim5°E_{50})$$

（2）润滑性能好。

在液压传动机械设备中，除液压元件外，其他一些有相对滑动的零件也要用液压油来润滑，因此，液压油应具有良好的润滑性能。为了改善液压油的润滑性能，可加入添加剂以增加其润滑性能。

（3）良好的化学稳定性，即对热、氧化、水解、相容都具有良好的稳定性。

（4）对液压装置及相对运动的元件具有良好的润滑性。

（5）对金属材料具有防锈性和防腐性。

（6）比热容、热传导率大，热膨胀系数小。

（7）抗泡沫性好，抗乳化性好。

（8）油液纯净，含杂质量少。

（9）流动点和凝固点低，闪点（明火能使油面上油蒸气内燃，但油本身不燃烧的温度）和燃点高。

此外，对油液的无毒性、价格便宜等，也应根据不同的情况有所要求。

3. 液压油的选用

正确而合理地选用液压油是保证液压设备高效率正常运转的前提。

液压油有很多品种，可根据不同的使用场合选用合适的品种，在品种确定的情况下，最主要考虑的是油液的黏度，其选择时考虑的因素如下：

（1）液压系统的工作压力

工作压力较高的系统宜选用黏度较高的液压油，以减少泄漏；反之则选用黏度较低的液压油。例如，当压力 $p=7.0\sim20.0$ MPa 时，宜选用 N46～N100 的液压油；当压力 $p<7.0$ MPa 时宜选用 N32～N68 的液压油。

（2）运动速度

执行机构运动速度较高时，为了减小液流的功率损失，宜选用黏度较低的液压油。

（3）液压泵的类型

在液压系统中，对液压泵的润滑要求苛刻，不同类型的泵对油的黏度有不同的要求，具体可参见有关资料。

(4) 工作环境温度

工作环境温度高时选用黏度较高的液压油，减少容积损失。

总的来说，应尽量选用较好的液压油，虽然初始成本要高些，但由于优质液压油使用寿命长，对元件损害小，所以从整个使用周期看，其经济性要比选用劣质液压油好些。

4. 液压油的污染与保养

液压油是否清洁，不仅影响液压系统的工作性能和液压元件的使用寿命，而且直接关系到液压系统是否能正常工作。液压系统多数故障与液压油受到污染有关，因此控制液压油的污染是十分重要的。

三、液压传动的工作原理

如图 10—1—3 所示为液压千斤顶的工作原理简图，液压千斤顶工作时，放油阀 8 关闭。

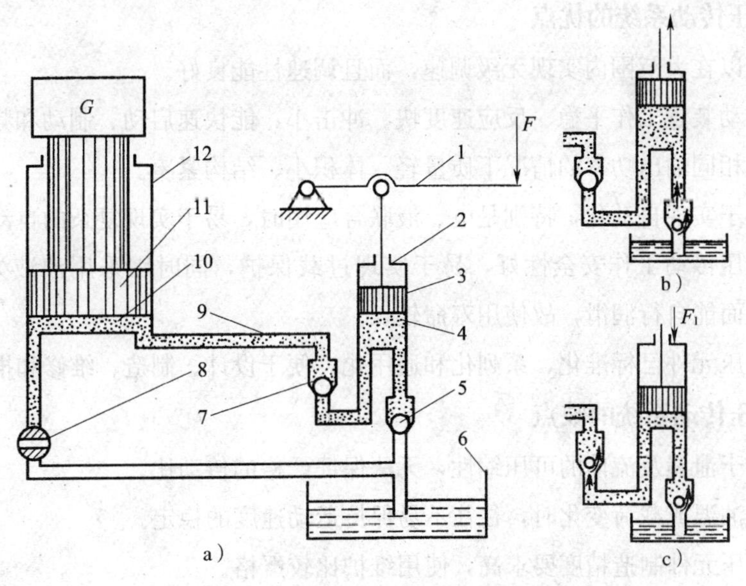

图 10—1—3 液压千斤顶的工作原理简图

a) 工作原理 b) 泵的吸油过程 c) 泵的压油过程

1—杠杆 2—泵体 3—小活塞 4、10—油腔 5、7—单向阀 6—油箱

8—放油阀 9—油管 11—大活塞 12—缸体

当提起杠杆 1，小活塞 3 上移，油腔 4 密封容积增大形成局部真空。于是油箱 6 中的油液在大气压力的作用下，推动单向阀 5 的钢球并沿着吸油管进入油腔 4，完成吸油

工作过程。

当压下杠杆1，小活塞3下移，油腔4的密封容积减小，油液受到外力挤压产生压力，单向阀5自动关闭，同时单向阀7的钢球受到一个向上的作用力。当该作用力大于油腔10中油液对钢球的作用力时，钢球被推开，压力油通过单向阀7流入油腔10内，迫使它的密封容积变大，即完成压油工作过程，其结果是推动大活塞11上升并将重物G顶起。

再次提起杠杆时，油腔10中的油液迫使单向阀7自动关闭，使油液不能倒流入油腔4中，保证了重物不会自动落下。

当反复提起和压下杠杆时，小液压泵2不断交替进行着吸油和压油过程，压力油不断地进入大液压缸，将重物不断顶起，从而达到起重的目的。若将放油阀8旋转90°，在重物G的作用下，大液压缸油腔10中的油液流回油箱。

液压千斤顶是一个简单的液压传动装置，从其工作过程可以看出，液压传动的工作原理：以油液为工作介质，依靠密封容积的变化来传递运动，依靠油液内部的压力来传递动力。

四、液压传动系统的特点

1. 液压传动系统的优点

(1) 可以在大范围内实现无级调速，而且调速性能良好。

(2) 传动装置工作平稳、反应速度快、冲击小，能快速启动、制动和频繁换向。

(3) 在相同输出功率的情况下质量轻、体积小、结构紧凑。

(4) 易于实现自动化，特别是电、液联合应用时，易于实现复杂的自动工作循环。

(5) 液压传动工作安全性好，易于实现过载保护，同时因采用油液为工作介质，相对运动表面能自行润滑，故使用寿命较长。

(6) 液压元件已标准化、系列化和通用化，便于设计、制造、维修和推广使用。

2. 液压传动系统的缺点

(1) 由于泄漏及流体的可压缩性，无法保证严格的传动比。

(2) 当油温或载荷变化时，往往不易保持运动速度的稳定。

(3) 液压元件制造精度要求高，使用维护比较严格。

(4) 系统的故障原因有时不易查明。

五、液压传动系统的应用

液压技术在工业中的应用非常广泛，一般应用于重型、大型、特大型设备，如冶金行业轧机压下系统、连铸机压下系统等；军工中高速响应场合，如飞机尾舵控制、轮船舵机控制、高速响应随动系统等工程机械；抗冲击、要求功率比较高的系统一般都采用液压系统。同样，在汽车领域液压传动系统也在发挥着不可替代的作用，比如汽车的转向系统、刹车系统，自卸车的自卸系统，吊车臂液压系统等。

六、液压传动的图形符号

如图 10—1—3 所示的元件基本上都是用结构（或半结构）式的图形画出的示意图，称为结构原理图。它较直观，易被初学者接受，但图形复杂。目前广泛采用元件的图形符号来绘制液压系统图，图 10—1—4a 为举升汽车，图 10—1—4b 是用图形符号来绘制的汽车举升机构的液压系统图，这种图简单明了，便于阅读。

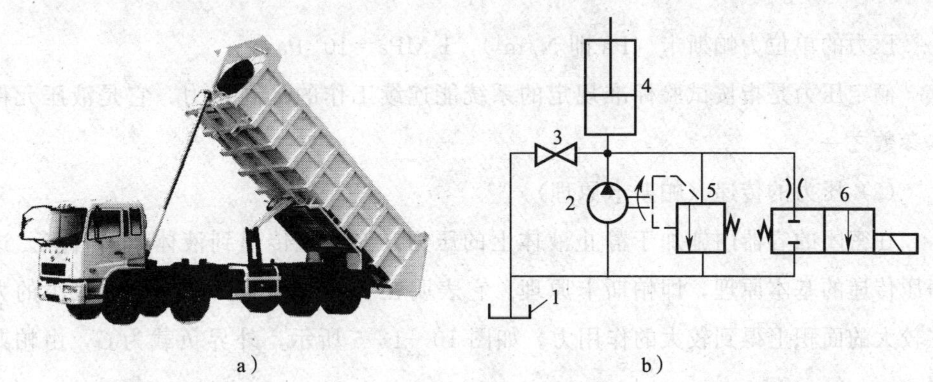

图 10—1—4　汽车举升机构液压系统

a）举升汽车　b）图形符号表示的液压系统图

1—油箱　2—液压泵　3—开关阀　4—液压缸　5—溢流阀　6—限位阀

液压系统中部分液压元件的图形符号见表 10—1—2。

表 10—1—2　　**液压元件的图形符号**

名称	符号	名称	符号
液压泵		单向阀	
液压缸		换向阀	A P
溢流阀	P T	减压阀	
顺序阀		节流阀	A B

七、液压传动的基本参数

1. 压力

(1) 液体静压力

液体静压力是指液体处于静止状态时，单位面积上受的法向作用力。静压力也称为压强。即：

$$p=\frac{F}{A}\ (\mathrm{N/m^2})$$

压力的单位为帕斯卡（Pa 即 $\mathrm{N/m^2}$），1 MPa$=10^6$ Pa。

额定压力是指按试验标准规定的系统能连续工作的最高压力，它是液压元件的基本参数之一。

(2) 压力的传递（帕斯卡原理）

在密闭的容器内施加于静止液体上的压力，将等值传递到液体内的各点。这就是静压传递的基本原理，即帕斯卡原理。它表明在一个较小的面积上作用较小的力可以在较大的面积上得到较大的作用力。如图 10—1—5 所示，外界负载为 G，由帕斯卡原理：

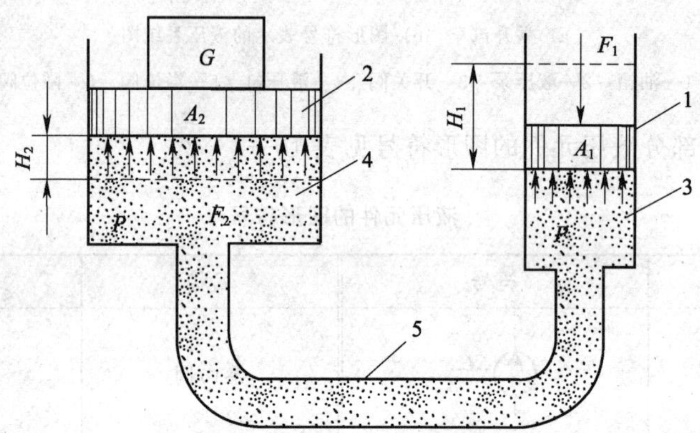

图 10—1—5　液压千斤顶工作原理图

1、2—活塞　3、4—油腔　5—油管

$$p_1=p_2$$

如在小活塞上施加一个力 F_1，则小液压缸中油液的压力 p 为：

$$p=\frac{F_1}{A_1}$$

根据静压传递原理，这一压力 p 将等值传递到液体中的各点，也传递到大液压缸中。这时大活塞也受到一个压力 p 的作用而产生一个向上的作用力 F_2，有：

$$F_2=pA_2$$

将压力 $p=F_1/A_1$ 的值代入则得：

$$F_2=F_1\frac{A_2}{A_1}$$

由此可见，两活塞的面积之比 A_2/A_1 越大，大活塞升起重物的能力越大。也就是说，在小活塞上施加不大的力，大活塞就可得到较大的作用力，从而将重物 G 举起，这就是液压千斤顶能够顶起重物的原理。

2. 流量

（1）流量

流量是指在单位时间内，流过其通流截面的液体体积，用 Q 表示。公式为：

$$Q=\frac{V}{t}$$

流量的法定计量单位为 m^3/s，常用单位为 L/min。$1m^3/s=6\times10^4L/min$。

额定流量：试验标准规定，连续运转工作所必须保证的流量称为额定流量。它是液压元件基本参数之一。

（2）平均流速

流速是指流动液体内的质点在单位时间内流过的距离，以 v 表示，单位为 m/s。

由于实际液体都具有黏性，所以液体在管道中流动时，在同一截面上各点的实际流速不相等。在一般场合下，都以平均流速做计算。可用下式表示：

$$\bar{v}=\frac{Q}{A}$$

（3）活塞（液压缸）运动速度与流量的关系

活塞（液压缸）运动速度等于液压缸内油液的平均速度。即：

$$v=\frac{Q}{A}$$

（4）液体流动连续性原理

理想液体在无分支管道内做稳定流动时，单位时间内通过管道中每一横截面的液体流量是相等的，这就是液体流动连续性原理，如图 10—1—6 所示。

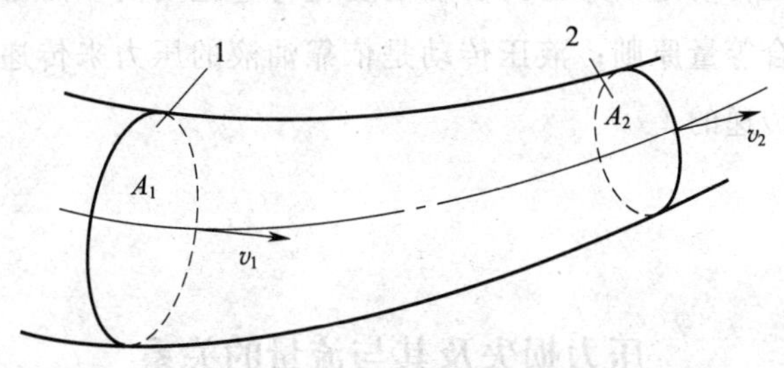

图 10—1—6 液体流动连续性原理

即：

$$Q_1=Q_2$$

$$Q_1=A_1v_1 \qquad Q_2=A_2v_2$$

$$A_1v_1=A_2v_2$$

【例】如图 10—1—5 所示的液压千斤顶，已知活塞的面积 $A_1=1.13\times10^{-4}\ m^2$，$A_2=9.62\times10^{-4}\ m^2$，管道 5 的截面积 $A_5=0.13\times10^{-4}\ m^2$。假定压下手柄后，施加在小活塞上的力 $F_1=5.78\times10^3$ N，活塞 1 下压的速度为 0.2 m/s。试问：①大活塞能顶起多重的重物？②大活塞 2 的上升速度和管道 5 内液体的平均流速是多少？

解：①小液压缸内的压力 p_1 为：

$$p_1=\frac{F_1}{A_1}=\frac{5.78\times10^3}{1.13\times10^{-4}}\approx512\times10^5\ (\text{Pa})$$

②大活塞向上的推力 F_2，根据静压传递原理可知，$p_2=p_1$，则：

$$G=F_2=p_2A_2=p_1A_2=512\times10^5\times9.62\times10^{-4}\approx4.9\times10^4\ (\text{N})$$

由此可知，通过液体的压力传递，作用力放大了$\frac{F_2}{F_1}\approx8.5$倍。

③小活塞 1 所排出的流量 Q_1

$$Q_1=A_1v_1=1.13\times10^{-4}\times0.2=0.226\times10^{-4}\ (\text{m}^3/\text{s})$$

④根据液体流动的连续性原理，推动大活塞 2 上升的流量 $Q_2=Q_1$，由 $v=\frac{Q}{A}$，可得大活塞 2 的上升速度：

$$v_2=\frac{Q_2}{A_2}=\frac{0.226\times10^{-4}}{9.62\times10^{-4}}\approx0.0235\ (\text{m/s})$$

同理，在管道 5 中流量 $Q_5=Q_1=Q_2$，故：

$$v_5=\frac{Q_5}{A_5}=\frac{0.226\times10^{-4}}{0.13\times10^{-4}}\approx1.74\ (\text{m/s})$$

显然，液体在无分支管道中流动时，管径细的地方流速大，管径粗的地方流速小，这一点由本例进一步证明。

综上所述，液压传动是依靠密封容积的变化传递运动的，而密封容积的变化所引起流量的变化要符合等量原则；液压传动是依靠油液的压力来传递动力的，在密闭容器中压力是以等值传递的。

知识拓展

压力损失及其与流量的关系

由静压传递原理可知，密封的静止液体具有均匀传递压力的性质，即当一处受到压力作用时，其各处的压力均相等。但是，流动的液体情况并不是这样，当液体流过一段较长的管道或各种阀孔、弯管及管接头时，由于流动液体各质点之间以及液体与管壁之间的相互摩擦和碰撞会产生阻力，这种阻碍液体流动的阻力称为液阻。液阻的存在，在液体流动时就会引起能量损失，这主要表现为液体在流动过程中的压力损失(即压力降落或压力差)。压力损失分为两类：沿程压力损失和局部压力损失。

沿程压力损失是指油液沿等直径直管流动时所产生的压力损失，这类压力损失是由液体流动时的内、外摩擦力所引起的。局部压力损失是油液流经局部障碍（如弯管、接头、管道截面突然扩大或收缩）时，由于液流的方向和速度的突然变化，在局部形成漩涡引起油液质点间，以及质点与固体壁面间相互碰撞和剧烈摩擦而产生的压力损失。

在管路中流动的液体，其压力损失、流量与液阻之间的关系：液阻增大，将引起压力损失增大，或使流量减小。液压传动中常利用改变液阻的方法来控制流量和压力。

思考与练习

一、填空题

1. 液压传动的工作原理是以__________作为工作介质。依靠__________来传递运动，依靠__________来传递动力。

2. 液压传动系统可以分为__________、__________、__________、__________四个部分。工作介质是__________。

3. 油液的两个重要特性是__________和__________。

4. 液压传动的两个重要参数是________和________。

5. ____叫流量，单位是____________。

6. 在管道中流动的油液，其流量是____________与____________乘积。

7. ____叫压力，单位__________。

8. 帕斯卡原理：在密封容器中的静止液体，当一处受到压力作用时，这个压力将通过__________传递到连通器的任意点上，而且其压力值__________。

二、判断题

1. 液压传动装置实质上是一个能量转换装置。（　）

2. 液压传动容易实现过载保护。（　）

3. 液压元件易实现系列化、标准化、通用化。（　）

4. 油液流经无分支管道时，横截面积较大的截面通过的流量就越大。（　）

5. 液压传动中，垂直压向单位面积上的力称为作用力，其单位为 Pa。（　）

6. 液压传动系统在工作时，必须依靠油液内部的压力来传递运动。（　）

三、选择题

1. 油液流过不同截面积的通道时，在每一截面的流量（　）。

A. 不相等　B. 相差不多　C. 相等

2. 活塞运动速度 $v_{活}$ 与缸体内油液流动速度 $v_{液}$ 的关系为（　）。

A. $v_{活}=v_{液}$　B. $v_{活}\neq v_{液}$　C. $v_{活}>v_{液}$

3. 当截面积一定时，油液流动的速度与（　）成正比。

A. 时间　B. 流量　C. 额定流量

4. 液压传动系统中，压力的大小取决于（　）。

A. 负载　B. 流量　C. 流速

四、计算题

如图 10—1—3 所示，液压千斤顶的大活塞直径为 0.06 m，小活塞直径为0.02 m，手柄长 0.4 m，小活塞到支点的距离为 0.1 m。如在手柄上加 300 N 的力，问：①大活塞能顶起多重的重物？②若小活塞下压的速度为 0.4 m/s，那么大活塞的上升速度是多少？

课题二　液压泵与液压缸

学习目标

◆ 熟悉液压泵的类型、图形符号、作用、结构原理。

◆ 熟悉液压缸的类型、图形符号、作用、结构原理。

想一想

液压系统中的动力元件好比人的心脏，心脏的主要功能是将含氧量丰富的血液输送到身体的各个器官部位，心脏通过每分钟收缩 60～90 次来完成血液的输送，人的心脏是一个跳动不停的肌肉泵。它就是利用液压传递原理，将血液输送到全身，从而实现血液循环和新陈代谢。那么作为液压系统中的动力元件——液压泵，它又是如何工作的呢？

一、液压泵

1. 液压泵的功能

液压泵是整个液压系统的动力元件，它的功用是将发动机（或电动机）输入的机械能转换为油液的液压能，是液压系统中的动力源，向液压系统供给液压油。

2. 液压泵的结构原理

如图 10—2—1 所示为凸轮转子式液压泵，它主要由单向阀 1、3，缸体 4，柱塞 5，偏心轮 6 等组成。柱塞 5 安装在缸体 4 内，柱塞在弹簧 2 的作用下和偏心轮 6 接触。当偏心轮转动时，柱塞做上下往复运动。当柱塞向下运动时，上端和泵体所形成的密封容积增大，形成局部负压，油箱中的油液就在大气压作用下通过单向阀 1 进入泵体内，单向阀 3 封住出油口，防止系统中的油液回流，这时液压泵吸油。当柱塞向上运动时，密封容积减小，单向阀 1 封住吸油口，防止油液流回油箱，于是泵体内的油箱受到挤压，便经单向阀 3 进入系统，这便是压油。若偏心轮不停地转动，液压泵就不停地吸油和压油。

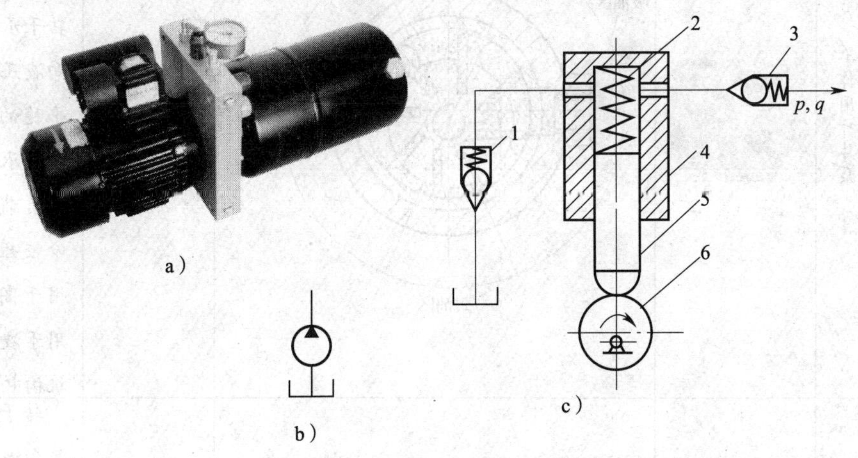

图 10—2—1　凸轮转子式液压泵

a）实物图　b）图形符号　c）结构图

1、3—单向阀　2—弹簧　4—缸体　5—柱塞　6—偏心轮

由凸轮转子式液压泵的结构原理可知液压泵的工作原理是因为密封容积的由小到大变化而吸油，密封容积由大到小变化而压油，其他类型的液压泵也是依靠密封容积的交替变化来实现吸油和压油的，所以液压泵也叫容积泵。

3. 液压泵的类型

除了上面讲的凸轮转子式液压泵之外，汽车上常用的还有齿轮泵、叶片泵、柱塞泵等，它们的结构类型、图形符号、特点及应用场合见表 10—2—1。

表 10—2—1　　液压泵的结构类型、图形符号、特点及应用场合

种类		实物图	结构图	图形符号	特点及应用场合
齿轮泵			压油 吸油		结构简单紧凑、转速高、体积小、质量轻、自吸性能好，不能变量，一般为低压，多适用于汽车润滑系中的机油泵和液压转向的助力泵
叶片泵	单作用叶片泵		封油区 吸油区 吸油区 封油区		此泵为变量叶片泵，自吸能力好，对油液污染较敏感，转子承受的径向液压力是不平稳的，故轴承将承受较大的负载，其寿命较短，不宜用于高压，宜用于液压转向机构中
	双作用叶片泵				转子承受的径向液压力是平稳的，轴承所承受的力较小，故寿命长，自吸能力好，对油液污染较敏感，适用于中、高压系统。如富康轿车的转向油泵

续表

种类		实物图	结构图	图形符号	特点及应用场合
柱塞泵	轴向柱塞泵				其密封性能好，容积效率高，结构紧凑，流量调节方便，在高压系统中广泛应用。但结构复杂和制造精度要求高，对污染敏感。广泛应用于汽车空调压缩机、液压吊车油泵等
	径向柱塞泵				其密封性能好，容积效率高，结构紧凑，流量调节力便，在高压系统中广泛应用。但结构复杂和制造精度要求高，自吸能力差，易于磨损，对污染敏感

二、液压缸

1．液压缸的功能

液压缸是液压传动系统中的一种执行元件，它可以将液压能转变为执行元件的机械能输出。汽车中的液压制动器、液压翻斗车的控制等均用到各式液压缸。按结构不同，液压缸可分为活塞式、柱塞式、伸缩式和摆动式液压缸。

2．液压缸的结构和图形符号

（1）单杆活塞式液压缸（见图 10—2—2）

汽车动力转向系统中使用的液压缸为单杆活塞式液压缸，单杆活塞式液压缸是将机械能的运动输出形式变为直线往复运动。

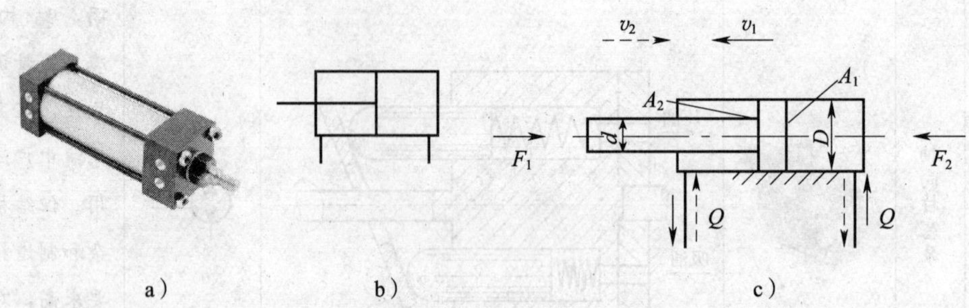

图 10—2—2　单杆活塞式液压缸

a）实物图　b）图形符号　c）结构原理图

单杠活塞式液压缸主要由缸体、活塞和活塞杆组成，由于活塞一端有杆，而另一端无杆，所以活塞两端的有效作用面积不等。当左、右两腔分别进入压力油时，即使流量和压力相等，活塞往复运动的速度和所受的推力也不相等。当无杆腔进油时，因活塞有效面积大，所以速度小，推力大；当有杆腔进油时，因活塞有效面积小，所以速度大，推力小。

即：

$$v_1=\frac{Q}{A_1}\quad v_2=\frac{Q}{A_2}$$

$$F_1=pA_1\quad F_2=pA_2$$

（2）双杆活塞式液压缸

其工作特点是往复运动的速度相等，往复运动所需克服的阻力相等，如图 10—2—3 所示。

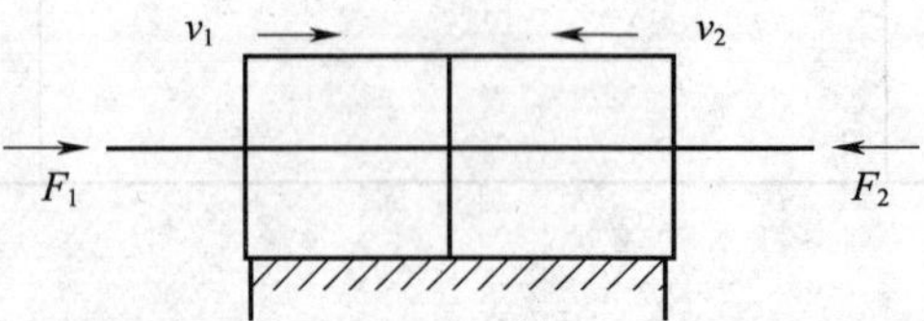

图 10—2—3　双杆活塞式液压缸

3．其他类型的液压缸

除了上面的活塞式液压缸外，还有柱塞式、伸缩式、齿条式摆动液压缸等，它们的结构和图形符号见表 10—2—2。

表 10—2—2　　液压缸的结构和图形符号

种类	实物图	结构图	图形符号
柱塞式液压缸		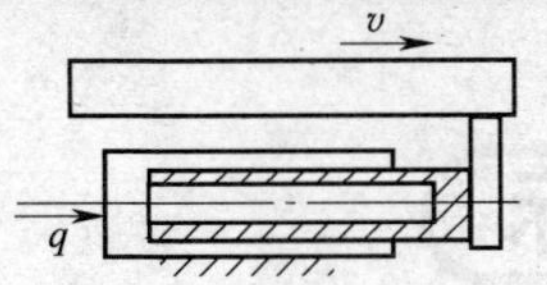	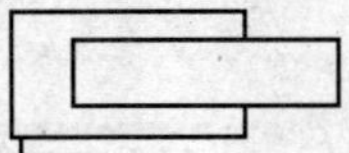
伸缩式液压缸	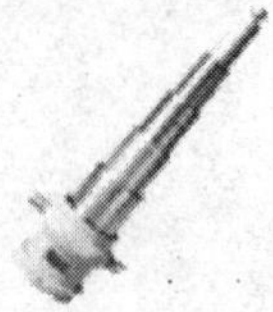	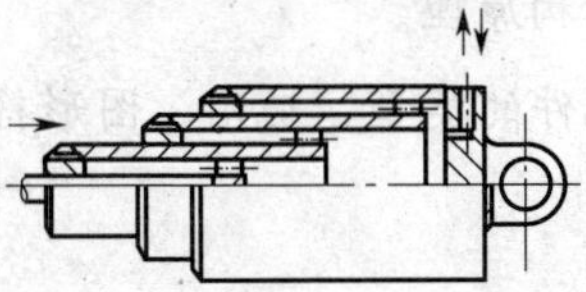	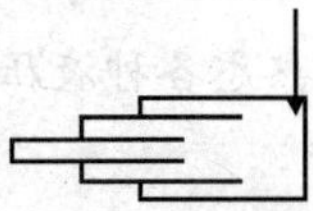
齿条式摆动液压缸		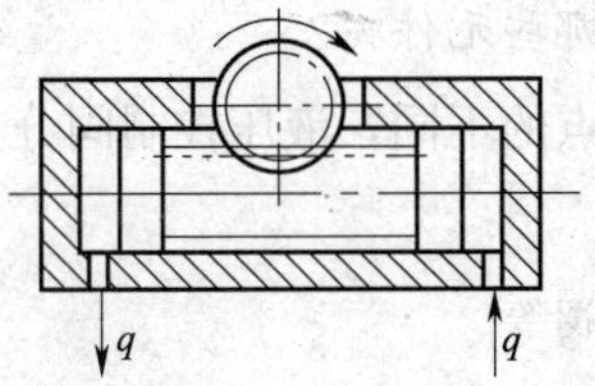	

思考与练习

一、填空题

1. 在液压传动中常用的液压泵有______、________和__________等。

2. 在液压传动中常用的液压缸有________、__________、__________和________等。

3. 液压泵的作用是将______________转换成____________。

4. 液压缸的作用是将________________转换成_________________。

二、简答题

1. 液压泵的工作原理是什么？

2. 单杆活塞式液压缸有什么工作特点？

课题三　液压控制元件

学习目标

◆ 掌握常见液压控制阀的类型、功用、图形符号。

◆ 熟悉液压控制阀的结构原理。

◆ 熟悉各种液压辅助元件的类型、功用、图形符号。

想一想

在液压传动系统中，为了控制和调节液流的方向、压力和流量，以满足工作机械的各种要求，需要用到哪些元件呢？

根据用途和工作特点的不同，液压控制阀分为以下三类：

（1）方向控制阀

包括单向阀和换向阀等。

（2）压力控制阀

包括溢流阀、减压阀、顺序阀等。

（3）流量控制阀

包括节流阀和调速阀等。

一、方向控制阀

控制油液流动方向的阀称为方向控制阀。它按用途分为单向阀和换向阀。

1．单向阀

（1）单向阀的功用

普通单向阀的功用是只允许油液向一个方向流动，而不允许反向流动。

（2）结构原理和图形符号

如图 10—3—1 所示，它由阀体、阀芯和弹簧三部分组成，其工作原理是：液压油从进油口 P_1 流入时，阀芯在液压油的作用下，克服弹簧的作用力，使阀芯离开阀座开启，液压油由出油口流出；当液压油反向从出油口流入时，阀芯在液压油和弹簧力的作用下，使阀芯压紧在阀座上，切断油路，从而使液压油不能反向流动。

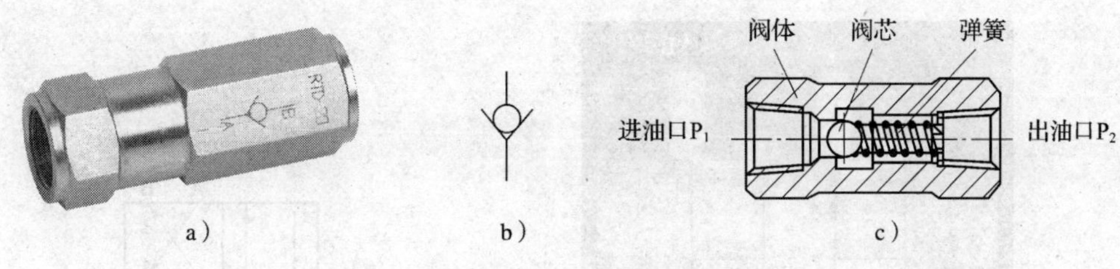

图 10—3—1　单向阀

a）实物图　b）图形符号　c）结构原理图

2．换向阀

（1）换向阀的功用

利用阀芯和阀体之间的相对运动变换油液流动的方向，或者接通和关闭油路，从而改变液压系统的工作状态。

（2）结构原理和图形符号

如图 10—3—2a 所示为二位二通换向阀结构原理图，当阀芯与阀体处于如图所示的相对位置时，油口 A 和 P 接通，当中间阀芯（滑阀）向左移时油口 A 和 P 不通。这种换向阀有两种油路状态，有两个油口，叫作“位”和“通”。图 10—3—2b 所示为二位二通换向阀图形符号。

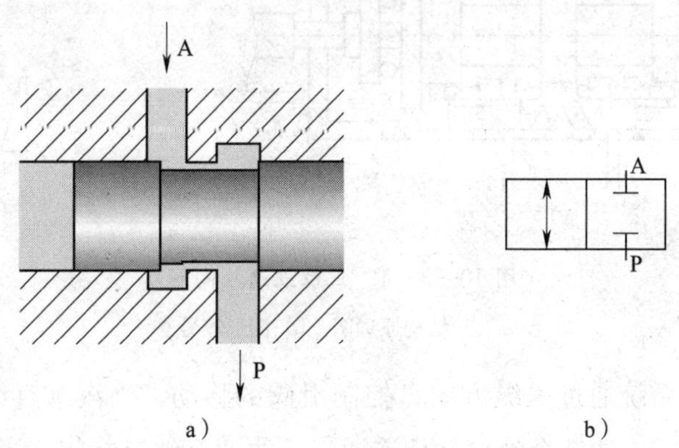

图 10—3—2　二位二通换向阀

a）二位二通换向阀结构原理图　b）二位二通换向阀图形符号

如图 10—3—3a 所示为二位四通换向阀结构原理图，阀芯与阀体在图示的相对位置时，油口 P 和 B 连通，油口 A 和 O 连通。若对阀芯施加一个从右往左的力使其左移，阀体上的油口 P 和 A 连通，油口 B 和 O 连通。用图 10—3—3b 表示二位四通换向阀的图形符号。

按阀芯换位的控制方式分，换向阀有手动、机动、电动、液动和电液动等类型。图形符号见附录中附表 3。

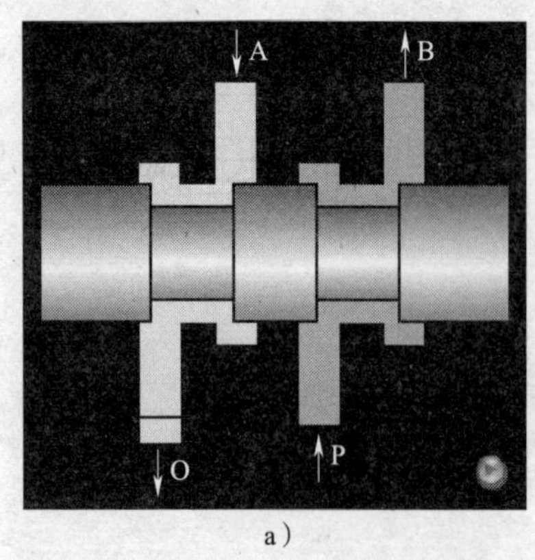

a）

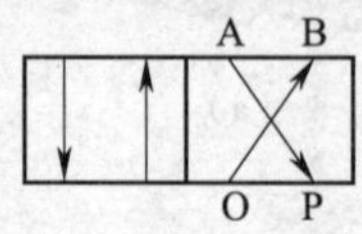

b）

图 10—3—3　二位四通换向阀

a）二位四通换向阀结构原理图　b）二位四通换向阀图形符号

汽车动力转向系统中使用的换向阀为三位五通换向阀，它的结构原理图和图形符号如图 10—3—4 所示。

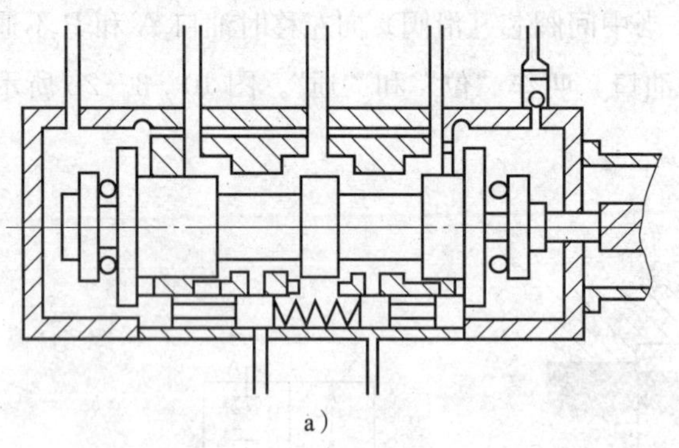

a）

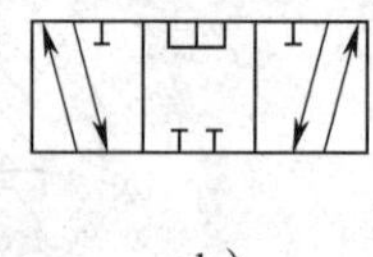

b）

图 10—3—4　三位五通换向阀

a）　结构原理图　b）图形符号

汽车动力转向系统通过操纵方向盘控制滑阀的移动，当汽车直线行驶，方向盘不动，滑阀处于中位，上边三个油口互相连通，下边两个油口封闭；当方向盘向左转时，滑阀向左移，三位五通换向阀处于左位；当方向盘向右转时，滑阀向右移，三位五通换向阀处于右位。

按阀芯的运动方式不同，换向阀可分为滑阀式和转阀式两类，其中滑阀式换向阀使用较多。滑阀式换向阀按阀芯在阀体内的工作位置数和换向阀所控制的油口通路数分，换向阀有二位二通、二位三通、二位四通、二位五通等类型，见表 10—3—1。不同的位数和通数是由阀体上的沉割槽和阀芯上台肩的不同组合而形成的。常用换向阀的图形符号见表 10—3—1。

表 10—3—1　　　　常用换向阀的图形符号

名称	符号	名称	符号
二位二通		三位四通	
二位三通		二位五通	
二位四通		三位五通	

二、压力控制阀

压力控制阀的作用是控制液压系统中的压力或利用系统中压力的变化来控制其他液压元件的动作，简称压力阀。

按照用途不同，压力阀可分为溢流阀、减压阀、顺序阀等。

1．溢流阀

(1) 溢流阀的功用

溢流阀是通过阀口的溢流，使被控制系统或回路的压力维持恒定，实现稳压、调压或限压的作用。

(2) 结构原理和图形符号

如图 10—3—5 所示，阀芯在弹簧的作用下压在阀座上，阀体上开有进、出油口 P 和 T，油液压力从进油口 P 作用在阀芯上。当油液压力小于弹簧力时，阀芯压在阀座上不动，阀口关闭；当油液压力超过弹簧力时，阀芯离开阀座，阀口打开，油液便从出油口 T 流回油箱，从而保证进口压力基本恒定。调节弹簧的预压力，便可调整溢流压力。

直动型溢流阀结构简单，灵敏度高，但压力受溢流量的影响较大，不适于在高压、大流量下工作。因为当溢流量的变化引起阀口开度即弹簧压缩量发生变化时，弹簧力变化较大，溢流阀进口压力也随之发生较大变化，故直动型溢流阀调压稳定性差。

当液压系统中需要高压、大流量时。直动型溢流阀已不能满足使用要求，可采用先导型溢流阀，如图 10—3—6 所示。

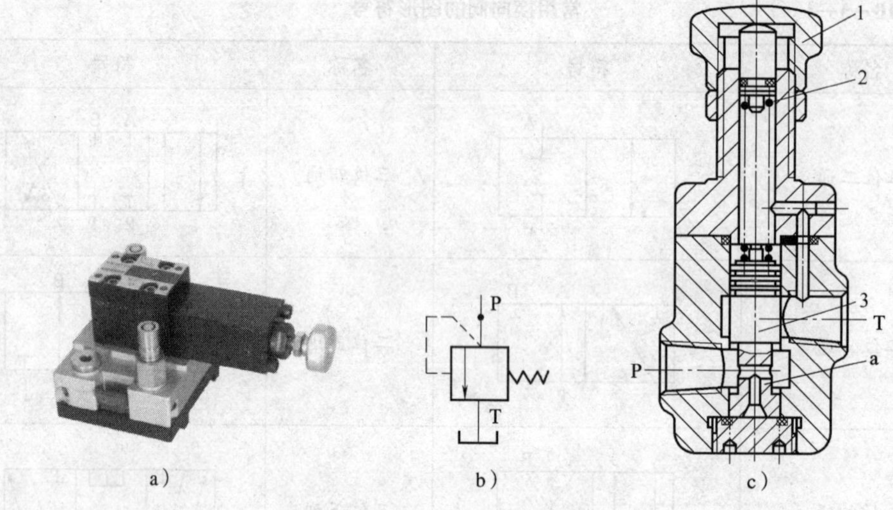

图 10—3—5　直动型溢流阀

a）实物图　b）图形符号　c）结构原理图

1—调节螺母　2—弹簧　3—阀芯

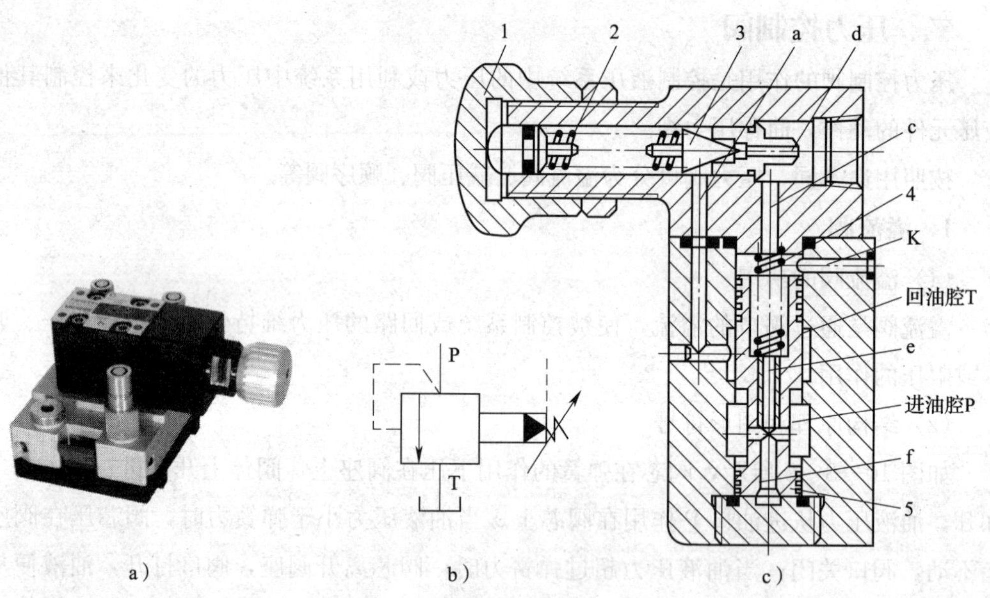

图 10—3—6　先导型溢流阀

a）实物图　b）图形符号　c）结构原理图

1—调压手轮　2—弹簧　3—先导阀芯　4—主阀弹簧　5—主阀芯

先导型溢流阀由先导阀和主阀两部分组成。液压力同时作用于主阀芯及先导阀芯上。当先导阀未打开时，阀腔中油液没有流动，作用在主阀芯上、下两个方向的液压力平衡，主阀芯在弹簧的作用下处于最下端位置，阀口关闭。当进油压力增大到使先导阀打开时，液流通过主阀芯上的阻尼孔、先导阀流回油箱。由于阻尼孔的阻尼作用，使主阀芯所受到的上、下两个方向的液压力不相等，主阀芯在压差的作用下上移动，打开阀口，实现溢流。调节先导阀的调压弹簧，便可调整溢流压力。阀体上有一个远程控制口 K，当 K 口通过二位二通阀接油箱时，主阀芯在很小的液压力作用下便可移动，打开阀口，实现溢流，这时的系统称为卸荷。若 K 口接另一个远程调压阀，便可对系统压力实现远程控制。先导型溢流阀的导阀部分结构尺寸较小，调压弹簧的刚度不必很大，因此压力调整比较轻便。但是先导型溢流阀要先导阀和主阀都动作后才能起控制作用，因此反应不如直动型溢流阀灵敏。

2．减压阀

减压阀是利用液体流过缝隙产生压降的原理，使出口压力低于进口压力的压力控制阀。按调节要求的不同，可分为定值减压阀、定比减压阀和定差减压阀三种。其中定差减压阀应用较广，简称减压阀。它使液压系统中某一支路的压力低于系统压力且保持压力恒定，常用于夹紧、控制、润滑等油路中。本课题仅介绍定差减压阀。

减压阀也有直动型和先导型之分，直动型较少单独使用，图形符号如图 10—3—7b 所示。先导型应用较多，它的典型结构及图形符号如图 10—3—7a、c 所示。压力油由阀的进油口 P_1 流入，经减压阀口 h 减压后由出油口 P_2 流出。出口压力油经阀体与端盖上的通道及主阀芯上的阻尼孔 b 流到主阀芯的上腔和下腔，并作用在先导阀芯上。当出口油液压力低于先导阀的调定压力时，先导阀芯关闭，主阀芯上、下两腔压力相等，主阀芯在弹簧作用下处于最下端，减压阀口 h 开度为最大，阀处于非工作状态。当出口压力达到先导阀调定压力时，先导阀芯移动，阀口打开，主阀弹簧腔的油液便由外泄口 L 流回油箱，由于油液在主阀芯的阻尼孔内流动，使主阀芯两端产生压力差，主阀芯在压差的作用下，克服弹簧力抬起，减压阀口 h 减小，压降增大，使出口压力下降到调定值。

3．顺序阀

顺序阀是利用油液压力作为控制信号来控制油路通断，保证液压系统中多个执行元件的动作有一定的先后顺序。另外，其与单向阀组成平衡阀，可保持垂直放置的液压缸不因自重而下落。

顺序阀也有直动型和先导型之分，根据控制压力来源不同，它还有内控式和外控式之分。直动型顺序阀的结构和图形符号如图 10—3—8 所示。压力油从进油口 P_1（两个）进入，经阀体上的孔道 a 和端盖上的阻尼孔 b 流到控制活塞底部，当作用在控制活塞上的液压力能克服阀芯上的弹簧力时，阀芯上移，油液便从 P_2 流出。该阀称为内控式顺序阀，简称顺序阀，其图形符号如图 10—3—8b 所示。若将图 10—3—8a 中的端盖旋转 90°安装，切断进油口通向控制活塞下腔的通道，并去除外控口的螺塞，引入控制压力油，便成为外控式顺序阀，称为液控顺序阀，其图形符号如图 10—3—8c 所示。

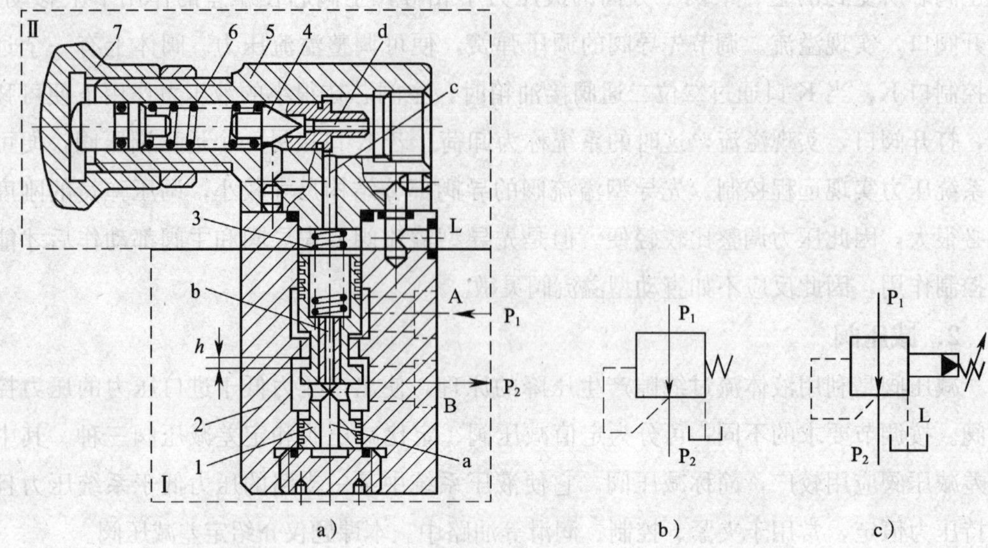

图 10—3—7　减压阀

a）先导型减压阀结构　b）直动型减压阀图形符号　c）先导型减压阀图形符号

1—主阀芯　2—主阀阀体　3—主阀弹簧　4—锥阀　5—先导阀阀体

6—调压弹簧　7—调压螺帽　a—轴心孔　b—阻尼孔　c、d—通孔

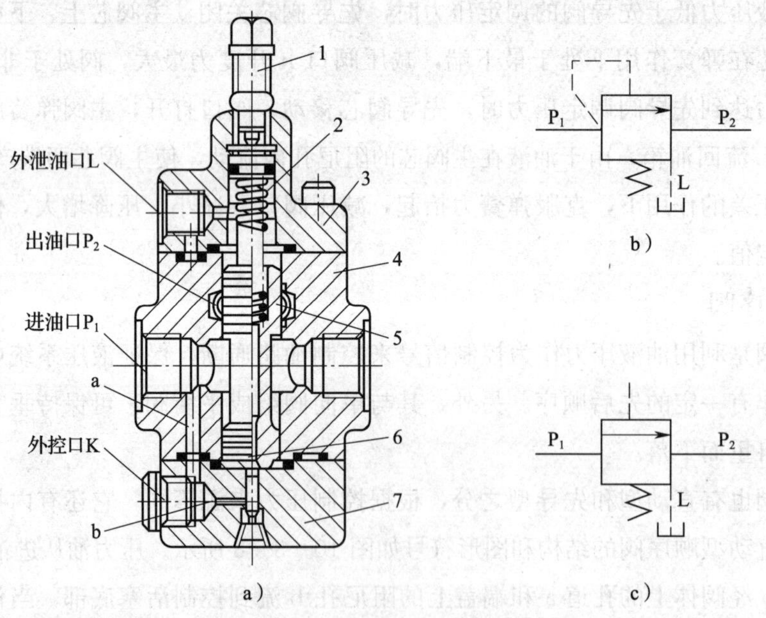

图 10—3—8　直动型顺序阀

a）结构　b）图形符号（内控式）　c）图形符号（外控式）

1—调节螺钉　2—弹簧　3—阀盖　4—阀体　5—阀芯　6—控制活塞　7—端盖

三、流量控制阀

1. 节流阀

(1) 节流阀的功能

节流阀用来控制液压系统中液体的流量，实现对液压系统的速度控制。

(2) 结构原理和图形符号

节流阀是流量阀的一种，流量阀是液压系统中的调速元件，其调速原理是依靠改变阀口通流面积的大小或通流通道的长短来改变液阻，控制通过阀的流量，达到调节执行元件（缸或马达）运动速度的目的，如图 10—3—9 所示。

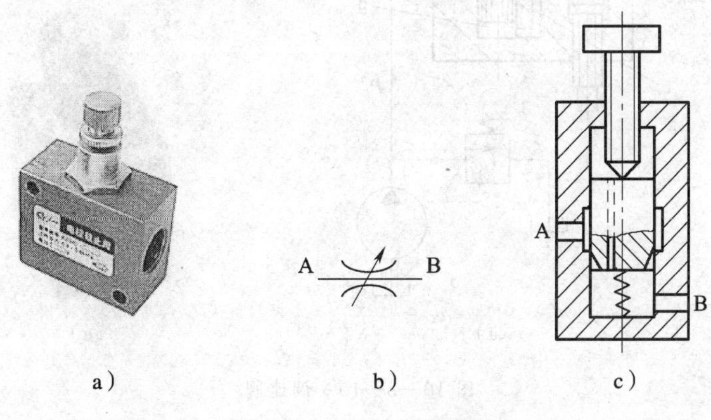

图 10—3—9　节流阀

a) 实物图　b) 图形符号　c) 结构原理图

2. 调速阀

调速阀是由定差减压阀和节流阀串联而成的组合阀，如图 10—3—10 所示。

调速阀的工作原理：液压泵出口（即调速阀进口）压力 P_1，由溢流阀调整，基本上保持恒定。调速阀出口处的压力 P_2 由液压缸上的负载 F 决定。所以当 F 变化时，调速阀进、出口压差 P_1-P_2 也将变化。如在系统中装的是普通节流阀，则由于压差的变动，影响通过节流阀的流量，因而液压缸运动的速度不能保持恒定。

调速阀在工作时，减压阀阀芯上端的油腔 b 通过孔道 a 和节流阀后的油腔相通，压力为 P_2，而其肩部腔 c 和下端油口 d，通过孔道 f 和 e 与节流阀前的油腔相通，压力为 P_m。活塞上负载 F 增大时，P_2 也增大，于是作用在减压阀阀芯上端的液压力增大，阀芯下移，减压阀的开口加大，压降减小，因而使 P_m 也增大，结果使节流阀前后的压差 P_1-P_2 保持不变。反之亦然。这样就使通过调速阀的流量恒定不变，液压缸运动的速度稳定，不受负载变化的影响。

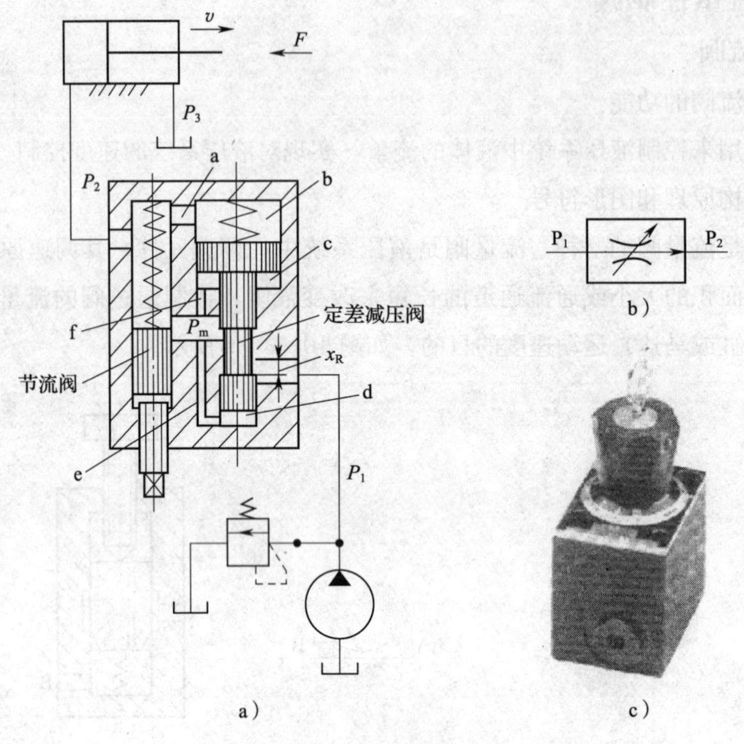

图 10—3—10　调速阀

a）结构　b）图形符号　c）实物

上述调速阀是先减压后节流型的结构。调速阀也可以是先节流后减压型的，两者的工作原理和作用情况基本上相同。调速阀在液压系统主要适用于执行元件负载变化大而运动速度要求稳定的系统中，也可用在容积—节流调速回路中。

四、液压辅助元件

液压辅助元件有过滤器、蓄能器、管件、油箱、热交换器和密封件等。液压辅助元件和液压元件一样，都是液压系统中不可缺少的组成部分。它们对系统的性能、效率、温升、噪声和寿命的影响不亚于液压元件本身。

1．过滤器（见图 10—3—11）

液压油中往往含有杂质，会造成液压元件相对运动表面的磨损、滑阀卡滞、节流孔口堵塞。在系统中安装一定精度的过滤器，是保证液压系统正常工作的必要手段。

（1）过滤器的类型

按滤芯的材料和结构形式，过滤器可分为网式、线隙式、纸质滤芯式、烧结式过滤器及磁性过滤器等。

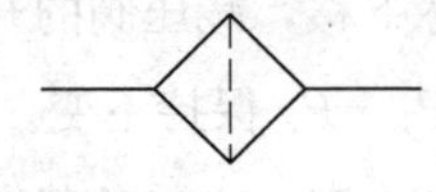

图 10—3—11　过滤器

按过滤器安放的位置不同，还可以分为吸滤器、压滤器和回油过滤器，考虑到泵的自吸性能，吸油过滤器多为粗滤器。

按精度可分为粗过滤器（$d \geqslant 100\ \mu m$）、普通过滤器（d 在 10～100 μm）、精过滤器（d 在 5～10 μm）、特精过滤器（d 在 1～10 μm）。

知识链接

过滤器的过滤精度是指滤芯能够滤除的最小杂质颗粒的大小，以直径 d 作为公称尺寸来表示。

（2）对过滤器的基本要求

1）能满足液压系统对过滤精度的要求，即能阻挡一定尺寸的杂质进入系统。

2）滤芯应有足够的强度，不会因压力而损坏。

3）通流能力大，压力损失小。

4）易于清洗或更换滤芯。

2．油箱

（1）功用

油箱的主要功能是储存油液，此外，还有散热以控制油温、阻止杂质进入、沉淀油中杂质、分离气泡等功能。油箱的作用：储油、散热、沉淀杂质、逸出空气。

油箱容量如果太小，会使油温上升，油箱容量一般设计为泵每分钟流量的 2～4 倍，或当所有管路及元件均充满油时，油面需高出过滤器 50～100 mm，而液面高度只占油箱高度 80%时的油箱容积。

（2）油箱形式

可分为开式和闭式两种，开式油箱中油的液面和大气相通，而闭式油箱中油的液面和大气隔绝，液压系统中大多数采用开式油箱。

3．油管和管接头

（1）油管

液压系统中常用的油管有钢管、铜管、紫铜管、尼龙管、橡胶管和塑料管等。固定元件间的油管常用钢管和铜管连接，有相对运动的元件之间一般采用软管连接。

（2）管接头

管接头用于油管与油管、油管与液压元件之间的连接。

管道应尽量短，最好横平竖直，拐弯少。为避免管道皱折，减少压力损失，管道装配的弯曲半径要足够大，管道悬伸较长时要适当设置管夹。管道尽量避免交叉，平行管距要大于 100 mm，以防接触振动，并便于安装管接头。

按管接头和管道的连接方式分，有扩口式管接头、卡套式管接头和焊接式管接头三种。

4．蓄能器（见图 10—3—12）

图 10—3—12　蓄能器

蓄能器是储存压力油的一种容器，它在系统中的主要作用是可以在短时间内供应大量的压力油，补偿泄漏以保持系统压力，消除压力脉动与缓和液压冲击等。

5．热交换器（见图 10—3—13）

液压系统的工作温度一般希望保持在 30～50 ℃ 的范围之内，最高不超过 65 ℃，最低不低于 15 ℃。如果液压系统靠自然冷却仍不能使油温控制在上述范围内时，就须安装冷却器；反之，如环境温度太低，无法使液压泵启动或正常运转时，就须安装加热器。

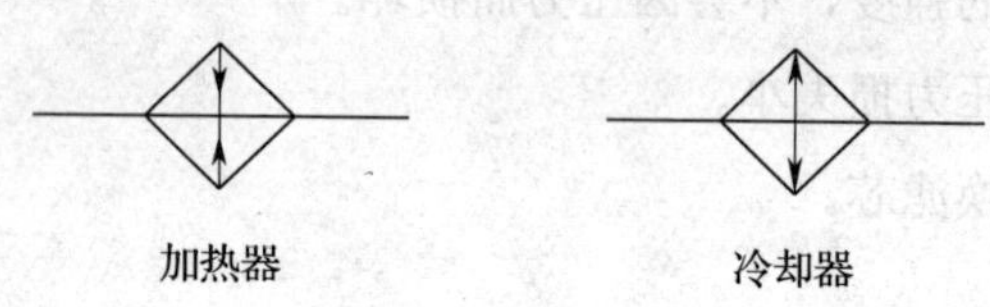

图 10—3—13　热交换器

思考与练习

一、填空题

1．液压控制阀分________、________和________，方向控制阀可分为________和________。

2．单向阀的作用是只允许油液由________方向向________方向流动。

3．换向阀的作用是改变__________，或者________和________油路。

4．调速阀是由一个________和一个_________串联组合而成的组合阀。

二、选择题

1．在液压传动系统中起安全保护作用的控制阀是（　　）。

A．减压阀　　B．溢流阀　　C．单向阀

2．在液压传动系统中常用的流量控制阀是（　　）。

A．节流阀　　B．溢流阀　　C．单向阀

3．在液压传动系统中用来变换油液流动方向，或者接通和关闭油路的控制阀是（　　）。

A．单向阀　　B．溢流阀　　C．换向阀

三、判断题

1. 溢流阀的进口压力即为系统压力。（　）
2. 通常减压阀的出口压力近于恒定。（　）
3. 调速阀是最基本的流量阀。（　）
4. 调节溢流阀中弹簧压力 F，即可调节系统压力大小。（　）
5. 先导型溢流阀只适用于低压系统。（　）
6. 顺序阀结构与溢流阀结构基本相似。（　）
7. 通常泵的吸油口装精过滤器，出油口装粗过滤器。（　）

课题四　液压基本回路

学习目标

◆ 掌握方向控制回路的工作原理。
◆ 掌握压力控制回路的工作原理。
◆ 掌握速度控制回路的工作原理。

想一想

自卸车是一种高效率的运输工具。该车的卸料是靠液压缸驱动汽车的货箱倾翻，从而实现卸料的。汽车翻斗倾斜方式有后倾式与侧倾式两种。如图 10—4—1 所示为

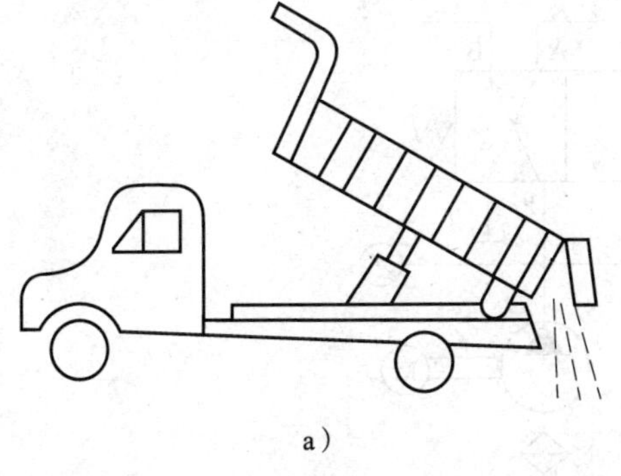
a）

b）

图 10—4—1　QD351 型自卸车

a）后卸　b）侧卸

QD351型自卸车，就是利用液压传动原理来实现举升、后卸和侧卸等动作的，前面我们已经学习了液压基本知识和液压元件，那么如何利用该车上的液压系统来分析液压基本回路及液压系统的工作原理呢？

液压系统是由液压元件组成，用图形符号画出的液压回路来表示，它是由一些液压基本回路组成的。液压基本回路是指由液压元件组成，用来完成特定功能的典型回路。常用液压基本回路按其功能不同有三种，即方向控制回路、压力控制回路和速度控制回路。

下面分别介绍这几种液压基本回路。

一、方向控制回路

在液压系统中，执行元件的启动、停止或改变方向是利用控制进入执行元件的液流通、断及改变流向来实现的，实现这些控制的回路称为方向控制回路。

在现代汽车及汽车维修机械中常用的方向控制回路有换向回路、锁紧回路、定位回路等。

1．换向回路

换向回路的功用是使执行元件能改变运动方向。换向回路要求保证换向迅速、准确、平稳。

如图10—4—2所示是采用二位四通换向阀的换向回路。当换向阀的电磁铁通电时，阀芯右移，换向阀左位接入系统，液压泵输出油液经换向阀P、A两油口进入液压缸左腔推动活塞右移，右腔油液经B、T油口回油箱；当电磁铁断电时右位接通系统，油液经P、B油口进入液压缸右腔，推动活塞左移，左腔油液经A、T油口回油箱。

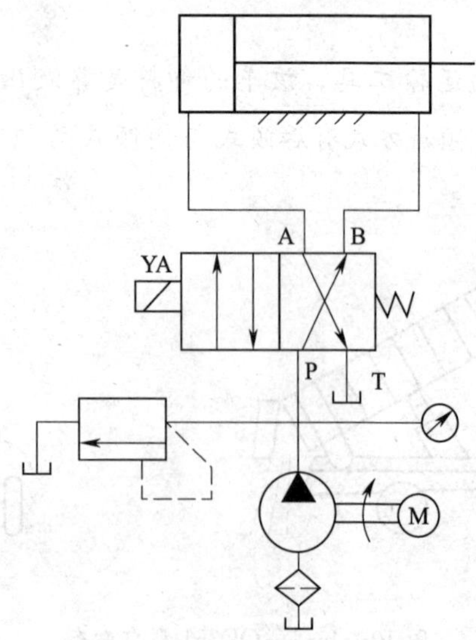

图10—4—2 采用二位四通换向阀的换向回路

这种换向回路利用换向阀的电磁铁通电或断电，来控制液压缸中活塞左右移动的方向。

2．锁紧回路

锁紧回路的功用是切断执行元件的进出油路，使执行元件中的运动件停在规定的位置上，并且防止其停止后窜动。对锁紧回路的要求是可靠、迅速、平稳、持久。

（1）单向锁紧回路

如图 10—4—3 所示为单向锁紧回路。用单向阀将液压缸单向锁紧，图示状态活塞只能向右运动，向左运动由单向阀锁紧；换向阀换向后，活塞向左运动，向右则锁紧。

（2）用滑阀机能为“O”型或“M”型换向阀的锁紧回路

如图 10—4—4 所示为三位四通“O”型换向阀锁紧回路。当 1YA、2YA 电磁铁都断电时，阀芯处于中间位置，液压缸的各工作油口被封闭。由于液压缸两腔都充满了油液，而油液又是不可压缩的，所以向左或向右的外力都不能使活塞移动，活塞双向锁紧。

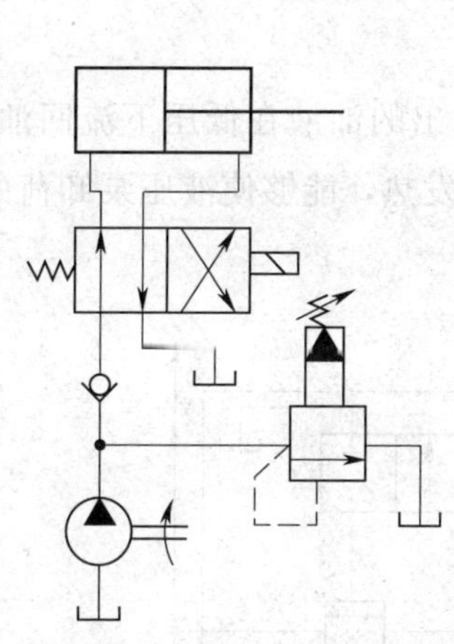

图 10—4—3　单向锁紧回路

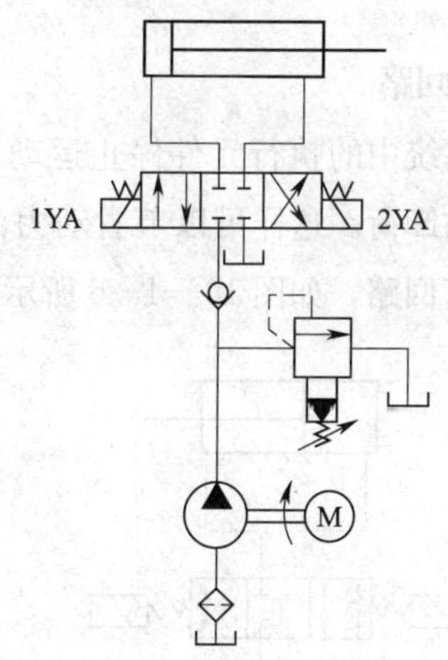

图 10—4—4　三位四通“O”型换向阀锁紧回路

二、压力控制回路

1．调压回路（限压回路）

调压回路是指控制系统的工作压力，使其不超过某预先调好的数值，或者使工作机构运动过程的各个阶段中具有不同的压力（两级或多级调压）。如图 10—4—5 所示，其中图 10—4—5a 是单级调压回路。液压泵输出的油液由溢流阀调定其最大供油压力，以适应系统的负载并保护系统安全工作。其中图 10—4—5b 是多级调压回路。当系统需要多级压力控制时，可将换向阀接入系统，此时系统的压力由远程调压阀 2 或 3 调定，使系统具有三种不同的压力调定值。

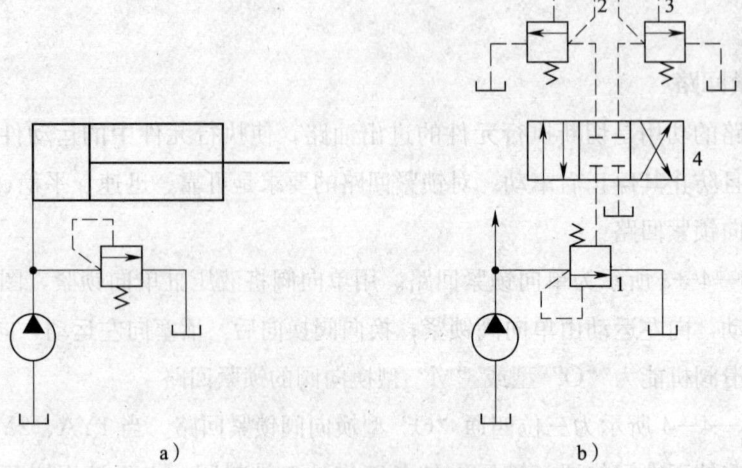

图 10—4—5　调压回路

a）单级调压回路　b）多级调压回路

1—溢流阀　2、3—调压阀　4—换向阀

2．卸荷回路

当液压系统中的执行元件停止运动后，使液压泵输出的油液在低压下流回油箱，称为液压泵的卸荷。这样可以节省动力消耗，减少系统发热，能够使液压泵卸荷的回路，称为卸荷回路，如图 10—4—6 所示。

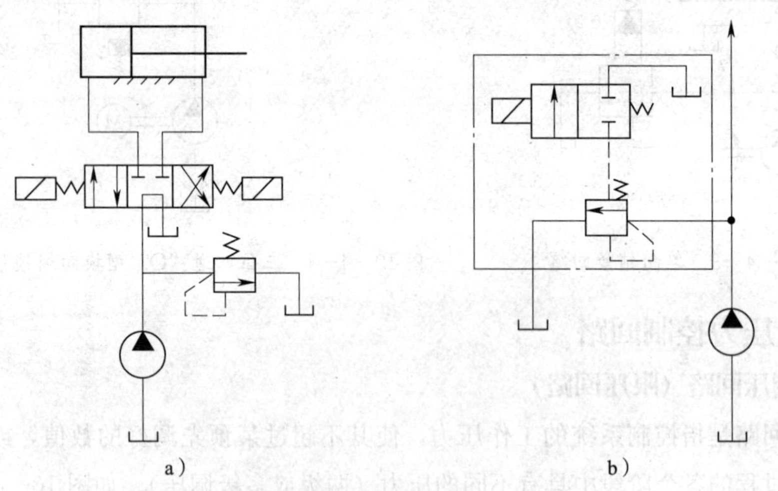

图 10—4—6　卸荷回路

a）换向阀卸荷回路　b）溢流阀卸荷回路

三、速度控制回路

速度控制回路是控制和调节液压执行元件运动速度的单元回路。按照调速方式的不同，液压传动系统的速度调节方法可归纳为节流调速和容积调速两大类。

1．节流调速回路

根据节流阀在回路中安装的位置不同，节流调速回路分为进油节流、回油节流和旁路节流三种类型，如图 10—4—7 所示。

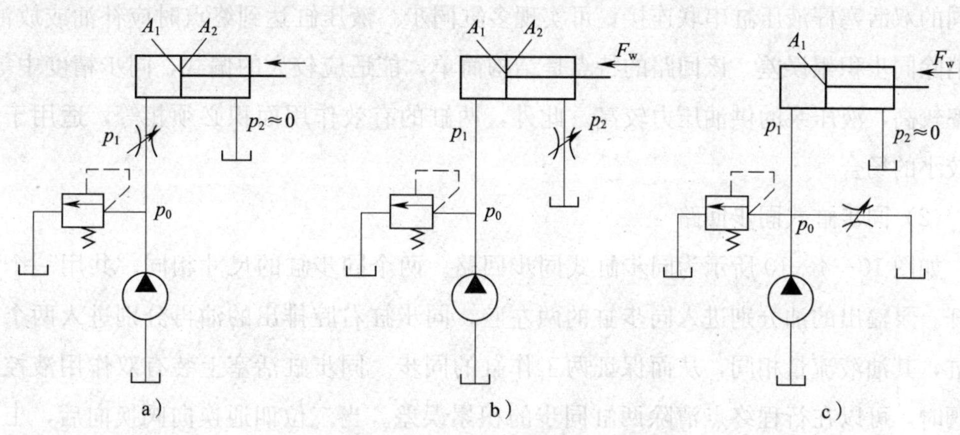

图 10—4—7　节流调速回路

a）进油节流调速回路　b）回油节流调速回路　c）旁路节流调速回路

2．容积调速回路

容积调速回路是通过改变液压泵或液压马达（也可以是液压缸）排量的方法来调节执行元件速度的回路，如图 10—4—8 所示。

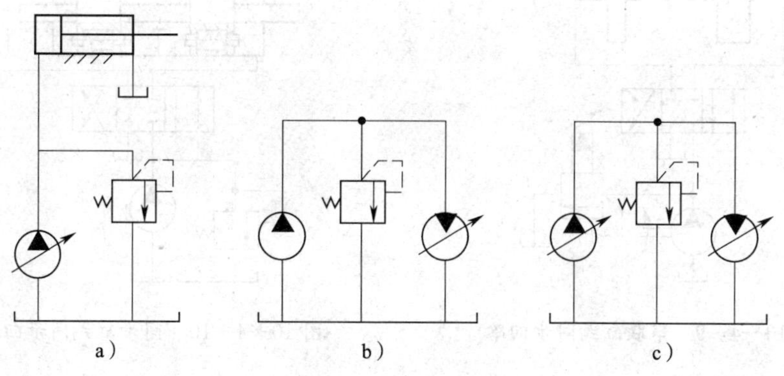

图 10—4—8　容积调速回路

a）变量泵调速回路　b）变量马达调速回路　c）变量泵—变量马达调速回路

3．同步回路

同步回路是使多个执行元件（液压缸）的动作位置同步的回路。多个液压缸带动同一个工作机构时，它们的动作应该一致。但是由于负载、摩擦、泄漏、制造精度和结构外形等因素影响执行机构运动的一致。同步回路的作用就是尽管存在着上述差异

而仍能使各缸的运动速度和最终达到的位置相同。

（1）串联缸式同步回路

如图 10—4—9 所示为串联缸式同步回路。由于一个缸流出的油液进入另一个缸，而串联的液压缸相连通，两腔的有效活塞面积相等，从而保证两液压缸同步。把尺寸相同的双活塞杆液压缸串联连接，可实现多缸同步。液压缸达到终点时应补油或放油，以消除同步积累误差。该回路的特点是结构简单，能适应较大的偏载，同步精度中等，效率较高，液压泵的供油压力较高。此外，两缸的有效作用面积必须相等，适用于负载较小的场合。

（2）同步缸式同步回路

如图 10—4—10 所示为同步缸式同步回路。两个同步缸的尺寸相同，共用一个活塞杆。泵输出的油分别进入同步缸的两左腔，同步缸右腔排出的油再分别进入两个工作缸，其油液流量相同，从而保证两工作缸的同步。同步缸活塞上装有双作用液控单向阀时，可以在行程终点清除两缸同步的积累误差。当三位四通换向阀换向后，工作缸反向仍可同步。

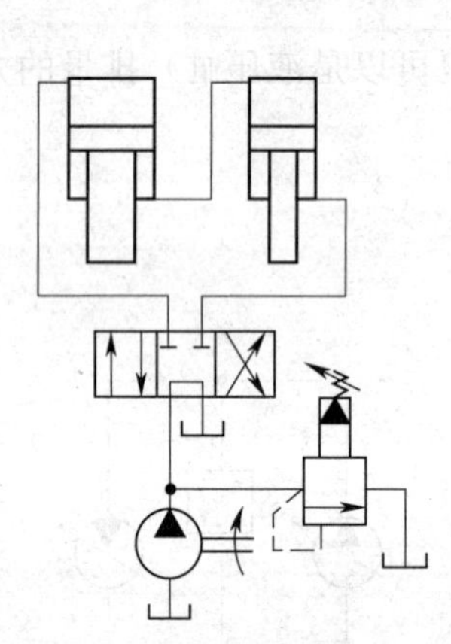

图 10—4—9　串联缸式同步回路

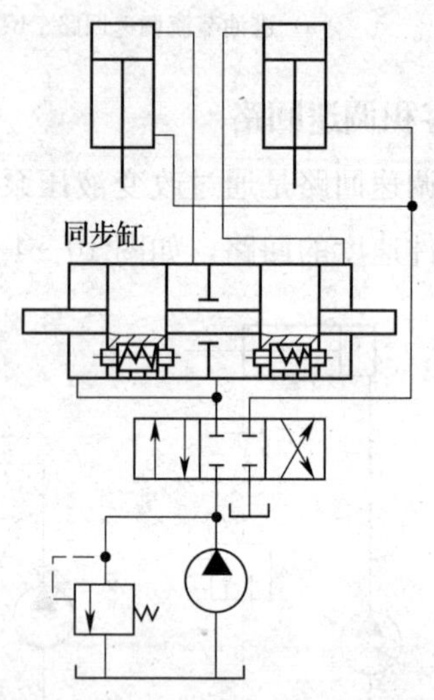

图 10—4—10　同步缸式同步回路

该回路能适应较大的偏载，同步精度较高，效率高，但专用的同步缸体积大，制造成本高。两液压缸有效工作面积必须相等，其同步精度为 0.5～1 mm。在现代汽车中液压制动装置多采用同步回路，如单回路液压传动装置、双回路液压传动装置等采用同步回路。工作时制动主缸的油液经油管流至各制动轮缸，迫使制动轮缸活塞在油液压力作用下外移，推动两制动蹄张开产生制动。此时四个轮缸的制动是同步的。

四、制动回路

制动回路的功用是使执行元件由运动状态平稳地过渡到静止状态。在实际工作中，为了使运动着的工作机构在任意需要的位置上能停止下来，以及防止工作机构在停止后因外界影响而发生窜动，常常采用制动回路来满足工作机构的需要。制动回路的要求是对回路中出现的异常高压和负压迅速做出反应，并且制动时间和冲击应尽可能小。在制动回路中最简单最常用的方法是利用换向阀进行制动。下面分析一种用换向阀实现制动的基本回路的原理和特点。

如图 10—4—11 所示为采用二位四通换向阀的制动回路。它是利用滑阀机能为 M 型的换向阀，当二位四通换向阀处于右位时，靠换向阀的 M 型机能制动。液压缸有杆腔中的压力猛升时，靠溢流阀 B 卸载，溢流阀 B 的调定压力应略高于溢流阀 A 的调定压力 P_A。在液压缸的无杆腔设有补油箱补油，其目的是消除液压缸无杆腔中产生的负压。该回路制动时冲击较大，油液发热较多。

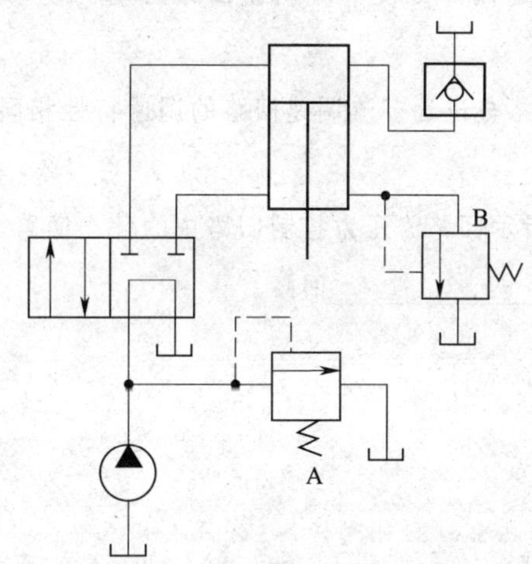

图 10—4—11　采用二位四通换向阀的制动回路

思考与练习

一、填空题

1. 常用的液压基本回路有__________控制回路、__________控制回路、________控制回路三大类。

2. 方向控制回路包括__________回路、__________回路和__________回路等，它们的作用是控制液流的__________、__________和流动方向。

3. 压力控制回路包括____________回路、____________回路和____________回路

等，作用是调节系统或系统的某一部分压力，并实现其________、________、________等控制，满足执行元件在力或转矩上的要求。

4. 速度控制回路一般包括四种，它们的名称是________调速回路，________调速回路，________调速回路，________调速回路。

二、判断题

1. 锁紧回路属方向控制回路，可采用滑阀机能为“O”或“M”型换向阀来实现。（ ）

2. 卸荷回路属压力控制回路，可采用滑阀机能为“H”或“M”型的换向阀来实现。（ ）

3. 调压回路和减压回路采用的主要液压元件是换向阀和节流阀。（ ）

4. 压力调定回路主要由溢流阀等组成。（ ）

5. 用节流阀代替调速阀，可使节流调速回路活塞的运动速度不随负荷变化而波动。（ ）

6. 回油节流调速回路与进油节流调速回路的调速特性相同。（ ）

三、思考题

指出图 10—4—12 所示回路为压力控制回路中的什么回路，并指出各元件的名称。

(1) 此回路为________________回路。

(2) 元件名称：

①__________。

②__________。

③__________。

④__________。

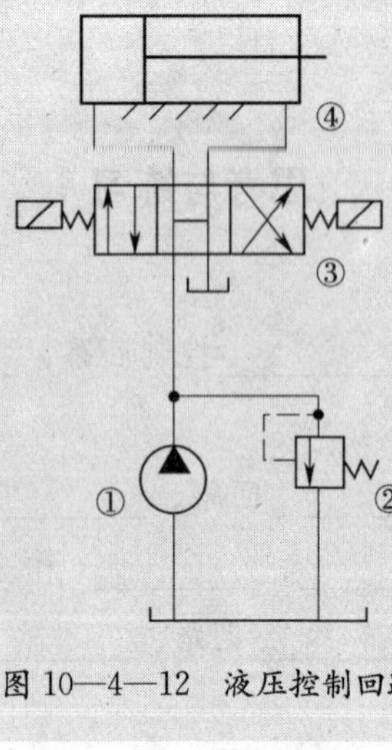

图 10—4—12　液压控制回路

课题五　汽车典型液压系统分析

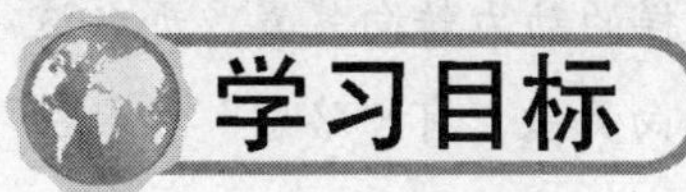

学习目标

- ◆ 掌握汽车转向系统液压回路的工作原理和系统组成。
- ◆ 能够正确分析汽车液压转向系统回路的工作原理。
- ◆ 掌握自卸汽车液压回路的工作原理和系统组成。
- ◆ 能够正确分析自卸汽车系统液压回路的工作原理。

想一想

如图 10—5—1 所示是汽车动力液压转向系统的工作示意图，该系统的功能是保持汽车稳定的直线行驶和根据需要改变方向。其中属于转向加力装置的部件是转向油泵 5、转向油管 4、转向油罐 6 以及位于整体式转向器 10 内部的转向控制阀及转向动力缸等。当驾驶员转动转向盘 1 时，转向摇臂 9 摆动，通过转向直拉杆 11、横拉杆 8、转向节臂 7，使转向轮偏转，从而改变汽车的行驶方向。例如向左转动转向盘，汽车转向系统动作，带动前车轮向左转；反之，车轮向右转。

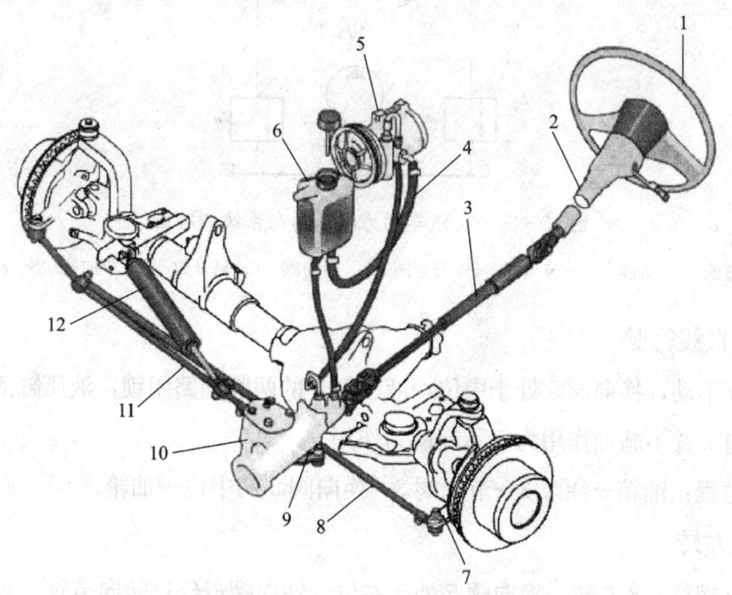

图 10—5—1　汽车动力液压转向系统的工作示意图

1—转向盘　2—转向轴　3—转向中间轴　4—转向油管　5—转向油泵　6—转向油罐　7—转向节臂　8—转向横拉杆　9—转向摇臂　10—整体式转向器　11—转向直拉杆　12—转向减振器

与此同时，转向器输入轴还带动转向器内部的转向控制阀转动，使转向动力缸产生液压作用力，帮助驾驶员转向操纵。这样，为了克服地面作用于转向轮上的转向阻力矩，驾驶员需要加于转向盘上的转向力矩，比用机械转向系统时所需的转向力矩小得多。

重型汽车、大型客车、越野车以及高速轿车普遍采用这样的动力转向装置。那么这种液压转向系统是如何保证汽车动力转向系统安全可靠、转向灵敏、有“路感”和自动回正要求的呢？

一、汽车动力液压转向系统回路图分析

如图 10—5—2 所示，汽车动力液压转向系统工作过程如下：

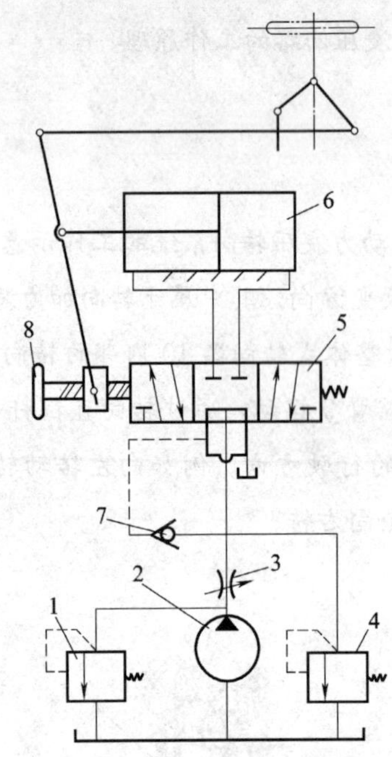

图 10—5—2　汽车动力液压转向系统回路图

1—溢流阀　2—油泵　3—节流阀　4—安全阀　5—换向阀　6—液压缸　7—单向阀　8—转向盘

1. 车轮直线行驶

转向盘 8 不动，换向阀 5 处于中位，液压缸 6 的两腔油路闭锁，液压缸活塞处于平衡状态，对转向节臂不施加作用力，不起助力作用。

进油路过程：油箱→油泵 2→节流阀 3→换向阀 5 的中位→油箱。

2. 车轮左转

转向盘（螺杆）8 左转，换向阀 5 处于左位，转向螺母经过转向节臂、直拉杆等与车轮相连，开始由于车轮偏转阻力较大螺母暂不动，因此螺母对螺杆产生一个向左的轴向反作用力，迫使滑阀相对阀体向左移动，改变油路通道。这时从泵来的压力油只经转向

控制阀进入液压缸 6 的左腔，推动活塞向右移动，通过转向摇臂、直拉杆、转向节臂、梯形臂、横拉杆，使车轮左转，实现助力转向。

进油路过程：油箱→油泵 2→节流阀 3→换向阀 5 的左位→液压缸 6 的左腔，活塞向右移动。

回油路过程：液压缸 6 的右腔→换向阀 5 的左位→油箱。

3. 车轮右转

转向盘（螺杆）8 右转，换向阀 5 处于右位，从泵来的压力油经控制阀进入液压缸 6 的右腔，活塞左移，通过机械装置作用使车轮右转，实现助力转向。

进油路过程：油箱→油泵 2→节流阀 3→换向阀 5 的右位→液压缸 6 的右腔，活塞向左移动。

回油路过程：液压缸 6 的左腔→换向阀 5 的右位→油箱。

4. 放松转向盘

滑阀在中位弹簧的作用下恢复到中间位置，助力作用消失。泵由发动机带动，若泵转数增高时，流过节流阀 3 的阻力增加，节流阀进口压力增加，可使溢流阀 1 打开，泵出口的油可经溢流阀 1 回油箱。若因负载加大，节流阀 3 出口压力增加时，安全阀 4 打开限制了系统压力的进一步升高。

当转向液压泵出故障不能向系统供油时，这时进油道压力低、回油道压力高，压力差使单向阀 7 打开从而使进油道、回油道相通，以便减少液压油的阻力，从而可实现手动强行转向。

教学互动

1. 说出车轮左转的油路过程。
2. 说出车轮右转的油路过程。

二、QD351 型自卸车液压系统的工作情况分析（见图 10—5—3）

该系统的动力装置为齿轮液压泵 1（额定工作压力为 10 MPa，最大工作压力为 13 MPa）。由四位四通手动换向阀 6 来控制油路的变化，使液压缸完成空位、举升、中停、下降四个动作，系统压力由溢流阀（限压阀）5 调定。

QD351 型自卸车的液压系统工作过程如下：

1. 空位

当手动换向阀 6 处于最右位，换向阀中位职能为“H”型，这样液压泵 1、液压缸 7 处于卸载状态，车箱处于未举升的状态（一般为运输水平状态）。

2. 举升

此时换向阀处于最左位置。

进油路：粗过滤器 2→液压泵 1→换向阀 6 最左位→液压缸 7 下腔。

回油路：液压缸 7 上腔→换向阀 6 最左位→过滤器 3→油箱。

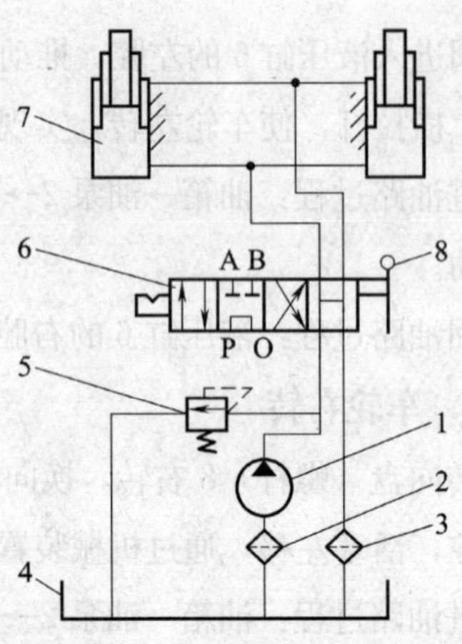

图 10—5—3　QD351 型自卸车的液压系统原理图

1—液压泵　2—粗过滤器　3—过滤器　4—油箱　5—溢流阀（限压阀）　6—四位四通换向阀　7—液压缸　8—手柄

3. 中停

此时滑阀处于左二位，换向阀中位职能为“M”型，液压泵处于卸荷状态；A、B 均被截止，液压缸两腔油液被封住，液压缸被锁紧在任意位置。

4. 下降

此时滑阀处于左三位。

进油路：粗过滤器 2→液压泵 1→换向阀 6 左三位→液压缸 7 上腔。

回油路：液压缸 7 下腔→换向阀 6 左三位→过滤器 3→油箱。

此时，液压缸 7 下降。当车箱降至原位时，将滑阀移至最右位。

由以上分析可知，该系统油路中包含以下几个基本回路，即换向阀 6 控制的换向回路、滑阀右位和左二位控制的卸荷回路、溢流阀（限压阀）5 控制的限压回路以及两液压缸组成的同步工作回路。

教学互动

1. 说出自卸车车箱举升的油路过程。

2. 说出自卸车车箱下降的油路过程。

思考与练习

1. 全面调查目前汽车中液压传动的应用情况，学会分析油路过程。

2. 全面分析如图 10—5—2、图 10—5—3 所示液压系统由哪些液压基本回路组成？在整个液压系统中各起什么作用？采用了哪些液压元件？

课题六 气压传动基本知识

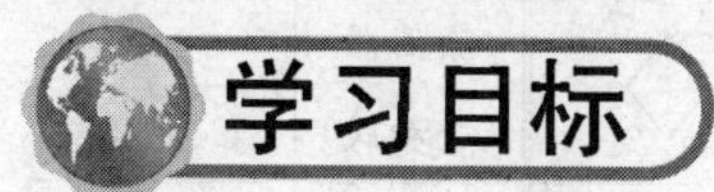

◆ 掌握气压传动系统的组成。

◆ 掌握气压传动系统的特点和应用。

气压传动和液压传动都属于流体传动，它们的工作原理和基本回路都相同，但工作介质不同，能不能根据所学的液压传动知识来分析气压传动的工作原理呢？

一、气压传动系统的组成

气压传动系统与液压传动系统的组成基本相同，气压传动系统包括气源装置、执行元件、控制元件和辅助元件。

1. 气源装置

气源装置由空气压缩机、储气罐、过滤器、干燥器、精过滤器等组成，如图 10—6—1 所示。其中，空气压缩机包含后冷却器、油水分离器等。

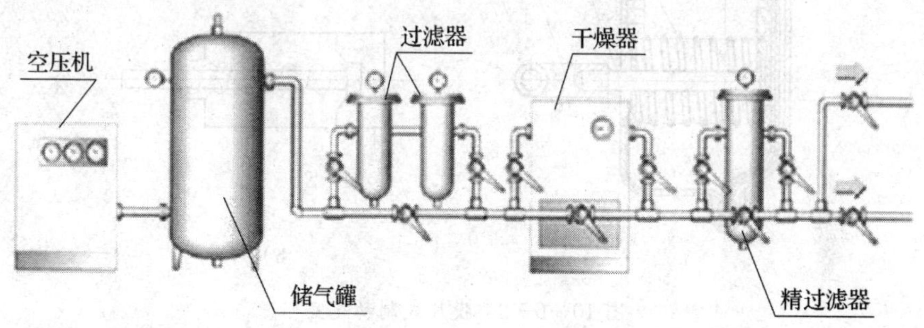

图 10—6—1 气源装置

气源装置的主要作用是对空气进行压缩、干燥、净化等处理，并且将原动机提供的机械能转变为气体的压力能。气源装置中元件的图形符号见表 10—6—1。

表 10—6—1　　气源装置中元件的图形符号

元件	符号	元件	符号	元件	符号	元件	符号
气源		过滤器		压力计		储气罐	
气泵		精过滤器		空气过滤器（手动式）		除油器（手动式）	
冷却器		空气干燥器		空气过滤器（自动式）		除油器（自动式）	

2．执行元件

包括各种气缸和气马达。它的功用是将气体的压力能转变为机械能，输给工作部件。

气缸的种类很多，按活塞端面的受压状态分为单作用气缸与双作用气缸；按其结构特征可分为活塞式气缸、柱塞式气缸、薄膜式气缸、叶片式摆动气缸、齿轮齿条摆动气缸等；按功能分为普通气缸和特殊气缸。气缸的工作原理与液压缸的工作原理相同。

如图 10—6—2 所示为汽车中常用的薄膜式气缸（又称膜片式制动气室），是利用压缩空气通过膜片的变形来推动活塞杆做直线运动的气缸。

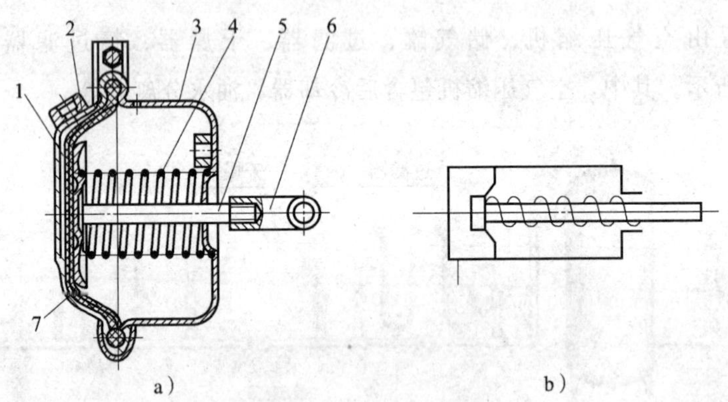

图 10—6—2　膜片式制动气室

a）结构图　b）图形符号

1—橡胶膜片　2—盖　3—壳体　4—弹簧　5—推杆　6—连接叉　7—支承盘

3．控制元件

包括各种阀类，如各种压力阀、流量阀、方向阀、逻辑元件等，用以控制压缩空气的压力、流量和流动方向以及执行元件的工作程序，以便使执行元件完成预定的运动规律。

(1) 压力控制阀

在气压传动系统中，通过控制压缩空气的压力，来控制执行元件的输出推力或转矩和依靠空气压力控制执行元件动作顺序的阀，称为压力控制阀，包括减压阀、顺序阀和安全阀。

如图 10—6—3 所示为东风 EQ1090E 型汽车的调压阀，其作用是调节储气罐中的气压，当储气罐中的气压达不到规定值时，此调压阀控制空气压缩机中的卸荷阀，使空气压缩机对储气罐正常充气；当储气罐中的压力升高到规定值时，此调压阀控制卸荷阀使压缩机进气阀门处于开启位置，空压机处于空转状态；当储气罐中的气压低于规定值时，调压阀控制卸荷阀使空压机的进气阀又恢复正常，空气压缩机恢复对储气罐充气。所以控制阀的作用是调压和稳压。

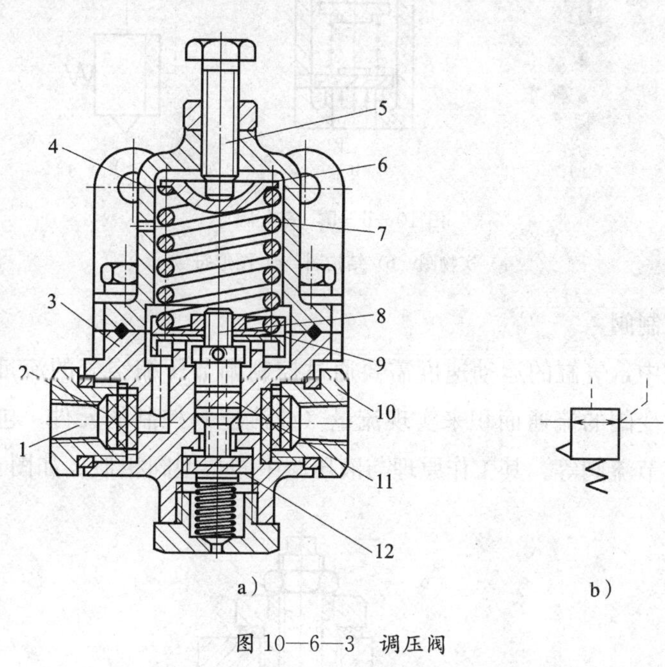

图 10—6—3　调压阀

a) 结构图　b) 图形符号

1—通储气罐的管接头　2—滤芯　3—阀体　4—阀盖　5—调整螺钉　6—弹簧座　7—调压弹簧　8—芯管　9—膜片组件　10—接空压机卸荷装置的管接头　11—密封圈　12—排气阀

如图 10—6—4 所示为单向顺序阀的工作原理图，顺序阀是依靠气路中压力的作用来控制执行元件按顺序动作的压力控制阀，其作用和工作原理与液压顺序阀基本相同。顺序阀常与单向阀并联组成单向顺序阀。

如图 10—6—5 所示为安全阀（溢流阀），当回路中的压力达到某给定值时，使部分或全部气体从排气口溢出，以保证回路压力的稳定。

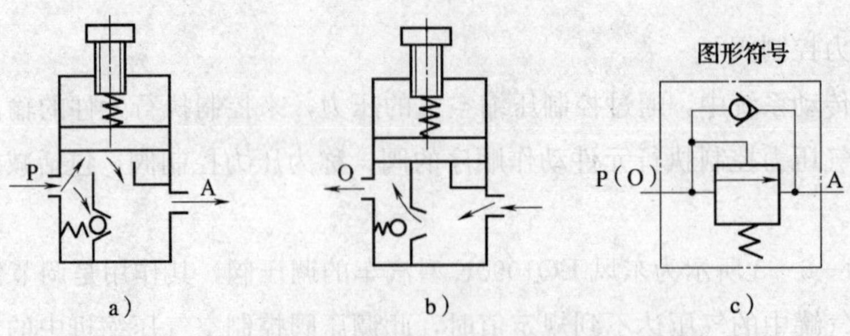

图 10—6—4　单向顺序阀的工作原理图

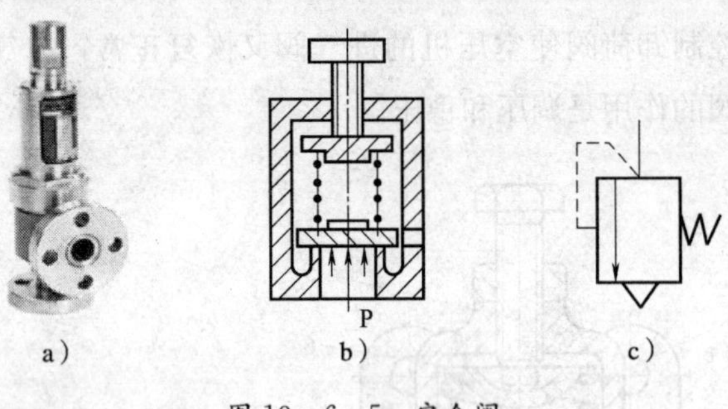

图 10—6—5　安全阀

a）实物图　b）结构图　c）图形符号

（2）流量控制阀

在气动系统中，气缸的运动速度需要通过控制调节压缩空气的流量来实现。流量控制阀是通过改变阀的流通面积来实现流量（或流速）控制的元件。包括节流阀、单向节流阀、排气节流阀等。其工作原理与液压阀中同类型阀相似。如图 10—6—6 所示

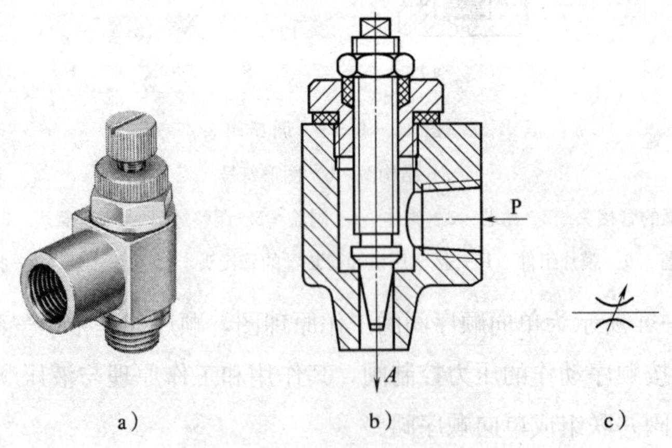

图 10—6—6　节流阀

a）实物图　b）结构图　c）图形符号

为节流阀，通过调节流通截面积来调节阀的流量。如图 10—6—7 所示为单向节流阀，是由单向阀与节流阀组合而成。如图 10—6—8 所示为排气节流阀，排气节流阀安装在执行元件的排气口处，用来调节排入大气中气体的流量。它不仅能调节执行元件的运动速度，如带消声器，还可以起到减小排气噪声的作用。

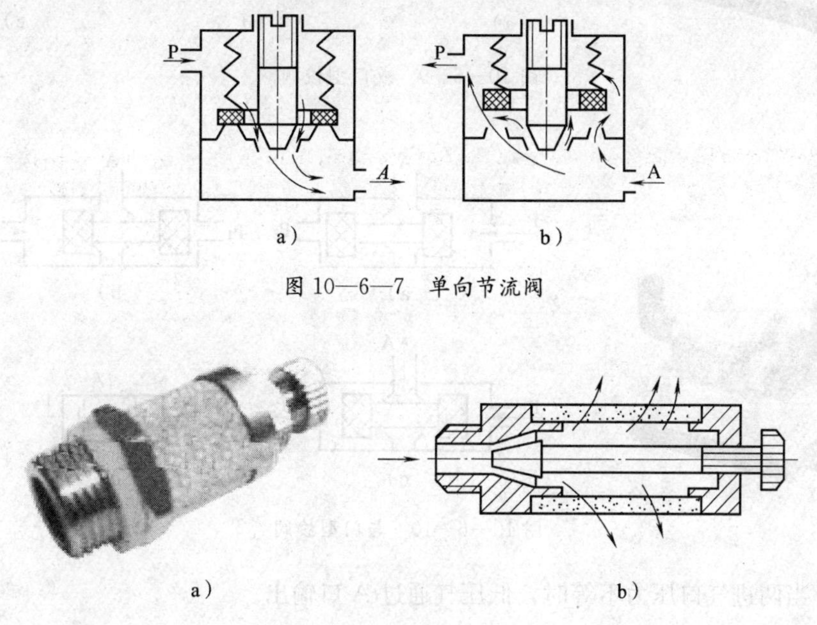

图 10—6—7　单向节流阀

a）　b）

图 10—6—8　排气节流阀

（3）方向控制阀

方向控制阀是气动系统中通过改变压缩空气的流向和气流的通、断，来控制执行元件的启、停及运动方向的气动元件。它是气动系统中应用最广泛、种类最多的一种气动控制元件。

方向控制阀的分类方法较多，通常按气流在阀内的流动方向，可分为换向型和单向型两种。

1）单向型控制阀。单向型控制阀通常包括单向阀、或门型梭阀、与门型梭阀和快速排气阀。其中单向阀与液压传动中的单向阀基本相同，这里不再介绍，而只介绍其他三种阀。

或门型梭阀（见图 10—6—9）：或门型梭阀是由两个单向阀反向串联的组合阀。P_1 与 P_2 为两个进气口，其中一个进气时，另一个被关闭。如果两个进气口同时进气，则气压低的进气口被关闭，气压高的进气口接通。

与门型梭阀（见图 10—6—10）：与门型梭阀又称双压阀。与门型梭阀也相当于两个单向阀的组合阀，只有当两个进气口 P_1、P_2 同时进入相同气压的压缩空气时，A 口才

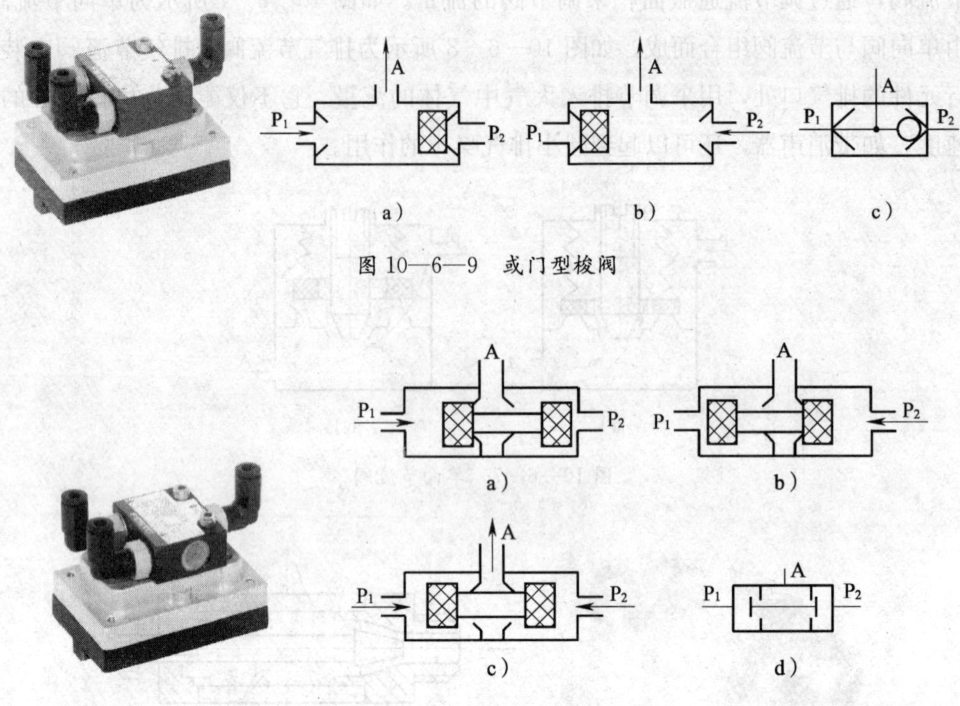

图 10—6—9　或门型梭阀

图 10—6—10　与门型梭阀

有输出；当两进气口压力不等时，低压气通过 A 口输出。

快速排气阀（见图 10—6—11）：快速排气阀是为了加快气缸运动速度做快速排气用的，常装在换向阀与气缸之间，如挂车制动系统中装有快速排气阀，其作用是在解除制动时，提高解除挂车制动的速度，防止挂车制动拖滞。

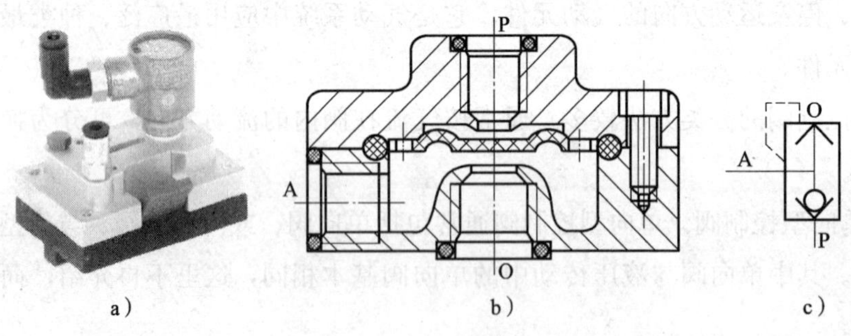

图 10—6—11　快速排气阀

2）换向型控制阀。换向型控制阀的作用是改变气流通道，使气体流动方向发生改变，从而改变气动执行元件的运动方向。

气控换向阀：气控换向阀是用压缩空气驱动阀芯移动，控制气流的接通、断开或换向的方向控制阀。在气动系统中，常作为气缸或气动马达的主控阀，控制它们的运动方向。按其作用原理，气控换向阀有加压控制、泄压控制和差压控制三种类型。如图 10—6—12 所示为二位三通单气控加压式换向阀。

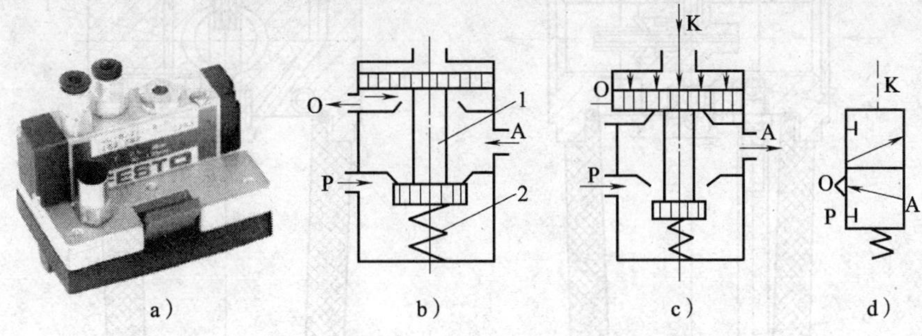

图 10—6—12　二位三通单气控加压式换向阀

1—阀芯　2—弹簧

电磁换向阀：气动电磁换向阀是利用电磁力的作用来实现阀的换向的。由电磁部分和主阀两部分组成。按控制方式的不同可分为直动式和先导式两种，它们的工作原理与液压控制阀中的电磁换向阀相同，仅是二者的工作介质不同而已，其结构如图 10—6—13 所示。

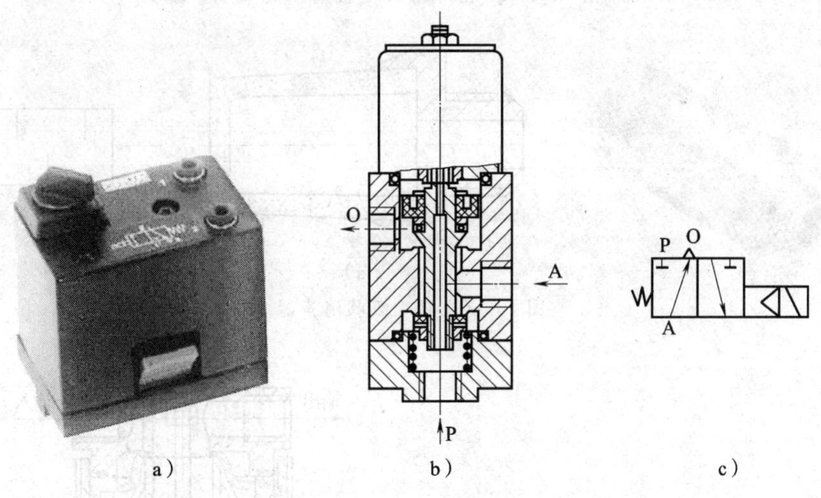

图 10—6—13　二位三通先导式电磁换向阀

4. 辅助元件

辅助元件是使压缩空气净化、润滑、消声以及用于元件间连接所需的装置，如各种过滤器、干燥器、油雾器、消声器、压力表及管件等。它们对保持气动系统可靠、稳定和持久地工作，起着十分重要的作用，如图 10—6—14～图 10—6—17 所示。

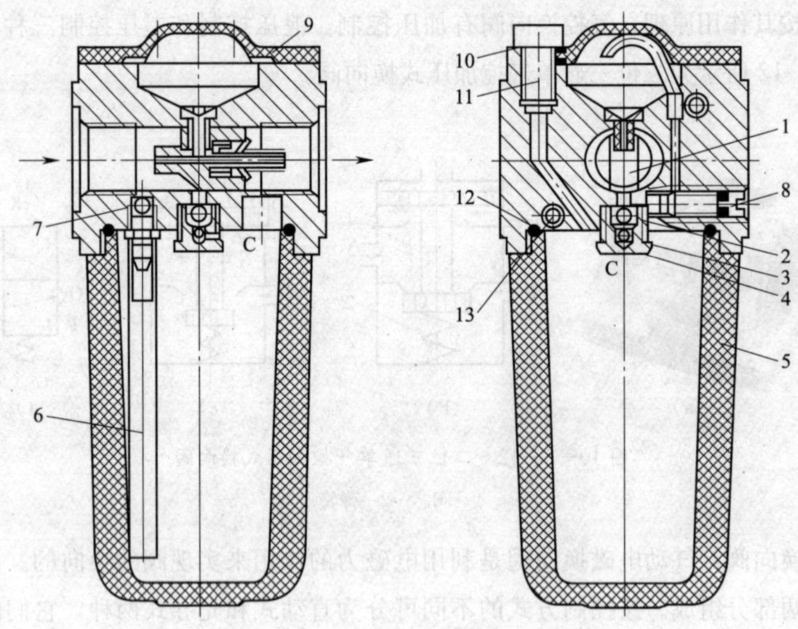

图 10—6—14　油雾器

1—喷嘴　2—钢球　3—弹簧　4—阀座　5—存油杯　6—吸油管　7—单向阀　8—节流阀

9—视油帽　10、12—密封圈　11—油塞　13—螺钉、螺母

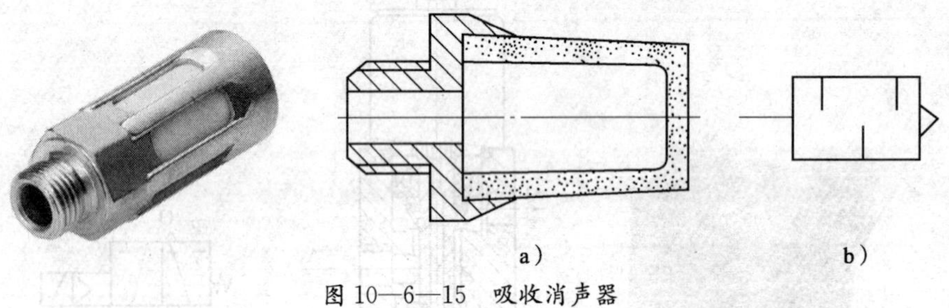

图 10—6—15　吸收消声器

图 10—6—16　压力表

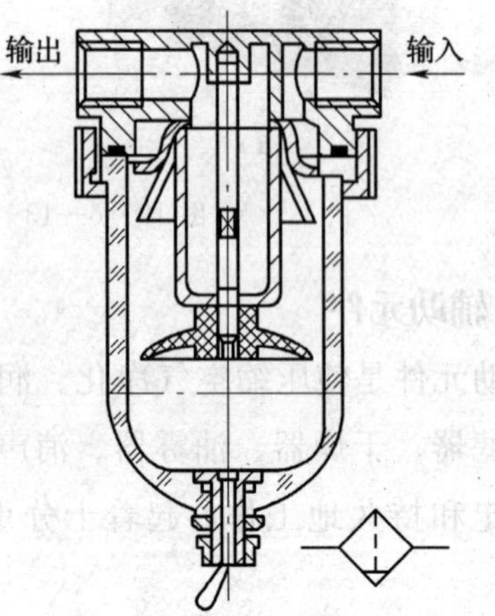

图 10—6—17　空气过滤器

二、气压传动系统的特点和应用

1. 优点

（1）气压传动的工作介质是空气，排放方便，不污染环境，经济性好。

（2）空气的黏度小，便于远距离输送，能源损失小。

（3）气压传动反应快，维护简单，不存在介质维护及补充问题，安装方便。

（4）蓄能方便，可用储气罐获得气压能。

（5）工作环境适应性好，允许工作温度范围宽。

（6）有过载保护作用。

2. 缺点

（1）由于空气具有可压缩性，因此工作速度稳定性较差。

（2）工作压力较低。

（3）工作介质无润滑性能，需设润滑辅助元件。

（4）噪声大。

气压传动是以压缩空气为工作介质来传递动力和控制信号的一门技术，包含传动技术与控制技术两方面的内容。由于气压传动具有操作方便、省能、高效、价廉，且无油、无污染的特点。因此，气动技术在各方面得到广泛的应用。

近 20 年来，气压传动随着与电子技术的结合，其应用领域迅速拓宽，尤其是在各种自动化生产线上得到广泛应用。在现代汽车制造工厂的生产线，尤其是主要工艺的焊接生产线，几乎无一例外地采用了气动技术。例如，车身外壳被负压吸盘吸起和放下，在指定工位的夹紧和定位；点焊机焊头的快速接近等，都采用了各种特殊功能的气缸及相应的气动控制系统。同时，气压传动在汽车上也被广泛应用，如气压制动系统、气压伺服制动系统、气控门窗等。

思考与练习

一、填空题

1. 典型的气压传动系统，主要由______、______、________、______四个部分组成。

2. 气源净化装置由______、________和__________等组成。

3. 压力控制阀按其功能可分为____、______、________和安全阀。

二、选择题

1. 分离、清除压缩空气中的水分和油分等杂质，使压缩空气得到净化，主要靠（　　）来实现。

A. 冷却器　　B. 除油器　　C. 储气罐　　D. 空气过滤器

2. 空气压缩机的润滑是通过（　　）来进行润滑的。

A. 润滑油　　B. 润滑脂　　C. 润滑油雾

3. 当回路中的压力达到某给定值时，使部分或全部气体从排气口溢出，以保证回路压力稳定的阀为（　　）。

A. 减压阀　　B. 顺序阀　　C. 安全阀

4. 挂车制动系统中装有（　　），其作用是在解除制动时，提高解除挂车制动的速度，防止挂车制动拖滞。

A. 快速排气阀　　B. 与门型梭阀　　C. 或门型梭阀

三、判断题

1. 空气压缩机是将机械能转换为气体压力能的装置，是气动系统的动力源。（　　）

2. 空气具有可压缩性，气动系统能够实现过载自动保护。（　　）

3. 气动系统有较大的排气噪声。（　　）

4. 储气罐的作用只是用来储存高压气体。（　　）

5. 消声器的作用是排除压缩气体高速通过气动元件排到大气时产生的噪声污染。（　　）

6. 气压系统中可利用减压阀来实现对气源的调压控制。（　　）

四、简答题

1. 气源装置由哪些部分组成?

2. 气压传动有什么优缺点?

课题七　气动基本回路

◆ 了解压力控制回路的工作原理。

◆ 了解速度控制回路的工作原理。

◆ 了解方向控制回路的工作原理。

一、气动基本回路

1. 压力控制回路

压力控制回路是使回路中的压力保持在一定范围以内，或使回路得到高、低不同的两种压力。

(1) 一次压力控制回路

一次压力控制回路主要用于控制储气罐送出的气体压力不超过规定压力。如图10—7—1所示，在储气罐上安装一个安全阀和电接点压力表，一旦罐内压力超过规定压力时，一是安全阀向大气放气，二是控制压缩机停止供气。

(2) 二次压力控制回路

二次压力控制回路主要是为保证气动控制系统的气源压力的稳定，通过溢流式减压阀实现定压控制，如图10—7—2所示。

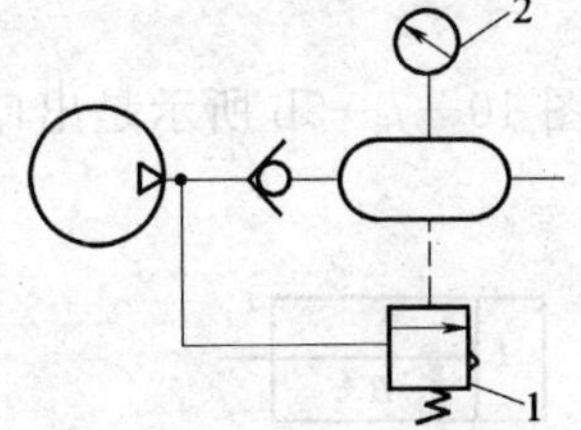

图10—7—1 一次压力控制回路

1—外控溢流阀 2—电接点压力表

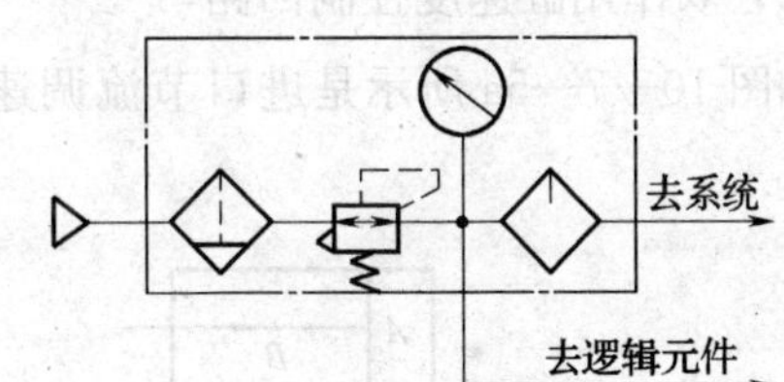

图10—7—2 二次压力控制回路

(3) 高低压转换回路

利用两个调压阀和一个换向阀来实现或输出低压或高压气源，如图10—7—3所示。

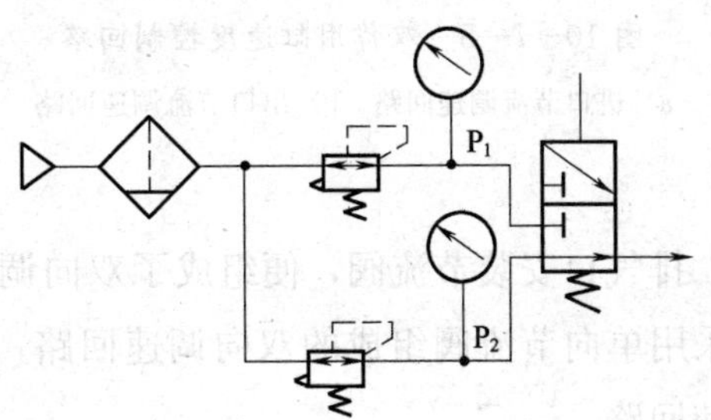

图10—7—3 高低压转换回路

2. 速度控制回路

速度控制回路用来调节气缸的运动速度或实现气缸的缓冲等。由于目前使用的气动系统的功率小，故调速方法主要是节流调速。

（1）单作用缸速度控制回路

如图 10—7—4a 所示是采用节流阀的调速回路，如图 10—7—4b 所示是采用单向节流阀的调速回路，前者不稳定。

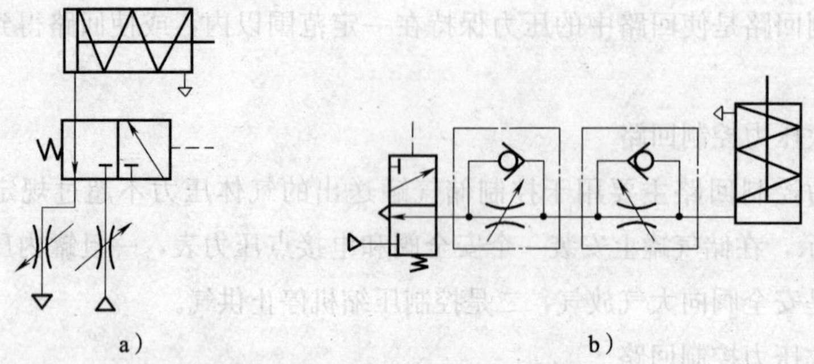

图 10—7—4　单作用缸速度控制回路

a）采用节流阀的调速回路　b）采用单向节流阀的调速回路

（2）双作用缸速度控制回路

如图 10—7—5a 所示是进口节流调速回路，如图 10—7—5b 所示是出口节流调速回路。

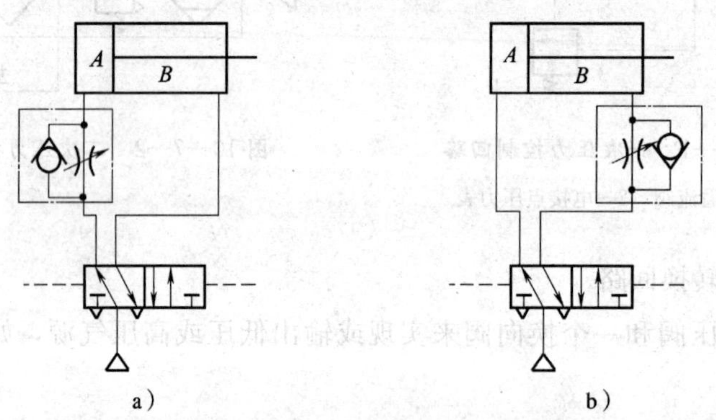

图 10—7—5　双作用缸速度控制回路

a）进口节流调速回路　b）出口节流调速回路

（3）双向调速回路

在气缸的两端即进、排气口安装节流阀，便组成了双向调速回路，如图 10—7—6 所示。图 10—7—6a 是采用单向节流阀组成的双向调速回路，图 10—7—6b 是采用排气节流阀组成的双向调速回路。

（4）气—液联动速度控制回路

气—液联动速度控制回路是利用气动控制实现液压传动，具有运动平稳、停止准确、泄漏途径少、制造维修方便、能耗小等特点。

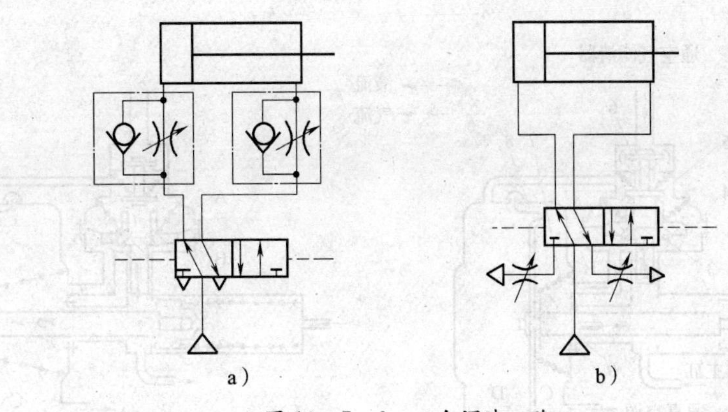

图 10—7—6 双向调速回路

a）采用单向节流阀组成的双向调速回路 b）采用排气节流阀组成的双向调速回路

如图 10—7—7 所示，压缩空气由气源经换向阀进入气液转换器 1 或 2 的气腔，并将气压力转换为液压力，再通过改变两个单向节流阀的开度，来实现液压缸往复运动的无级调速。这种回路要求气液转换器的储油量大于液压缸的容积，并要注意油、气间的密封，避免气体窜入油中，以保证运动速度的稳定。

如图 10—7—8 所示为气—液阻尼缸和两个单向节流阀组成的速度控制回路。调节两个节流阀的开度，可使气缸获得两个方向的无级调速。高位油箱是为补充液压缸的泄漏而设置的。

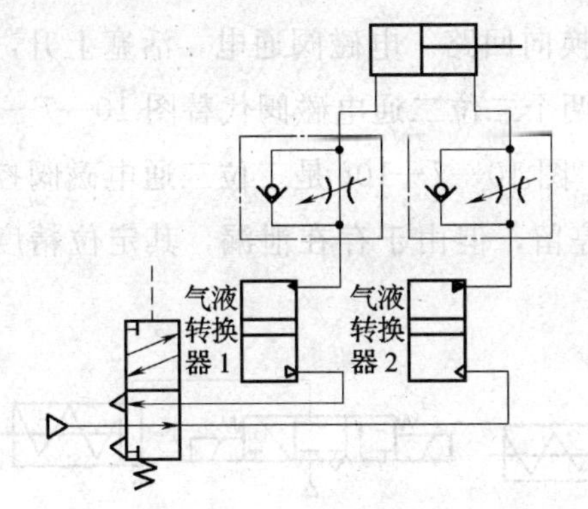

图 10—7—7 气—液转换器的速度控制回路

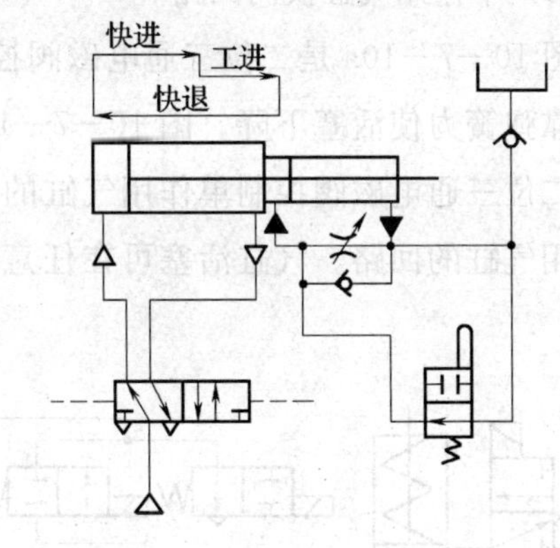

图 10—7—8 气—液阻尼缸和两个单向节流阀组成的速度控制回路

如图 10—7—9 所示为液压制动系统中普遍使用的真空加力装置，真空加力装置是气—液联动的，可以减轻驾驶员施于制动踏板上的力，增加车轮制动力，达到操纵轻便、制动可靠的目的。它的原理是利用发动机工作时在进气管中形成的真空度（或利用真空泵）为力源的动力制动装置。它可分为增压式和助力式两种。增压式是通过增压器将制动主缸的油压进一步增加，增压器装在主缸之后。助力式是通过助力器来帮助制动踏板对制动主缸产生推力，助力器装在踏板与主缸之间。

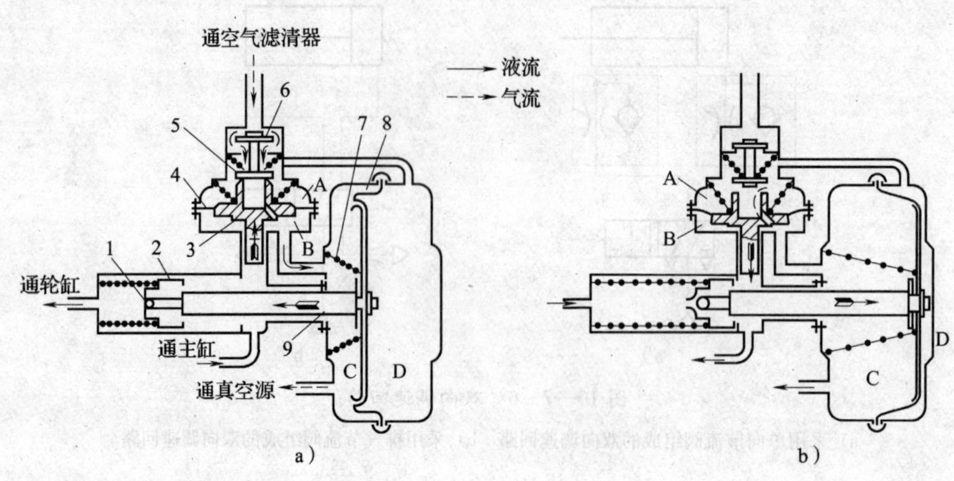

图 10—7—9　真空加力装置

1—球阀　2—活塞　3—膜片座　4、8—膜片　5—真空阀　6—空气阀　7—复位弹簧　9—推杆

3．换向控制回路

在气动系统中，执行元件的启动、停止或改变运动方向，是利用控制进入执行元件的压缩空气的通、断或变向来实现的，这类控制回路就是换向控制回路。

（1）单作用气缸换向回路

图 10—7—10a 是二位三通电磁阀控制的换向回路。电磁阀通电，活塞上升，断电时靠弹簧力使活塞下降。图 10—7—10b 用两个二位二通电磁阀代替图 10—7—10a 中的二位三通电磁阀控制单作用气缸的回路。图 10—7—10c 是三位三通电磁阀控制单作用气缸的回路。气缸活塞可在任意位置停留，但由于存在泄漏，其定位精度不高。

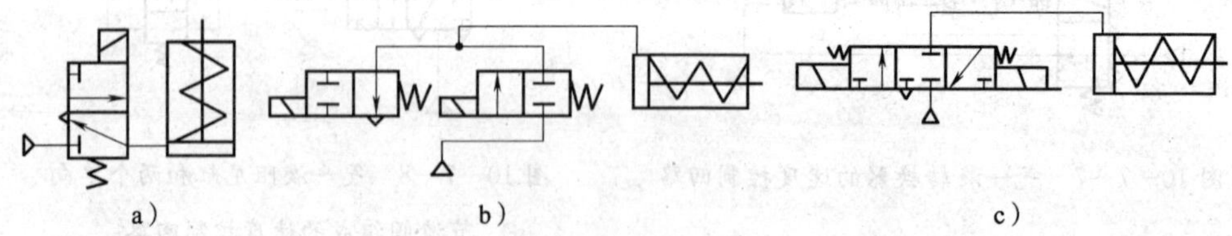

图 10—7—10　单作用气缸换向回路

（2）双作用气缸换向回路

图 10—7—11 是双作用气缸换向回路。图 10—7—11a 是二位五通电磁阀控制的换向回路。图 10—7—11b 是二位五通单气控换向阀控制的换向回路，气控换向阀由二位三通手动换向控制阀切换。图 10—7—11c 是双电控换向阀控制的换向回路。图 10—7—11d 是双气控换向阀控制的换向回路，主阀由两侧的两个二位三通手动阀控制，

可远距离控制，但两阀不能同时按下。图 10—7—11e 是三位五通电磁换向阀控制的换向回路。

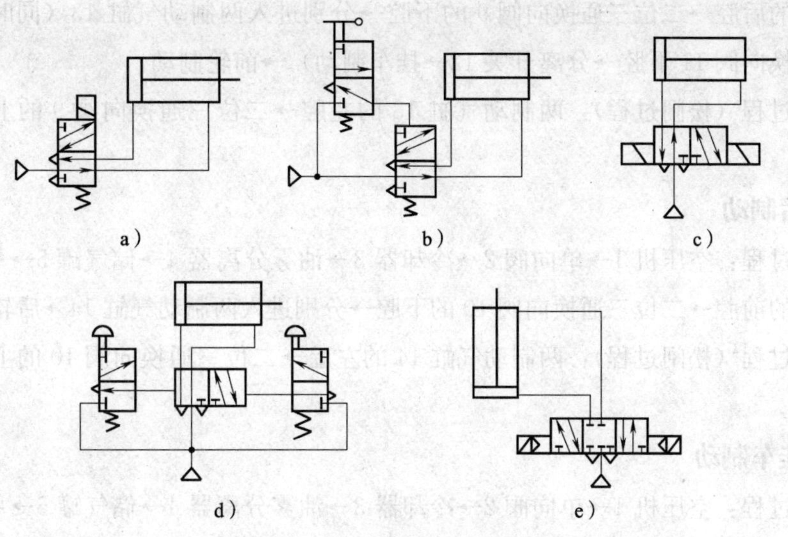

图 10—7—11　双作用气缸换向回路

二、气压制动系统分析

如图 10—7—12 所示，气压制动系统回路工作过程分析如下：

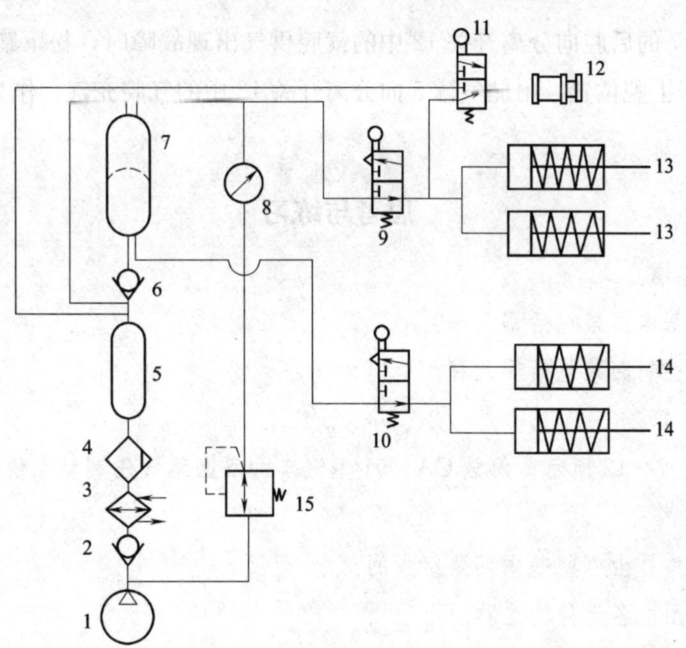

图 10—7—12　解放 CA1091 型汽车的双回路气压制动系统回路图

1—空压机　2—单向阀　3—冷却器　4—油雾器　5、7—储气罐　6—单向阀

8—压力表　9、10、11—二位三通换向阀　12—分离开关　13—前制动缸　14—后制动缸　15—气压调节

1．前制动

进气过程：空压机 1→单向阀 2→冷却器 3→油雾分离器 4→储气罐 5→单向阀 6→储气罐 7 的后腔→二位三通换向阀 9 的下腔→分别进入两制动气缸 13（同时气体进入二位三通换向阀 11 下腔→分离开关 12→挂车制动）→前轮制动。

回气过程（松闸过程）：两制动气缸 13 的左腔→二位三通换向阀 9 的上腔→出气口。

2．后制动

进气过程：空压机 1→单向阀 2→冷却器 3→油雾分离器 4→储气罐 5→单向阀 6→储气罐 7 的前腔→二位三通换向阀 10 的下腔→分别进入两制动气缸 14→后轮制动。

回气过程（松闸过程）：两制动气缸 14 的左腔→二位三通换向阀 10 的上腔→出气口。

3．挂车制动

进气过程：空压机 1→单向阀 2→冷却器 3→油雾分离器 4→储气罐 5→单向阀 6→储气罐 7 的后腔→二位三通换向阀 9 的下腔→二位三通换向阀 11 下腔→分离开关 12 中的气腔→挂车制动。

回气过程（松闸过程）：分离开关 12 中的气腔→二位三通换向阀 9 的上腔→出气口。

当储气罐 7 的后腔向分离开关 12 中的气腔供气出现故障时，松下踏板让二位三通换向阀 11 处于上腔位置，由储气罐 5 向分离开关 12 中的气腔充气，作为储备用。

思考与练习

一、简答题

1. 气动基本回路包括哪几种？

2. 换向控制回路包括哪几种？

二、分析题

如图 10—7—12 所示为解放 CA1091 型汽车的双回路气压制动系统回路图，试分析：

1. 该回路是由哪些基本回路组成的？

2. 指出图中各元件的名称。

3. 写出汽车前制动、后制动的气路过程。